21 世纪全国高等院校市场营销类规划教材

现代企业管理概论

主　编　王晓辉　高丽华

副主编　付淑文　常化滨　高为民

北京大学出版社
PEKING UNIVERSITY PRESS

内 容 简 介

　　《现代企业管理概论》系统地介绍了企业管理方面的基础知识及常用管理方法，是根据高职管理类课程改革需要编写的，适用于高校各专业的学生使用，可为学生将来从事经营管理工作奠定基础。全书共分为十章，分别是企业管理概述、企业组织与现代企业制度、企业决策分析、市场营销管理、生产运作管理、生产现场管理、安全生产管理、质量管理、人力资源管理、税务管理与筹划。本书的主要特点是内容全面、操作性强、融知识性与趣味性为一体，各章节均穿插相关案例、管理小故事、相关链接等主题框，方便读者学习借鉴。本书注重培养学生的创新能力及实践技能，突出理论够用、能力本位的高职特征。

图书在版编目（CIP）数据

现代企业管理概论/王晓辉，高丽华主编. —北京：北京大学出版社，2010.8

（21世纪全国高等院校市场营销类规划教材）

ISBN 978-7-301-17402-9

Ⅰ. ①现… Ⅱ. ①王… ②高… Ⅲ. ①企业管理—高等学校：技术学校—教材 Ⅳ. ①F270

中国版本图书馆 CIP 数据核字（2010）第 121609 号

书　　　　名：	现代企业管理概论
著作责任者：	王晓辉　高丽华　主编
策 划 编 辑：	傅　莉
责 任 编 辑：	周　伟
标 准 书 号：	ISBN 978-7-301-17402-9/F · 2546
出 　版 　者：	北京大学出版社
地　　　　址：	北京市海淀区成府路 205 号　100871
网　　　　址：	http://www.pup.cn
电　　　　话：	邮购部 62752015　发行部 62750672　编辑部 62756923　出版部 62754962
电 子 信 箱：	zyjy@pup.cn
印 　刷 　者：	三河市欣欣印刷有限公司
发 　行 　者：	北京大学出版社
经 　销 　者：	新华书店

787 毫米×980 毫米　16 开本　18.75 印张　368 千字

2010 年 8 月第 1 版　　2013 年 12 月第 3 次印刷

定　　价：38.00 元

前　言

　　企业管理课程对培养高等院校学生的企业管理常识和管理能力具有非常重要的作用，掌握一定的企业管理知识可以拓展学生未来的发展空间，提高其自身素质。

　　本教材的主旨是使学生掌握一定的现代企业管理基本理论和基本方法，具备一定的企业生产经营活动的组织能力。内容选取上充分考虑工业企业在基层管理岗位的需要，突出理论够用、能力本位的高职教育特征。本教材为高等职业院校企业管理课程的通用教材，对于自营企业的管理者也具有相当的实践指导意义。

　　现代企业管理是一门应用性很强的学科，本教材吸取国内外企业管理的科学方法和先进经验，在编写过程中注重理论与实践的有机结合，尽可能做到概念描述生动化、原理阐述具体化；适当插入源于现实的典型案例，把概念、原理融于案例之中，使学生能够更好的理解相关理论知识。在编排结构方面，每章开始都明确本章的学习目标，帮助读者有的放矢地将注意力集中到主要问题上。在一些章节中穿插相关链接，旨在了解该理论的多方观点，拓宽学生的知识面，帮助读者明确应该理解和掌握的主要内容，培养学生的实践技能，以利于学生综合素质的形成和管理技能的提高。

　　本书由包头职业技术学院的王晓辉、高丽华任主编，由日照职业技术学院的付淑文、包头职业技术学院的常化滨、高为民任副主编。编写分工为：付淑文编写第一章；王晓辉编写第二章、第五章和第六章；高为民编写第三章、第十章；高丽华编写第四章、第九章；常化滨编写第七章、第八章。王晓辉担任主审，对全书进行审阅并定稿。

　　本教材的编者在编写过程中参阅了大量文献，并引用了其中的一些资料，在此向相关文献作者表示衷心的感谢。由于作者水平所限，书中不足之处在所难免，敬请广大读者批评指正。

编　者

2010 年 3 月

目　　录

第一章　企业管理概述 1

第一节　企业及企业管理概述 1
一、企业的概念 1
二、企业管理的概念 3
第二节　企业管理的基本理论及其发展 3
一、企业管理的产生与发展阶段 4
二、企业管理的演变 4
三、企业管理的构成 5
四、企业分项管理的内容 5
五、企业管理的模式 6
六、企业管理之父 7
七、企业管理法则 9
第三节　企业组织管理和管理模式 11
一、什么是组织管理 12
二、组织管理理论的发展 12
三、组织管理的特点 13
四、组织管理的形式 13
五、企业组织管理的含义 14
六、不同文化对企业管理模式
　　选择的具体影响 14
第四节　企业文化和企业形象 15
一、企业文化 16
二、企业文化的功能 18
三、企业形象的含义 20
四、企业形象的建设 20

第二章　企业组织与现代企业制度 27

第一节　现代企业的组织机构 27
一、设置组织机构的原则 27
二、组织机构的形式 29
第二节　现代企业制度 33
一、现代企业制度的含义和特征 33
二、现代企业制度的基本内容 34
第三节　现代企业组织形式 37
一、有限责任公司 37
二、股份有限公司 39
三、企业集团 41

第三章　企业决策分析 44

第一节　战略管理过程与评价工具 44
一、战略的概念与特征 44
二、战略管理的过程 47
三、战略分析评价工具 48
第二节　经营战略与经营策略 52
一、产品运作战略 52
二、资本运作战略 53
三、维持战略 54
四、防御战略 55
五、基本竞争战略 56
第三节　经营决策概述 59
一、决策特征 59

二、决策的意义 60

三、决策标准 62

四、决策程序 62

五、决策分类 64

第四节 定量决策法 64

一、定性决策 64

二、定量决策 65

第五节 经营计划 77

一、计划管理概述 77

二、经营计划的内容与指标 79

三、经营计划的编制、执行和控制 ... 82

第四章 市场营销管理 86

第一节 市场营销概述 86

一、市场的含义 86

二、市场营销的基本含义 88

三、市场营销观念的演进 89

第二节 市场营销环境 92

一、企业宏观环境分析 92

二、企业的微观环境分析 96

第三节 市场调查与市场预测 99

一、市场调查 99

二、市场预测 103

第四节 市场营销组合 106

一、产品决策 106

二、价格决策 110

三、分销决策 113

四、促销决策 117

第五章 生产运作管理 122

第一节 生产组织概述 122

一、生产管理的概念 122

二、生产过程的概念和组成 122

三、合理组织生产过程的基本要求 124

四、生产类型的划分 124

第二节 车间平面布置 127

一、车间设备布置的要求 127

二、车间设备布置的原则 127

三、车间设备排列的方式 128

四、车间平面布置的方法 128

第三节 生产过程的时间组织 129

一、顺序移动方式 129

二、平行移动方式 130

三、平行顺序移动方式 131

第四节 生产任务分配及排序方法 133

一、生产任务分配的匈牙利法 133

二、加工顺序安排 135

第五节 现代生产管理方式 141

一、制造资源计划 141

二、企业资源计划 142

三、准时生产方式 143

四、精益生产 144

五、敏捷制造 145

第六章 生产现场管理 148

第一节 生产现场管理概述 148

一、生产现场的含义 148

二、生产现场管理 148

三、生产现场管理的意义 149

四、加强现场管理的措施 149

第二节 定置管理 150

一、定置管理的含义 150

二、定置管理的基本原理 151

三、定置管理的内容 153

四、定置管理的基本程序 154

五、定置图的绘制 155

第三节 "5S" 管理...............156
一、"5S" 管理的起源及发展...156
二、"5S" 管理的内容............157
三、"5S" 的功能...............159
四、如何推行 "5S"...........159
第四节 目视管理...............161
一、目视管理的含义............161
二、目视管理的特点及要点......161
三、目视管理的作用............162
四、目视管理的类别............162
五、目视管理的实施方法........164

第七章 安全生产管理...............166

第一节 安全生产管理概述...........166
一、安全生产管理的含义........166
二、安全生产管理的作用........168
三、安全生产管理的内容........168
第二节 企业安全生产规章制度......172
一、企业安全生产规章制度概述...172
二、企业安全生产责任制........173
三、安全生产教育制度..........174
四、企业安全生产检查制度......177
五、企业安全生产伤亡事故
管理制度..................181
六、企业安全生产奖惩制度......183
第三节 企业安全文化建设..........183
一、企业安全文化的含义........184
二、企业安全文化的功能........186
三、企业安全文化的构成要素....187
第四节 企业安全管理模式..........189
一、企业安全管理模式概述......189
二、企业安全管理模式的形式....190

三、企业安全管理方法............191
四、我国企业安全管理模式.......194
五、德国和美国的安全管理模式.....195

第八章 质量管理...............200

第一节 质量的基本知识...............200
一、质量的概念...............200
二、质量管理.................202
三、质量管理的发展阶段.......202
四、全面质量管理的特点和
基本观点..................203
第二节 质量管理原理.............206
一、抽样过程.................206
二、质量数据的统计规律.......206
三、质量数据的分布特征.......207
第三节 质量管理中常用的统计方法.....208
一、排列图...................208
二、因果分析图...............209
三、分层法...................210
四、相关图...................211
五、调查表...................211
第四节 直方图和控制图...........213
一、直方图...................213
二、控制图...................218
第五节 全面质量管理工具..........221
一、鱼缸会议.................221
二、横向思维.................222
三、帕雷托分析法.............222
四、质量功能分布图...........223
五、关联树图.................223
六、方案效果分析法...........224

第九章　人力资源管理 226

　第一节　人力资源管理概述 226

　　一、人力资源管理的含义 226

　　二、人力资源管理的内容 227

　第二节　人力资源规划 228

　　一、人力资源规划的含义 228

　　二、人力资源规划的程序 228

　　三、人力资源规划的内容 229

　　四、人力资源的成本分析 229

　第三节　工作分析 232

　　一、工作分析的概述 232

　　二、工作分析的作用 234

　　三、工作分析的程序 235

　　四、工作分析的结果 235

　　五、工作分析的方法 237

　　六、工作设计与组织流程再造 238

　第四节　人力资源招聘、开发与培训 241

　　一、员工招聘 241

　　二、员工的甄选 243

　　三、员工的培训与开发 246

　第五节　绩效与薪酬管理 252

　　一、绩效管理概述 252

　　二、绩效管理的作用 253

　　三、绩效考核的方法 253

　　四、薪酬管理概述 254

　第六节　员工的沟通与激励 257

　　一、员工的沟通 257

　　二、员工的激励 260

第十章　税务管理与筹划 265

　第一节　税务管理概述 265

　　一、税收的概念与特征 265

　　二、税务管理体制概述 271

　第二节　征收基础管理 272

　　一、税务登记管理 272

　　二、账簿、凭证管理 275

　第三节　税款申报与征收 276

　　一、纳税申报 276

　　二、延期纳税申报 278

　　三、发票的领购、开具和保管 279

　　四、税款征收 281

　第四节　企业薪酬规划 285

　　一、基本工资、薪金所得的

　　　　税收筹划 285

　　二、奖金、年终加薪的税收筹划 288

　　三、员工福利 290

　　四、年薪制 290

参考文献 292

第一章　企业管理概述

 **学习目标**

1. 掌握企业管理的概念，了解企业管理的产生过程和发展阶段。
2. 熟悉企业管理的演变过程。
3. 掌握企业管理的构成和企业管理的内容。
4. 掌握经典企业管理的法则。
5. 熟悉企业组织结构。
6. 掌握企业文化的定义，了解企业文化和企业形象的关系。

第一节　企业及企业管理概述

一、企业的概念

企业是从事生产、流通、服务等经济活动，以生产或服务满足社会需要，实行自主经营、独立核算、依法设立的一种营利性的经济组织。企业主要指独立的营利性组织，并可进一步分为公司和非公司企业，后者如合伙制企业、个人独资企业和个体工商户等。在20世纪后期中国内地改革开放与现代化建设，以及信息技术领域新概念大量涌入的背景下，"企业"一词的用法有所变化，并不限于商业性或营利组织。随着社会的发展，真正有发展潜力的企业肯定是公司类型的企业。

公司是社会发展的产物，随社会分工的发展而发展。公司一般能够独立承担民事责任。根据《公司法》的定义为：公司是指依照本法在中国境内设立的有限责任公司和股份有限公司。公司的概念中一般包括以下四个要素。

（1）（必须）公司是从事经营活动的法人，法人资格与经营资格的取得都需要得到国家相关行政部门的承认，符合法律规定的条件，履行法律规定的程序，取得国家相关行政部门核发的营业执照等证件。

（2）股东出资组建公司的目的在于通过公司的经营活动获取利润，营利性成为公司的重要要素，并以此区别于不以营利为目的的公益法人、以行政管理为目的的国家机关以及非商事性公司。以从事行政管理为目的和主要活动内容的公司不应称为公司，因为它不是严格意义上的公司。

（3）以行为为基础设立由股东的投资行为设立，股东投资行为形成的权利是股权。股权是一种独立的特殊权利，不同于经营权等物权，亦不同于债权。

（4）独立的公司须有独立的财产作为其从事经营活动的基础和承担民事责任的前提。

在商品经济范畴，企业作为组织单元的多种模式之一，按照一定的组织规律，有机构成的经济实体，一般以营利为目的，以实现投资人、客户、员工和社会大众的利益最大化为使命，通过提供产品或服务换取收入。企业是社会发展的产物，因社会分工的发展而成长壮大。

只有把企业的定义搞清楚了，战略管理、企业文化等问题才会清楚。现在对企业的研究越来越模糊，原因在于发展形势变化了，传统意义上的企业已经消亡，无论从形态还是本质上看，亟须突破传统概念上的企业定义的思维定式。于是，重新给"企业"进行的定义应该包含以下内容。

（1）企业是一个契约性组织。

（2）企业是一个市场性组织。随着企业越来越市场化，过去，企业作为契约性组织由上级负责；现在，企业是市场性组织，人对市场负责，市场化程度的高低决定企业营利能力的高低。

（3）企业是学习型组织。过去认为企业是制造产品的，现在看来，企业是制造思想的。企业内部有两条价值链：一是意识形态价值链，由信息和知识到能力，再到思想；二是物质形态价值链。

（4）企业是一个家教性的组织。把企业文化称为一种资本，企业也就被称为一种经营方式。企业强调文化，越来越成为一个综合性组织，必须在核心理念价值观上统一。

（5）企业是一个虚拟的组织。现在大家都讲虚拟生产、虚拟营销、虚拟运输、虚拟分配，一切都虚拟化了，越虚拟的企业越有实力。

（6）企业是一个无边界的组织，过去认为企业是有边界的，后来发展了，企业成为无边界的，再后来企业既有边界又无边界，边界模糊，一切都模糊化。现在，一个企业边界，按照边际成本乘以边际收益来看，许多企业的边际成本小于边际收益，或者边际成本为零。边际收益不变，那么边际成本、边际收益递增的规律发挥主导作用，即边界可以无限大，这对于企业的运作意义是很大的。

（7）企业是一个系统性的组织。现在的企业分成两条线：一条线是产品和服务；另一条线是使企业具有持续竞争力的保障系统。一般来讲，国外成功的大企业都是系统化运作，讲究系统性。

（8）企业是网络化组织。将企业融入更复杂高效的价值链系统中，使企业成为价值链的一个有效节点，众多高效运作的企业就成了一个网络化组织。对于中国的企业来讲，该融入这个网络，融入更大的价值网络、更多的价值网络。

（9）企业是全球性组织。过去企业根据"木桶理论"认为企业的效益取决于最短的那根木板，要提高利润，就要把最短的那根木板补齐，于是企业总在经营"劣势"。现在新"木桶理论"出现了，也就是说短的那一块不做了，就做最擅长的那一块，每个企业都经营优势，于是成本很低、效率很高。由"木桶理论"发展到新"木桶理论"，每个企业根据全球定位，全球集成，融入全球化过程中。最终的企业就是全球化组织。

（10）企业是体系性的组织。最终把企业打造成一个体系，也就是让平凡的人做出不平凡的事。具体到一个人很平凡，但成为一个体系就很厉害。通过打造这个体系使管理达到最高境界，即没有管理；使战略达到最高境界，即没有战略。

（11）企业最重要的就是诚信。

二、企业管理的概念

企业管理（Business Management）是指对企业的管理，工商管理通常也指工商企业的管理。企业管理是对企业的生产经营活动进行组织、计划、指挥、监督和调节等一系列职能的总称。

第二节　企业管理的基本理论及其发展

相关链接

梅奥—霍桑试验

20世纪二三十年代，美国西部的一家电器公司求助以"人才关系理论"研究而闻名的梅奥教授，希望他能帮助其一个下属工厂的工人提高生产效率。这些工人从事的是非常单调的电磁铁绕线圈的工作。梅奥提出，下午让工人们有10分钟的喝咖啡的休息时间，结果产量立刻提高了。这时梅奥进一步提出在上午也给工人10分钟喝咖啡的休息时间，产量再次提高。但是没过多久，梅奥向工人们宣布他们正在参与一项实验，同时取消了下午的休息时间，产量仍在提高；接着，梅奥又取消了工人上午的喝咖啡时间，但是产量继续在提高，工人们依然没有怠工现象。

这是为什么呢？梅奥教授后来解释说，工人们的工作的确单调之味，当有了休息时间后，工人们的疲劳状态、烦躁情绪得到了缓解，因此提高了工作效率。后来梅奥向工人们解释他们正在参与一个实验时，工人们感到很光荣，不知不觉爱上了这项工作、这个集体，因此工作效率继续得到提高。最终，这项实验成就了一项工业心理学的成功理论：热爱或兴趣似乎比休息、增加报酬等更能提高人们的生产力。因为热爱让我们无论身处什么样的环境，而精神都住在一个自由、美丽的"天堂"里。所以，"热爱"应该成为我们生活或工作的艺术之一。

在各行各业中，职业倦怠成了工作效率下降的主要症结。在这种"病毒"感染和蔓延下，员工们提不起工作热情，丧失了主动性和创造性。这种现象也在吞噬着员工们的职业幸福感，要想转变这种局面，就需要领导层掌握科学的管理策略。

一、企业管理的产生与发展阶段

企业管理是社会化大生产发展的客观要求和必然产物，是由人们在从事交换过程中的共同劳动所引起的。在社会生产发展的一定阶段，一切规模较大的共同劳动都或多或少地需要进行指挥，以协调个人的活动；通过对整个劳动过程的监督和调节，使单个劳动服从生产总体的要求，以保证整个劳动过程按人们预定的目的正常进行。尤其是在科学技术高度发达、产品日新月异、市场瞬息万变的现代社会中，企业管理就显得愈益重要。

企业管理的发展大体经历了以下三个阶段。

（1）18 世纪末—19 世纪末的传统管理阶段。

这一阶段出现了管理职能同体力劳动的分离，管理工作由资本家个人执行，其特点是一切凭个人经验办事。

（2）20 世纪 20—40 年代的科学管理阶段。

这一阶段出现了资本家同管理人员的分离，管理人员总结管理经验，使之系统化并加以发展，逐步形成了一套科学管理理论。

（3）20 世纪 50 年代以后的现代管理阶段。

这一阶段的特点是：从经济的定性概念发展为定量分析，采用数理决策方法，并在各项管理中广泛采用电子计算机进行控制。

二、企业管理的演变

企业管理的演变是指企业在发展过程中的管理方法和管理手段的变化必经的过程，通常演变由三个阶段构成，即经验管理阶段、科学管理阶段和文化管理阶段。

1. 经验管理阶段

本阶段企业规模比较小，员工在企业管理者的视野监视之内，所以企业管理靠人治就能够实现。所以在经验管理阶段，对员工的管理前提是"经济人"假设，认为人性本恶，天生懒惰，不喜欢承担责任，被动，所以有这种看法的管理者采用的激励方式是以外部刺激为主，激励方式是胡萝卜加大棒，对员工的控制也是外部控制，主要是控制人的行为。

2. 科学管理阶段

本阶段企业规模比较大，靠人治则鞭长莫及，所以要把人治变为法治，但是对人性的认识还是以"经济人"假设为前提，靠规章制度来管理企业。企业对员工的激励和控制还是外部的，通过惩罚与奖励来使员工工作，员工因为期望得到奖赏或害怕惩罚而工作，员工按企业的规章制度去行事，在管理者的指挥下行动，管理的内容是管理员工的行为。

3. 文化管理阶段

本阶段企业的边界模糊，管理的前提是"社会人"假设，认为人性本善，人是有感情的，喜欢接受挑战，愿意发挥主观能动性，积极向上。这时企业要建立相应的以人为本的文化，通过人本管理来实现企业的目标。

文化管理阶段并不是没有经验管理和科学管理，科学管理是实现文化管理的基础，经验仍然是必要的，文化如同软件，制度如同硬件，二者是互补的。只是由于到了知识经济时期人更加重视个人价值的实现，所以，对人性的尊重显得尤为重要，因此企业管理要以人为本。

三、企业管理的构成

企业管理可以划为几个分支，如人力资源管理、财务管理、生产管理、采购管理和营销管理等。通常公司会按照这些专门的业务分支设置职能部门。

在企业系统的管理上，又可分为企业战略、业务模式、业务流程、企业结构、企业制度和企业文化等系统的管理。美国管理界在借鉴日本企业经营经验的基础上，最后由麦肯锡咨询公司发展出企业组织七要素，又称"麦肯锡 7S 模型"。七要素中，战略（Strategy）、制度（Systems）、结构（Structure）被看做是"硬件"，风格（Style）、员工（Staff）、技能（Skills）和共同价值观（Shared Values）被看做是"软件"，而以共同价值观为中心。企业的管理除了对职能业务部门进行管理外，还需要对这些企业系统要素进行管理。

四、企业分项管理的内容

1. 计划管理

计划管理即通过预测、规划、预算和决策等手段把企业的经济活动有效地围绕总目标的要求组织起来。计划管理体现了目标管理。

2. 生产管理

生产管理即通过生产组织、生产计划、生产控制等手段对生产系统的设置和运行进行管理。

3. 物资管理

物资管理即对企业所需的各种生产资料进行有计划的组织采购、供应、保管、节约使用和综合利用等。

4. 质量管理

质量管理即对企业的生产成果进行监督、考查和检验。

5. 成本管理

成本管理即围绕企业所有费用的发生和产品成本的形成进行成本预测、成本计划、成本控制、成本核算、成本分析和成本考核等。

6. 财务管理

财务管理即对企业的财务活动包括固定资金、流动资金、专用基金、盈利等的形成、分配和使用进行管理。

7. 劳动人事管理

劳动人事管理即对企业经济活动中各个环节和各个方面的劳动和人事进行全面计划、统一组织、系统控制、灵活调节。

五、企业管理的模式

1. 金字塔形管理模式

金字塔形管理模式是由科学管理之父——弗雷德里克·温斯洛·泰罗创立。金字塔形组织是立体的三角锥体，等级森严，高层、中层、基层是逐层分级管理，这是一种在传统生产企业中最常见的一种组织形式。在计划经济时代，该结构在稳定的环境下，在生产力相对落后的阶段、信息相对闭塞的时代不失为一种较好的组织形态，它机构简单、权责分明、组织稳定，并且决策迅速、命令统一。但在市场经济条件下，在信息技术发达的今天，金字塔形的组织结构则由于缺乏组织弹性，缺乏民主意识，过于依赖高层决策，高层对外部环境的变化反应缓慢而突显出刻板生硬、不懂得应变的机械弊端。

2. 学习型组织管理模式

学习型组织管理模式由彼得圣吉五项修炼的基础上，通过大量的个人学习特别是团队学习形成的一种能够认识环境、适应环境，进而能够能动地作用于环境的有效组织。也可以说是通过培养弥漫于整个组织的学习气氛，充分发挥员工的创造性思维能力而建立起来的一种有机的、高度柔性的、扁平的、符合人性的、能持续发展的组织。学习型组织为扁平化的圆锥形组织结构，金字塔式的棱角和等级没有了，管理者与被管理者的界限变得不再清晰，权力分层和等级差别的弱化，使个人或部门在一定程度上有了相对自由的空间，能有效地解决企业内部沟通的问题，因而学习型组织在企业面对市场的变化时不再是机械的和僵化的，而是"动"了起来。不过，随着全球经济一体化和社会分工的趋势化，扁平化组织也会遇到越来越多的问题，在不断的分析问题、解决问题的过程当中，学习型组织"学习"的本质对人的要求将越来越高。

3. 智慧型组织管理模式

智慧型组织管理模式也称 C 管理模式。C 管理模式立足道家、儒家、法家的中国传统文化，将西方现代企业管理学与中国国学及中医智慧融于一体，其理论结合人的身体机能，提出了"天人合一"、"道法自然"的经营理念和管理哲学。2009 年以来，全球金融风暴持续蔓延，一大批欧美企业纷纷陷入破产倒闭的危机，与此同时，国内企业也愈加感受到全球性经济萧条带来的股股寒意。在此轮国际经济危机中，一些我们曾经耳熟能详、顶礼膜拜的全球知名企业在一夜之间如巨人般轰然倒下，在剧烈的震撼中，国内众多的专家、学者和企业界纷纷对西方现代企业管理模式进行了深刻的反思。C 管理模式研究的课题将引发对资本主义完全的自由市场经济的反思，对现行企业管理模式的反思，并将重新聚焦世界对中国特色社会主义市场经济模式的更多思考，这正是 C 管理模式的价值所在。

六、企业管理之父

1. 泰勒——科学管理之父

弗雷德里克·泰勒1856年生于美国费城的一个律师家庭。在年幼时，他就非常爱好科学研究与科学实验，对任何事物都想找到一种最好的办法。他考上了哈佛大学的法律系，但由于眼疾，他不得不辍学。在1875年时他进入费城的一家小机械厂做学徒，后又于1878年转入到费城的米德瓦尔工厂当技工。由于工作努力表现突出，泰勒从一般工人先后提拔为车间管理员、技师小组长、工长，并于1884年提升为总工程师。

1890—1893年泰勒开始在一家纤维纸板工厂担任总经理，工作中他就想通过实验来研究如何提高劳动生产率。1893—1898年他独立成立公司，专门研究管理中有关科学性的问题，并从事管理咨询工作。

1898年泰勒开始受聘于宾夕法尼亚的伯利恒钢铁公司做咨询工作。在做咨询工作期间，他做了世界著名的"三个实验"，即"铁锹实验"、"搬运铁块实验"和"金属切削实验"。他把其研究的成果经过总结写了3本专著：1895年的《计件工资制》和《车间管理》，1911年的《科学管理原理》。他的科学理论得到了实业界的认可，在1906年时，泰勒出任美国机械工程师学会主席。

以泰勒为代表建立的科学管理理论的主要内容有以下几点：（1）科学管理的中心问题是提高劳动生产率；（2）培训"第一流"的工人；（3）标准化；（4）实行有差别的计件工资制；（5）工人与雇主都要来一次"精神革命"；（6）计划职能与执行职能分开；（7）在管理控制上实行例外原则。

2. 法约尔——现代经营管理之父

法约尔是法国古典管理理论学家，1841年出生于法国的一个小资产阶级家庭，与马克斯·韦伯、弗雷德里克·温斯洛·泰勒并称为西方古典管理理论的三位先驱，并被尊称为管理过程学派的开山鼻祖。法约尔最主要的贡献在于三个方面：从经营职能中独立出管理活动；提出管理活动所需的五大职能和14条管理原则。这三个方面也是其一般管理理论的核心。1916年法约尔出版了《工业管理和一般管理》一书，这是其在管理领域研究的代表作，标志着一般管理理论的形成。

3. 韦伯——组织管理之父

马克斯·韦伯1864年生于德国的一个家境殷实的家庭。1882年他进入海德堡大学学习法律，以后，又先后就读于柏林大学、哥丁根大学，毕业之后，韦伯也先后在柏林大学、弗莱堡大学、海德堡大学和慕尼黑大学担任教授，其间，还做过政府的顾问。由于其家庭具有十分广泛的社会关系和政治关系，使他对社会学、经济学、政治学、法律学和宗教学都有一定的研究，并成为当时德国一位颇具影响力的学者，世界著名的社会学家。他撰写了《社会组织与经济组织》一书，在书中他提出了"理想的行政组织"的组织理论，因此他被人们称为"组织理论之父"。

理想的行政组织理论的内容包括以下几个方面。

（1）权力是组织存在的基础，权力包括传统权力、超凡的权力、合法的权力。

（2）理想的行政组织体系。这种组织中是以合法权力为基础的；这种组织是一种高度结构的、正式的、非人格化的组织，组织内有明确的分工，每个职位的权力和职责也都有明确的规定；科学合理的规则和制度是这种组织运行的前提；实施规则与执行控制必须做到一致性，不可带有任何的个人感情和偏好。

4. 梅奥——人际关系理论之父

梅奥于1923年作为宾夕法尼亚大学的研究人员为洛克菲勒基金会进行工业研究，在此期间，他开始了世界著名的霍桑试验。1926年梅奥任哈佛大学的工商管理研究院工业研究所的副教授、教授，在1933年撰写的《工业文明的人类问题》和1945年撰写的《工业文明的社会问题》总结了他在霍桑试验中关于人际关系的研究成果。

人际关系理论的主要内容包括以下几个方面。

（1）工人是"社会人"而非纯粹意义的"经济人"。

（2）企业中存在着非正式组织。在工作中，人们会建立共同的感情，进而构成一个相对稳定的体系，这就是非正式组织。非正式组织是以感情逻辑为其行动标准的。

（3）生产效率主要取决于工人的工作态度以及他与同事之间的人际关系。

七、企业管理法则

1. "刺猬"法则

两只困倦的刺猬由于寒冷而拥在一起，可因为各自身上都长着刺，于是它们离开了一段距离，但又冷得受不了，于是凑到一起，几经折腾，两只刺猬终于找到一个合适的距离：既能互相获得对方的温暖而又不至于被扎。"刺猬"法则就是人际交往中的"心理距离效应"，领导者要搞好工作，应该与下属保持亲密关系，这样做可以获得下属的尊重。与下属保持"适当"的心理距离，避免在工作中丧失原则。

2. "南风"法则

"南风"法则也称"温暖"法则，源于法国作家拉封丹写的一则寓言：北风和南风比威力，看谁能把行人身上的大衣脱掉。北风首先来一个冷风，结果行人把大衣裹得紧紧的，南风则徐徐吹动，顿时风和日丽，行人因为觉得春意上身，始而解开纽扣，继而脱掉大衣，南风获得了胜利。

这则寓言形象地说明了一个道理：温暖胜于严寒，领导者在管理中运用"南风"法则，就是要尊重和关心下属，以下属为本，多点人情味，使下属真正感觉到领导者给予的温暖，从而去掉包袱，激发工作的积极性。

3. 霍桑试验

在美国芝加哥郊外的霍桑工厂是一个制造电话交换机的工厂，有较完善的娱乐设施和非常健全的社会福利，但工人们仍愤愤不平，生产效率也不高。后来，由哈佛大学教授梅奥专门对其进行了一项试验，用两年的时间，专家们找工人个别谈话两万余人次，并且在谈话过程中要耐心倾听工人对厂方的各种意见和不满。这一"谈话试验"取得了意想不到的效果，工厂的产值大幅度提高。

霍桑试验的研究结果否定了传统管理理论对人的假设，表明了工人不是被动的、孤立的个体，他们的行为也不仅仅受工资的刺激；影响生产效率的最重要因素不是待遇和工作条件，而是工作中的人际关系。由于工人们对工厂的各种管理制度和方法有诸多不满，无处发泄，"谈话试验"使他们的这些不满都发泄出来，从而感到心情舒畅、干劲倍增。

4."金鱼缸"法则

金鱼缸是玻璃做的，透明度很高，不论从哪个角度观察，里面的情况都一清二楚。将"金鱼缸"法则运用到管理中，就是要求领导者增加单位各项工作的透明度。单位的各项工作有了透明度，领导者的行为就会被置于全体下属的监督之下，就会有效地防止领导者享受特权、滥用权力，从而强化领导者的自我约束机制，增强单位的向心力和凝聚力。

5. 互惠关系定律

"给予就会被给予，剥夺就会被剥夺。信任就会被信任，猜疑就会被猜疑。爱就会被爱，恨就会被恨。"这就是心理学上的互惠关系定律。当管理者真诚地辅助员工的时候，员工才能真心地拥戴管理者。

6. 手表定理

一个人同时拥有两块表时，他会无法确定时间。你要做的就是选择其中较信赖的一只，尽量校准它，并以此作为你的标准，听从它的指引行事。

手表定理在企业经营管理方面给我们一种非常直观的启发，就是对同一个人或同一个组织的管理不能同时采用两种不同的方法，不能同时设置两个不同的目标。甚至每一个人不能由两个人来同时指挥，否则将使这个企业或这个人无所适从。

7. 酒与污水定律

"酒与污水定律"的意思是一些酒倒进一桶污水，得到的是一桶污水；把一些污水倒进一桶酒里，得到的还是一桶污水。几乎在任何组织里都存在几个"难弄"的人物，他们到处搬弄是非、传播流言，破坏组织内部的和谐。一个正直能干的人进入一个混乱的部门可能会被吞没，而一个无德无才者能很快将一个高效的部门变成一盘散沙。组织系统往往是脆弱的，它很容易被侵害、被毒化。破坏总比建设容易。一个能工巧匠花费时日精心制作的陶瓷器，一头驴子一秒钟就能毁坏掉。如果你的组织里有这样的一头驴子，你应该马上把它清除掉；如果你无力这样做，就应该把它拴起来。

第三节　企业组织管理和管理模式

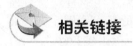

联想集团的两次组织结构调整

　　联想集团初创于1984年11月，经过11年的艰苦奋斗，到1995年年底已成为拥有2亿元资产、3000名员工的企业。它是从事计算机研究、开发和生产经营，在国际上有较强竞争力的产业集团，是中国最大的计算机企业。

　　联想的发展历程中有两次组织结构的调整带来了联想的飞速成长。

　　第一次调整发生在1988年。当时中国市场上尚缺乏先进的主导型电脑，这使得联想公司与外国公司合作推广适销电脑会比较有利。联想的经营者经过大量的调研和分析，决定将市场定位于电脑板卡的开发和制造方面，同时争取做某些世界著名电脑厂家的中国总代理，创造中国市场的主导电脑，以积累资金和销售经验，并从事电脑整机开发技术。

　　联想1988年投入30万元港币，与一家香港电脑经销商合资成立香港联想电脑公司（联想占54%的股份），将自身科技开发优势与港商对世界电脑市场熟悉的优势结合起来。香港联想以贸易积累一定资金后马上投放电脑板卡的开发，在1989年就拿出了深受客户欢迎的286板卡产品。在国内市场，联想占领了全国汉卡市场的50%以上，连续数年都成为在中国销量最大的微机品牌。

　　第二次调整发生在企业规模扩大以后。随着联想集团的扩大，许多的国际大公司已把联想当做重要竞争对手。在这种形势下，联想决定在坚持公司电脑产业主导地位，向国际化发展的同时，开拓新的经营领域，向多样化发展。为了适应新的多样化、国际化经营的要求，也为了解决联想由于规模和业务范围扩大、人员增多、经营区域广阔、市场变化迅速的问题，原来的职能式结构管理已难以适应新的情况，统一管理也难以对世界各地的各种业务领域包括汉卡、板卡、微机、打印设备等出现的新情况做出迅速正确的反应。因此公司提出改革组织体制，调整集权与分权的关系，形成"多中心"公司，把"大船结构型"组织模式变为"舰队结构型"组织模式，实行事业部制。集团总部主要对公司的发展方向、发展战略、投资收益、重大投资项目、主要经理人员和财务负责人、科技开发负责人等进行直接控制，其他的经营管理权都下放给事业部。各事业部在总部指挥下独立完成经营任务。

成立事业部后，各个事业部均取得了良好的经营业绩。如微机事业部，仅1995年一年就销售了10万台联想台式微机，1996年更是达到20万台，第一次将外国品牌台式机抛在了后面，成为中国内地销量最大的台式机品牌公司。

一、什么是组织管理

组织具有综合效应，这种综合效应是组织中的成员共同作用的结果。组织管理就是通过建立组织结构，规定职务或职位，明确责权关系，以使组织中的成员互相协作配合、共同劳动，有效实现组织目标的过程。组织管理是管理活动的一部分，也称组织职能。

组织管理的工作内容，概括地讲，包括以下四个方面。

（1）确定实现组织目标所需要的活动，并按专业化分工的原则进行分类，按类别设立相应的工作岗位。

（2）根据组织的特点、外部环境和目标需要划分工作部门，设计组织机构和结构。

（3）规定组织结构中的各种职务或职位，明确各自的责任，并授予相应的权力。

（4）制定规章制度，建立和健全组织结构中纵横各方面的相互关系。

组织管理应该使人们明确组织中有些什么工作，谁去做什么，工作者承担什么责任，具有什么权力，与组织结构中上下左右的关系如何。只有这样才能避免由于职责不清造成的执行中的障碍，才能使组织协调的运行，保证组织目标的实现。

二、组织管理理论的发展

组织管理理论产生于19世纪末20世纪初，至今经历了三个发展阶段。

1. 古典管理理论

古典管理理论形成于19世纪末20世纪初。其代表人物有泰勒、法约尔和韦伯等人。这一阶段的前期，泰勒等人重点探讨了组织内的企业管理理论，后期，以韦伯为代表的管理理论重点探讨了组织内部的行政管理。这一阶段的理论基础是"经济人"理论，他们认为人们工作是为了追求最大的经济利益以满足自己的基本需求。为了满足人们工作的经济利益，他们提出科学管理方法以追求组织的生产效率和合理化，因此要建立一套标准化的原则来指导和控制组织及成员的活动。

2. 行为科学管理理论

行为科学管理理论产生于 20 世纪 20 年代初，其代表人物有梅奥、赫茨伯格等人。他们认为人是有多种需要的"社会人"，满足人的多种需要，在组织内建立良好的人际关系是提高组织效率的根本手段。这一阶段的理论重点研究了组织中的非正式组织、人际关系、人的个性和需要等。

3. 现代组织管理理论

现代组织管理理论产生于 20 世纪中叶，学派甚多，主要有以巴纳德为代表的社会系统论，以西蒙为代表的决策理论，以卡斯特为代表的系统与权变理论和以巴法为代表的管理科学理论等。

这一阶段理论的特点是吸收了古典组织管理理论和行为科学管理理论的精华，并且在现代系统论的影响下有了新的发展。他们把组织看成一个系统，要实现组织目标和提高组织效率取决于组织系统内各子系统及各部门之间的有机联系。

4. C 管理模式理论

所谓C管理模式，就是构建一个以人为核心，形神兼备，遵循宇宙和自然组织普遍法则，能够不断修正、自我调节、随机应变的智慧型组织，并将中国及国学（为人处世之道）及中医智慧与西方现代企业管理学（做事高效高量之法）相互融合，进行企业人性化管理的一种新型的企业组织管理运营模式。

这种以人为运营核心的、具有更大的能动性和更强的应变能力的企业组织简称为"智慧型组织"，由于它是继金字塔形机械式组织（A 管理模式）、学习型扁平式组织（B 管理模式）之后出现的第三种组织模式，并且是在西方先进的现代管理学的基础上融入了中国国学之大智慧的组织类型，因而取"CHINA"的第一个字母"C"，为这个智慧型组织命名为"企业 C 管理模式"。"以人为核心"是构建智慧性组织的基本，是 C 管理模式的关键。"以人为本"运营智慧性组织是 C 管理模式的原则。"道法自然"，遵循自然组织的普遍规律和基本法则是 C 管理模式的特征。

三、组织管理的特点

组织管理是围绕组织目标来进行的。组织目标是组织存在和发展的基础，组织管理就是为了有效地协调组织内的各种信息和资源，提高组织的工作效率，以期顺利地达到组织目标。

组织管理是一个动态的协调过程，既要协调组织内部人与人的关系，又要协调组织内部人与物的关系。

组织管理是一种有意识、有计划的自觉活动。

四、组织管理的形式

从历史上看，社会组织的管理经历了以下两种形式。

1. 家长制

家长制是产生和存在于传统农业社会的一种管理方式。由于传统农业社会生产分工不发达，生产规模相对狭小，人们把生产管理的一切指挥权集中于一人身上。

2. 科层制

科层制产生于工业革命后现代化大生产时代，它把企业管理的权力分散于各个科层，分科执掌、分层负责。

五、企业组织管理的含义

企业组织管理是对企业管理中建立健全管理机构，合理配备人员，制定各项规章制度等工作的总称。具体地说就是为了有效地配置企业内部的有限资源，为了实现一定的共同目标而按照一定的规则和程序构成的一种责权结构安排和人事安排，其目的在于确保以最高的效率，实现组织目标。

组织管理的具体内容是设计、建立并保持一种组织结构。组织管理的内容有组织设计、组织运作、组织调整三个方面。

六、不同文化对企业管理模式选择的具体影响

1. 西方管理模式的本质是个人本位下的"制度管理"

西方文化认为人性本恶，形成了以法律保护个人权利的个人本位价值观。在人力资源管理中，表现为与个人本位取向相一致的"工作分析"、与薪酬系统挂钩的"岗位评价"，明确界定各个岗位的岗位职责与职位价值是组织分工的价值观依据，也是科学管理在西方的本意。个人本位下如何实现合作？个人在群体、组织中形成合作的条件体现为外在规章制度明文要求下形成的"他律"。

2. 东方管理模式的本质是群体本位下的"文化管理"

东方文化认为人性本善，形成了群体本位价值观。在企业管理中的成功经验是集体奖励的激励制度、重视团队合作、更易出现员工公民行为等。

个人在群体、组织生活中的合作是以人们信仰的强势企业文化为核心，根据各自所处位置与身份"自律"为主的控制方式。中国文化下的道德自律与西方的道德自律不同，是对群体中的他人负责，而不是对神（或者规章制度）负责；激励力量主要来自以个体在所属群体中的相对位置为标志的公平感和荣誉感。

美国管理学家敏锐地认识到造成管理模式差异的文化差异是造就日本经济奇迹与日本企业竞争力背后的原因，提出了管理学中的"企业文化"理论。从以上分析可以看出，东

方文化下的企业管理模式在主要的约束与激励力量上与西方企业存在明显的差异。

3. 日本企业管理经验的文化实质

同为受儒家学说影响的文化，虽然中日之间在核心文化价值观上存在差异，中国文化以仁为本，日本文化以和为本，但都属于群体本位的文化模式。日本在发展市场经济的过程中形成了很多不同于西方企业管理原则要求的做法，这些做法值得我们仔细分析、思考与借鉴。

在日本企业管理内部，有质量圈活动、工作小组、全面质量管理和集体奖励制度等；在市场上，有大企业与小企业、企业与银行之间结盟与共好。以上现象都是与日本的群体主义文化价值观相一致的管理活动与组织形态，形成以群体为形式的竞争主体。如在最为知名的日本丰田生产模式中，无论是领导自上而下的强力推行，还是培养员工自下而上追求精益生产的自觉主动精神，没有凝聚在强势企业文化之中的群体本位价值观支撑，难以实现持续降低成本、提高效率的目的，这也是丰田生产模式在我国企业学习借鉴过程中效果不佳的原因——只学流程，没有文化支撑。

这种以群体、集群为单位的市场竞争主体及其相应的企业生产管理模式要比单个企业的竞争实力大得多。后来出现的供应链管理理论，其实质是为了解决丰田生产方式在企业内部推行所受到的外部制约，以拉式生产、订单生产、柔性生产为核心，将准时生产、订单生产思想扩张到整个供应链条，以纵向企业联盟形式参与市场竞争，体现出很强的东方文化色彩。在我国成功的经验是浙江温州地区的民营企业形成的产业集群，既与温州商业文化中重视、相信地缘合作有密切关系，也推动了温州企业的整体竞争实力。

第四节　企业文化和企业形象

　相关链接

日照港[①]企业文化个性特征分析

日照港企业文化设计思路：

第一，基于港口20年发展历程中的优秀文化积淀。

第二，体现日照港集团母子公司体制下文化整合提升要求。

---

① 日照港于 1980 年开始建设，1986 年 5 月正式开始运营。日照港是我国沿海 20 个主枢纽港之一，全国第九个亿吨大港。

第三，反映我国港口行业改革发展的时代精神。

第四，突出跨越式发展过程中"管理创新与文化创新"的主题。

第五，为日照港未来发展提供精神支持和文化动力。

日照港企业文化个性特征："阳光文化"

通过对日照港20年发展历程和日照港集团发展现状的调研诊断，以及上述五个方面的概括提炼，日照港文化个性集中表现为"阳光文化"。

"阳光文化"基本内涵

"阳光"的象征性意义："阳光"源自于日照港的名字，源自于日照市地名的由来——"日出初光先照"（日照），具有以下意义：（1）富于生机和活力；（2）体现开放、感恩、包容、和谐；（3）培育积极向上的阳光心态；（4）提供热情、真诚的服务；（5）代表希望和未来。

日照港"阳光文化"具有以下基本含义：

真诚："真诚服务"——热情友善、诚实守信、奉献真情；

和谐："人本人和"——以人为本、感恩包容、团队精神、文明有序、安全环保；

激情："激情创业"——爱港敬业、执着奉献、事业为大；

创新："自我超越"——解放思想、开拓创新、勇于实践、实现持续突破；

开放："海纳百川"——诚通四海、兼容并蓄、有容乃大、和商共赢、实现国际化、成就光明未来。

一、企业文化

企业文化又称组织文化，是一个组织由其价值观、信念、仪式、符号和处事方式等组成的其特有的文化形象。

广义上说，文化是人类社会历史实践过程中所创造的物质财富与精神财富的总和；狭义上说，文化是社会的意识形态以及与之相适应的组织机构与制度。

而企业文化则是企业在生产经营实践中逐步形成的，为全体员工所认同并遵守的，带有本组织特点的使命、愿景、宗旨、精神、价值观和经营理念，以及这些理念在生产经营实践、管理制度、员工行为方式与企业对外形象的体现的总和。企业文化与文教、科研、军事等组织的文化性质是不同的。

企业文化是企业的灵魂，是推动企业发展的不竭动力。它包含着非常丰富的内容，其核心是企业的精神和价值观。这里的价值观不是泛指企业管理中的各种文化现象，而是企业或企业中的员工在从事商品生产与经营中所持有的价值观念。

关于企业文化的概念有许多不同的认识和表达，同心动力企业文化咨询公司[①]对企业文化的 12 条观点如下。

（1）价值观在管理实践中的体现，是企业文化分析和管理的重点。同心动力认为"分析企业文化并不只是了解领导人期望的、向外宣布的那些价值观，而是看经过管理实践，有多少价值观被所有成员接受，并体现在工作中"（国际跨文化管理权威霍夫施泰德）。所以企业文化的梳理和定位要详尽分析企业管理的各个层级、各个序列等各种亚文化与"倡导文化"的异同，尤其是反映在实际管理行为中的价值导向的异同。只有详尽的科学调研才能定位，所以所谓的"企业文化策划"是一种 CIS（Corporate Identity System，企业形象识别系统）的形象异化，对企业的文化变革没有实质的意义。

（2）企业文化是继承性的。同心动力认为企业文化是继承性的。企业文化是企业在长期经营活动中逐渐形成的，是企业管理认识论和方法论的高度概括，所以对企业文化发展历史的梳理、对企业文化个性形成历史的梳理是企业文化建设非常重要的环节。文化历史梳理的结果能清晰地向员工阐述"我们的文化从哪里来"、"我们的文化为什么是这样"，是对现有文化体系的强有力的支撑。

（3）价值的持续增长是企业文化建设的根本目的。同心动力认为价值的持续健康增长是企业文化建设的根本目的。企业文化建设的目的是通过总结成功基因，清晰核心价值，理顺价值差异，统一管理思想，澄清共同语言和准则，通过对内的整合达到对外部竞争环境的适应，提高组织运作效率，塑造整体形象，提高企业核心竞争能力，实现企业经营业绩的持续健康增长。而业绩的持续增长是衡量企业管理能力和工作价值的几乎无法代替的最重要的指标。因此，文化在管理中的渗透和深植（内部整合与外部适应）比文化体系本身更重要。

（4）"深植力差"是中国企业文化建设的突出问题。同心动力认为"深植力差"是中国企业文化建设的突出问题。造成深植力差的主要原因是文化体系本身无可操作性和没有科学的操作规划，而体系本身没有可深植性是问题的主要根源。

（5）个性是企业文化的生命。

（6）科学的企业文化体系是清晰的、实用的。

（7）定性和定量的结合是企业文化体系形成的基础。

（8）企业文化建设的核心是认同和共享。

（9）企业文化的清晰解读是外部与内部的互动结果。

---

① 同心动力企业文化咨询公司成立于 1999 年，是中国唯一一家专业从事企业文化实战 6 年以上的咨询公司，是中国唯一拥有完整系统的企业文化咨询方法工具的咨询机构。

（10）企业文化不是CIS（理念识别系统MIS＋行为识别系统BIS＋视觉识别系统VIS）。

（11）企业文化基于企业家文化。

（12）企业文化不是策划出来的。

二、企业文化的功能

（一）企业文化具有导向功能

所谓导向功能，就是通过企业文化对企业的领导者和职工起引导作用。企业文化的导向功能主要体现在以下两个方面。

1. 经营哲学和价值观念的指导

经营哲学决定了企业经营的思维方式和处理问题的法则，这些方式和法则指导经营者进行正确的决策，指导员工采用科学的方法从事生产经营活动。企业共同的价值观念规定了企业的价值取向，使员工对事物的评判达成共识，有着共同的价值目标，企业的领导和员工为着他们所认定的价值目标去行动。美国学者托马斯·彼得斯和小罗伯特·沃特曼在《寻求优势》一书中指出"我们研究的所有优秀公司都很清楚他们的主张是什么，并认真建立和形成了公司的价值准则。事实上，一个公司缺乏明确的价值准则或价值观念不正确，我们则怀疑它是否有可能获得经营上的成功。"

2. 企业目标的指引

企业目标代表着企业发展的方向，没有正确的目标就等于迷失了方向。完美的企业文化会从实际出发，以科学的态度去制定企业的发展目标，这种目标一定具有可行性和科学性。企业员工就是在这一目标的指导下从事生产经营活动。

（二）企业文化的约束功能

企业文化的约束功能主要是通过完善的管理制度和道德规范来实现。

1. 有效规章制度的约束

企业制度是企业文化的内容之一。企业制度是企业内部的法规，企业的领导者和企业职工必须遵守和执行，从而形成约束力。

2. 道德规范的约束

道德规范是从伦理关系的角度来约束企业领导者和职工的行为。如果人们违背了道德规范的要求，就会受到舆论的谴责，心理上会感到内疚。如同仁堂药店"济世养生、精益求精、童叟无欺、一视同仁"的道德规范约束着全体员工必须严格按工艺规程操作，严格质量管理，严格执行纪律。

（三）企业文化的凝聚功能

企业文化以人为本，尊重人的感情，从而在企业中造成了一种团结友爱、相互信任的和睦气氛，强化了团体意识，使企业职工之间形成强大的凝聚力和向心力。共同的价值观念形成了共同的目标和理想，职工把企业看成是一个命运共同体，把本职工作看成是实现共同目标的重要组成部分，整个企业步调一致，形成统一的整体。

（四）企业文化的激励功能

共同的价值观念使每个职工都感到自己存在和行为的价值，自我价值的实现是人的最高精神需求的一种满足，这种满足必将形成强大的激励。在以人为本的企业文化氛围中，领导与职工、职工与职工之间互相关心、互相支持。特别是领导对职工的关心，职工会感到受人尊重，自然会振奋精神、努力工作。另外，企业精神和企业形象对企业职工有着极大的鼓舞作用，特别是企业文化建设取得成功，在社会上产生影响时，企业职工会产生强烈的荣誉感和自豪感，他们会加倍努力，用自己的实际行动去维护企业的荣誉和形象。

（五）调适功能

调适就是调整和适应。企业各部门之间、职工之间，由于各种原因难免会产生一些矛盾，解决这些矛盾需要各自进行自我调节；企业与环境、顾客、企业、国家、社会之间都会存在不协调、不适应之处，这也需要进行调整和适应。企业哲学和企业道德规范使经营者和普通员工能科学地处理这些矛盾，自觉地约束自己。完美的企业形象就是进行这些调节的结果。调适功能实际也是企业能动作用的一种表现。

（六）辐射功能

企业文化的辐射功能是指企业文化不仅对企业本身，还对社会产生一定的影响。社会影响着企业文化的发展，而同时企业文化又反作用于社会。企业社会责任作为成为企业文化中新型的价值观体系，不仅能在企业内部营造良好的氛围，而且辐射到整个企业界和社会。企业通过履行社会责任活动进一步扩大企业在社会上的良性影响，进而在消费者和社会公众中树立良好的"企业公民"形象。同时，这种社会影响反过来又会影响到社会文化的发展和进步，全面促进企业经济效益和社会效益的提高。

三、企业形象的含义

企业形象是指人们通过企业的各种标志（如产品特点、行销策略、人员风格等）而建立起来的对企业的总体印象。企业形象是企业精神文化的一种外在表现形式，它是社会公众与企业接触交往过程中所感受到的总体印象。这种印象是通过人体的感官传递获得的。企业形象能否真实反映企业的精神文化，以及能否被社会各界和公众舆论所理解和接受，在很大程度上决定于企业自身的主观努力。

四、企业形象的建设

考察一个企业的企业形象，可以洞察文化的系统概貌和整体水平，也可以评估它在市场竞争中的真正实力。一个企业良好的形象主要表现在企业环境形象、产品形象、领导和员工的形象。

1. 科学的企业理念是塑造良好企业形象的灵魂

当前，企业理念已成为知名企业最深入人心的概念，已在悄悄地引起一场企业经营管理观念的革命。在这种情况下，许多企业都制定了本企业的口号，反映企业的理念，显示企业的目标、使命、经营观念和行动准则，并通过口号鼓励全体员工树立企业良好形象。"口号"通常指企业理念的表现形式。如海尔集团"日事日毕、日清日高"和"有缺陷的产品就是废品"，三洋制冷有限公司"创造无止境的改善"等都说明精神理念在企业中的重要性。实践证明，培育和弘扬企业精神是塑造企业良好形象的一种很有效的形式，对企业的发展能起到不可低估的作用。当然，培育企业精神不能单一化，要与现代企业制度建设、企业的经营管理目标、过细的思想政治工作结合起来，使其成为企业发展的精神动力。

2. 优美的环境形象是塑造良好企业形象的外在表现

企业环境代表着企业领导和企业职工的文化素质，标志着现代企业经营管理水平，影响着企业的社会形象。

（1）企业环境是企业文化最基本的反映。如果说企业是职工赖以劳动和生活的地方，那么，就要有一个适合职工劳动和生活的保障设施，使职工能够合理的、安全的、文明的进行劳动和生活。

（2）建设优美的企业环境，营造富有情意的工作氛围是塑造企业形象的重要组成部分。企业的厂区、生活区、办公设施、生产车间、产品、现场管理和生产服务等都是企业形象的窗口。因此，每个企业要精心设计厂区的布局，严格管理厂区的环境和秩序，不断提高企业的净化、绿化、美化水平，努力创造优美高雅的企业文化环境，寓管理于企业文化建设之中，陶冶职工的情操，提高企业的社会知名度，为企业增光添彩。

3. 优质的产品形象是塑造良好企业形象的首要任务

产品形象是企业形象的综合体现和缩影。在现代企业制度中，企业自己掌握自己的命运，自谋生存、自求发展。而生存发展的出路则往往取决于企业的产品所带来的社会效益的好坏。首先，企业要提供优质产品形象，就要把质量视为企业的生命。产品的好坏不仅是经济问题，而且是关系到企业声誉、社会发展进步的政治问题，是企业文化最直接的反映。抓好产品形象这个重点，就能带动其他形象的同步提高。要把抓产品形象渗透到质量管理体系当中去，在干部职工中形成人人重视质量、个个严把质量关的良好风气。其次，要在竞争中求生存、创名牌，增强企业的知名度，创造出企业最佳效益。在市场经济中，随着统一、开放、竞争、有序的全国大市场的逐步形成，企业必须自觉地扩大自己的知名度，强化市场竞争，多出精品，使产品在市场中形成自身的文化优势。同时，要加强产品的对外宣传，富于个性的宣传是塑造企业形象的重要手段。如辽宁省食品集团公司提出"一切为了美味、营养和健康"作为公司的定语，是对企业特性产品的高度概括，又具有很好的引申和升华。

4. 清正的领导形象是塑造良好企业形象的关键

企业领导在企业中的主导作用和自身示范能力是领导形象的具体体现，也是塑造良好企业形象的关键。首先，企业领导的作风是企业形象的重要标志。有什么样的领导者，就有什么样的企业文化和企业形象。因此，企业领导干部要不断地提高自身素质，既要成为真抓实干、精通业务与技术、善于经营、勇于创新的管理者，也要成为廉洁奉公、严于律己、具有献身精神的带头人。其次，要提高企业领导对企业文化的认识程度，成为企业文化建设的明白人。一是企业领导要将自己塑造成具有高品位的文化素养和现代管理观念的企业家，适应市场经济的需要，使企业在竞争中立于不败之地。二是要把握好企业文化的方向和基本原则，在学习、借鉴优秀企业经验的基础上拓宽视野、不断创新。

5. 敬业的职工形象是塑造良好企业形象的重要基础

职工的整体形象是企业内在素质的具体表现，把培养有理想、有道德、有文化、有纪律的"四有"新人作为企业文化建设的重要内容：培养职工干一行、爱一行、钻一行、精一行的爱岗敬业精神；树立尊重知识、尊重人才的观念；创造一种有利于各类人才脱颖而出的环境和平等、团结、和谐、互助的人际关系，从而增强企业的凝聚力、向心力，以职工良好的精神风貌赢得企业良好的社会形象和声誉。

坚持"以人为本"的原则，使企业文化建设为提高全员素质、调动全员积极性服务。豪华的装修、雄厚的财力并不能解决企业的发展问题，其关键还是人。发动职工全员参与企业文化的实践，应做到"三个满足"，即满足员工参与民主管理的需要，满足员工渴望成才的需要，满足员工物质文化生活的需要，以此适应职工实现个人价值和物质、精神需要的意向，创造一种适应企业发展的良好文化氛围。企业要不失时机地采用岗位练兵、技术竞赛、脱产轮训等形式，从政治、技术、业务上培训职工，进一步健全以基础教育、技术等级教育、学历教育为主要内容的全员培训网络和考核管理办法。同时，要开展各种有益于职工身心健康的娱乐活动，达到寓教于乐的目的，努力造就一支适应市场经济需要的思想好、纪律严、业务强、作风硬的职工队伍。

 课后阅读

麦当劳的企业文化

麦当劳的企业文化是一种家庭式的快乐文化，强调其快乐文化的影响，和蔼可亲的麦当劳大叔、金色拱门、干净整洁的餐厅、面带微笑的服务员、随处散发的麦当劳优惠券等消费者所能看见的外在的麦当劳文化，麦当劳创始人雷·克洛克认为，快餐连锁店要想获得成功，必须坚持统一标准，并持之以恒地贯彻落实。下面从几个层面来介绍麦当劳企业文化。

一、麦当劳企业文化之物质文化

和蔼可亲的麦当劳大叔、金色拱门、干净整洁的餐厅、面带微笑的服务员、随处散发的麦当劳优惠券等消费者所能看见的外在的麦当劳文化。

麦当劳大叔是友谊、风趣、祥和的象征，他总是传统马戏小丑打扮，黄色连衫裤，红白条的衬衣和短裤，大红鞋，黄手套，一头红发。他在美国4—9岁儿童的心中是仅次于圣诞老人的第二个最熟悉的人物，他象征着麦当劳永远是大家的朋友。

麦当劳的企业标志是弧形的"M"字母，以黄色为标准色，稍暗的红色为辅助色，黄色让人联想到价格的便宜，而且无论什么样的天气里，黄色的视觉性都很强。"M"字母的弧形造型非常柔和，和店铺大门的形象搭配起来，令人产生走进店里的强烈愿望。

二、麦当劳企业文化之制度文化

餐厅制定了规范化的行为标准，员工们严格按标准的程式运转。麦当劳创始人雷·克洛克认为，快餐连锁店要想获得成功，必须坚持统一标准，并持之以恒地贯彻落实，麦当劳将它的行为规范概括为四条。

就在第一家麦当劳餐厅诞生后的第三年，克洛克就制定出了第一部麦当劳营运训练手册，该手册详细记载麦当劳的有关政策、餐厅各项工作的程序和方法。在总结经验和吸取最新管理成果的基础上，公司每年都要对该手册进行修改和完善。40多年来，营运训练手册已成为指导麦当劳运转的"圣经"。

麦当劳公司还制定了岗位观察检查制度，把全部工作分为20多个工作站。每个工作站都建立了岗位观察检查表，详细说明该岗位职责及应注意事项等。新员工进入公司，要接受岗位培训，包括看岗位标准操作录像带，进行有专人辅导的操作练习等。管理者要对员工的实际操作情况进行跟踪，员工的岗位完成情况要记入岗位观察检查表。据说这样做的目的，一方面有利于总结经验，追求科学完美的管理境界；另一方面，通过检查员工的岗位观察检查表，可以进行考核，决定录用、升降和奖惩。

麦当劳管理人员都有一本袖珍品质参考手册，上面载有诸如半成品接货温度、储藏温度、保鲜期、成品制作温度、制作时间、保存期等指标，还有关于机器设备方面的数据。有了这种手册，管理人员就可以随时随地进行检查和指导，发现问题及时纠正，保证产品质量能够达到规定标准。

为提高管理人员自身的素质，为餐厅培养高级管理人才，公司设计了一套管理发展手册，该手册实际上是具有麦当劳特色的餐厅管理教科书，即结合麦当劳的实际情况，讲解餐厅管理的方法，同时给出大量案例，要求经理们结合实际工作来完成。当管理人员掌握了一定的理论与实践知识后，还要系统学习一些相应课程，如基本营运课程、基本管理课程、中级营运课程、机器课程。在完成上述学习后，要想担当餐厅经理，还必须到美国汉堡大学进修高级营运课程。

三、麦当劳企业文化之用人文化

麦当劳在定期招收员工的时候，主要是通过比较简单的面试来考察应聘者最基本的素质。因为每个新到员工都需要从头学起，工作难度也不大，所以进入麦当劳工作非常容易，无论年龄、性别和学历，麦当劳都不会有任何歧视。同时，由于麦当劳员工大多数是兼职，进出的机制管理比较宽松，所以这里的员工，特别是其中的一些年轻人，流动性特别大。年轻人在这里得到了锻炼，其中的一些人会因为其出色的表现很快得到晋升机会。

在麦当劳工作，最基本的是了解公司的理念和政策，了解工作伙伴，了解各种日常制度，积极学习和寻找更好工作的方法。麦当劳最崇尚的是"坚毅"，用麦当劳总裁克罗克的话来概括："世上没有东西可取代坚毅的地位；才干不能，有才能而失败者比比皆是；天才不能，才华横溢又毫无进取者众多；单靠教育不能，受过教育但潦倒终身者充斥世间；唯有坚毅与果敢者能够无所不能，得到成功。"麦当劳文化还包括很多，如QSC&V，即企业最重视的质量、服务、清洁和物超所值，这是餐饮业最受顾客重视的部分；向顾客提供100%的满意，尽量满足顾客的一些特殊要求；在内部员工交流上，不论是普通员工还是管理组成员，大家都是平等的，强调"沟通、协调和合作"，有意见可以随时和管理组沟通。公司的政策是严格而且奖惩分明。奖，对于工作积极的员工，对于成绩突出的或者进步较快的员工，有各种不同的奖励；罚，对于违反公司政策、做出有损公司形象的事情的员工，也有相应的惩罚措施。相应的，麦当劳的激励机制运用得很充分，每天，麦当劳都会按照具体情况为每个不同岗位的人制定目标，一旦达到目标，就可以得到公司内部的积分奖励。举例来说，每一段时间麦当劳都会推出新活动以利于促销。麦当劳规定促销出新产品，前台服务员下班以后就可以按照管理组制定的目标拿到相应的奖券。假如一共卖了25套促销的套餐，就可以得到5元奖券，35套可以得到10元，依此递增，全部积攒下来到月底或年底兑换相应价钱的奖品。员工内部的奖品有手表、雨伞、手电、腰包等，这就需要每天都尽力做到最好，得到尽量多的奖券。这种积分奖励方法在麦当劳内部营造了比较好、比较持久的竞争气氛。

麦当劳与一般企业不同的是大部分员工都是兼职人员，所以没有人是"八小时"的正常班。因此，每个员工都要提前与经理沟通，让经理了解自己下星期可以上班的时间段，以便提前排好下星期的班。当然，排好班以后如果想改，还可以和当班经理进行沟通，偶尔可以请假或者让别人替自己上班，所以它的制度还是比较人性化的。员工在熟悉一个岗位以后，可以申请再学习其他的工作岗位，经理也会主动帮助安排。当你学会了所有岗位的工作，加上平时积极和良好的工作表现，你就可以得到晋升机会，也就是可以去学习一些管理方面的实践知识了。麦当劳里面的管理层人员有相当一部分是从普通服务员做起，通过努力一步一步晋升的。

在人力资源开发和管理方面，麦当劳并没有什么秘密，而是累积60多年发展的经验，步步提高——顾客满意、沟通合作、奖惩分明、提供机会。员工在感受到企业的诚意、活力和价值以后，当然更加忠诚。在成功打造出百家北京麦当劳店和更多的中国麦当劳店的过程中，用人制度绝对功不可没。

 案例分析

A集团公司企业文化建设咨询服务案例

【项目背景】

A集团系一家大型资源类企业，近几年，由于国家宏观经济的向好，原材料需求猛增，公司利润较好。但是由于历史的原因，揭开公司经济效益丰厚的面纱，公司内部仍然存在管理基础相对薄弱、企业上下缺乏奋进的动力、决策层对未来战略发展目标缺乏共识等一些阻碍公司进一步发展的深层次问题。因此，为了在企业经营状况较理想的时候改善企业基础，积聚永续发展的动力，公司领导认识到必须通过企业文化的塑造，形成企业的核心竞争力，以公司未来实现长期健康、稳定和快速发展打下良好的基础。

考虑到华彩在集团公司管理咨询方面的丰富经验和理论造诣，该集团公司决定聘请华彩作为其企业文化建设咨询的服务方。

【问题诊断】

华彩顾问组通过广泛的企业调研及访谈，了解到A集团公司存在的企业文化方面的问题主要是：公司由于长期在计划经济体制下运行，缺乏适应现代市场经济的管理体系和业务运行体系，未来的发展战略模糊，公司上下对未来的发展各执一词；企业凝聚力差，符合企业特点和战略发展的优秀价值观没有形成；员工和企业的目标不一致，部分员工思想观念落后，不能适应现代企业发展的要求。

【解决方案】

华彩顾问组主要按照以下步骤进行解决方案的设计。

步骤一：项目整体规划。规划了此次咨询项目采取"3+9"模式，即3个月的咨询阶段，9个月的顾问阶段。3个月的咨询阶段的工作内容主要是：企业文化现状诊断、咨询方案框架设计、咨询方案细化；9个月的顾问阶段的工作内容主要是：实施辅导和专项问题的解决。

步骤二：集团企业文化分析诊断。诊断是解决方案的基础，只有找准问题，才能找对方案，根据大量的调研访谈，华彩顾问找出了A集团公司存在的企业文化诸多方面的问题，如上所述，最后形成了《A集团企业文化诊断报告》。

步骤三：集团企业文化的科学设计——企业文化体系设计。在方案设计中，全面分析了企业整体价值观和群体行为分析和与未来核心竞争力塑造相关的管理技术、方法，明确企业文化需求，根据企业文化现状与发展战略对企业文化的需求之间的差距，确定企业文化改进的方案及策略，祛除灰色企业文化，个性化开发适合A集团的价值观群，提炼核心价值观体系，基于核心价值观的企业行动纲领（企业基本法）的确定，以及核心价值观在创新、竞争等57个方面的全景展开，明确A集团企业文化建设的步骤与方向。最后形成了《A集团企业基本法》、《A集团企业文化手册》、《A集团员工行为手册》、《A集团员工行为戒条和倡导准则》等8个咨询成果文案。

步骤四：集团企业文化实施与保障——宣传倡导、贯彻落实。在此阶段，华彩顾问组建议A集团对企业文化推行操作按照八大措施分解：主题活动；群策群力；入模管理；学长导入；读书会；交叉培训；同时设计年度推行计划、企业文化十大工程、群策群力机制导入；形成了《A集团企业文化推行措施报告》、《A集团企业文化实施方案设计报告》等4个实施建议咨询成果文案。

最后根据制订的实施推进方案，华彩顾问组对所有相关人员进行了大量有针对性的培训和讲解，为方案的实施打下了良好的基础，部分方案采用"情景模拟"的方式模拟实施，期间与企业高层沟通、结案，并进入顾问阶段，协助实施方案。

【咨询效果】

企业文化建设方案受到了客户管理层的普遍认可和理解。公司根据企业文化建设方案和步骤积极地进行推进实施，逐步形成了高度认可的企业核心价值观。企业文化建设实施两年来，公司销售额和利润率均高于行业内企业的平均增长率，企业整体凝聚力得到了加强，优秀向上的企业文化已经初步形成，并被评为系统内企业文化建设先进单位。

【客户评价】

华彩的管理型企业文化理念令人印象深刻，帮助A集团公司统一了思想，加强了发展的决心。对A集团公司的企业文化宣传也作了大量的辅导工作，在此表示感谢。

第二章　企业组织与现代企业制度

 **学习目标**

1. 了解设置组织机构的原则。
2. 掌握常见的组织机构的形式及特点。
3. 掌握现代企业制度的含义及特征。
4. 了解现代企业制度的基本内容。
5. 熟悉公司的设立及组织机构的职权。

第一节　现代企业的组织机构

一、设置组织机构的原则

企业组织机构的建立应当有利于企业的生产经营活动，有利于提高效率、降低成本，有利于调动职工的积极性，适应外部环境。

1. 统一领导，分级管理

统一领导就是企业的生产行政管理的主要权力要集中在企业的最高管理层，下级要服从上级的指挥，避免管理混乱，保证政令畅通。

分级管理就是在统一领导的前提下，根据情况把管理机构划分为若干级，对下属各级赋予一定的职责和权力，有利于发挥下级的积极性，使最高层的领导不至于陷于日常繁重的事务中，加快问题的处理速度。

企业的组织结构一般分为以下三层。

（1）最高管理层：负责做出企业的重大决策，协调各部门活动，进行综合全面管理的一层。

（2）中间管理层：主要是组织执行最高管理层的决定，并在本部门做出具体安排。

（3）基层管理层：主要是贯彻执行上级的计划、指示，并监督实现。

 **相关链接**

管理层次与管理幅度

某个企业到底应该设置几个管理层次主要考虑管理幅度问题。所谓管理幅度，即每个上级所管辖的下级单位和人员的数量。管理幅度宽，则管理层次和管理机构可能会减少，但要求领导者有更大的精力，更多的知识和经验；管理幅度窄，则管理可以更加具体、周密，但管理层次和管理机构就可能增多。所以，管理幅度与管理层次成反比例关系。

当然管理层次的多少还决定于企业规模的大小、管理工作的繁简、管理技术是否先进、企业的性质、员工的素质等。由此可见，管理层次的划分必须考虑多方面的因素，通过仔细权衡比较做出正确抉择。

2. 合理分工，密切协作

在考虑设置管理机构时，要按生产经营活动的性质来加以划分，一个部门最好管理同一专业的工作。如划分为生产系统、财务系统等，对每个系统设置相应的机构来管理，各单位之间分工要明确，同时还要保证各单位能密切协作、相互配合。

3. 权责结合

在设置组织机构时，必须明确职务（任务），确定承担的责任，根据职务和责任赋予相应的权力。职务、责任、权力必须有明确具体的规定。

4. 适应生产经营的需要

设置组织机构要考虑企业生产经营的特点和需要。

5. 弹性结构

企业的组织机构应具有一定的弹性，即企业的部门结构、人员的职责和职位都是可以变动的，以确保企业的需要和高效。

 多学一招

企业的管理人员可分为两类：一类是直线指挥人员，他们直接负责完成企业的组织目标，拥有对下级实行指挥和命令的权力，并对所管辖的工作负全部责任；另一类是职能管理人员，他们是直线指挥人员的参谋，协助直线指挥人员。他们只能对下级机构进行业务指导，提出建议、忠告，而无决策权，更不能对下级机构直接进行指挥和命令。

由于职能人员多数属于专业人士，如财务部门的工作人员需要掌握财会知识，往往能提供正确的意见和建议。而直线人员对职能人员提出的建议可以接受也可以不接受，忠告可听可不听，这就不能保证组织及时地采纳正确的意见。为此，需在企业组织机构的设置中扩大职能部门的功能和权力，扩大的方法有三种。

（1）强制性磋商：即让下级直线人员在采取某项行动之前，必须事先和该部门商量，否则不予商谈和批准。如引进某项新技术时，必须征求下级技术部门的意见。当然，这种强制性磋商并不限制上级总管对事情做最后的判断和决定。

（2）赞同性职权：即下级直线人员在采取行动之前必须征求该职能部门的意见，而且必须获得该部门的同意，职能部门具有否决权。

（3）功能性职权：即上级直线指挥人员将某一方面的权力完全下授给某一职能部门，该部门可直接行使直线指挥人员的权力，向下级直线人员下达命令，其效力和上级主管相同。如安全人员在某车间检查时发现有影响安全生产的隐患，可让工人停产，并强制车间采取安全措施。

二、组织机构的形式

企业组织结构是随着社会的发展、技术的进步和环境的变化而不断演变，目前常用的企业组织结构形式有以下几种。

1. 直线及职能制

各级领导者直接领导下级，并配备有职能助手，在自己的职能范围内有一定的权力和责任。但职能人员不直接对下级发布命令。这样，领导可以集中精力抓主要问题，而各职能部门依据其比较丰富的专门知识成为领导的助手。这种形式的优点是稳定性较高，在外部环境变化不在的情况下易于发挥组织的集团效率。缺点是各职能部门之间缺乏联系，不易协调配合，最高层领导者的协调工作量大。另外，这种组织系统刚性较大，分工很细，手续繁杂，反应较慢，不易迅速适应新的情况。这形式适用于大型、中型、小型企业，目前应用较为普遍。当企业规模较小时，也可以不设职能部门，这时我们称之为直线制。直线职能制组织机构示意图参见图2-1。

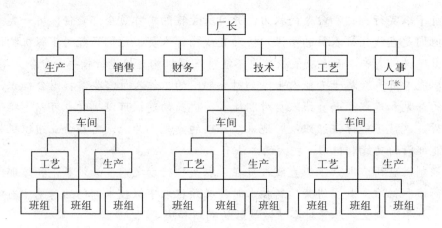

图 2-1　直线职能制组织机构示意图

2. 矩阵结构

根据任务需要，可以把有关职能部门的人员抽调出来组成工作小组，任务完成后，小组就解散。这种组织形式适合于需要各种专长的人来参加的工作，一次性工作或临时的突击性工作，如研究试制新产品和其他创新的工作。在一个企业中同时有几个工作小组，便形成了一种新的组织形式——矩阵结构。这种形式的优点是灵活机动适应性强，便与沟通意见、集思广益，能将垂直联系与水平联系更好地结合起来。缺点是稳定性较差，容易产生临时观念，成员受双重领导，影响工作，矩阵结构组织机构示意图参见图 2-2。

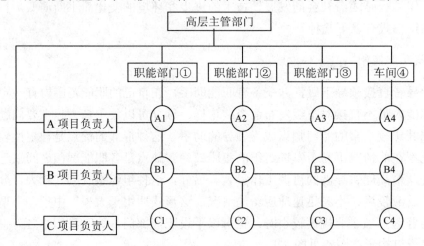

图 2-2　矩阵结构组织机构示意图

3. 事业部制

事业部制是在总公司总经理领导下设立若干个事业部，事业部是独立核算，自负盈亏，统管产品的生产、采购和销售活动的单位。总公司保留预算、重要人事任免和重大问题决策等权力。其优点是既保持了公司的灵活性和适应性，又能发挥事业部的主动性和积极性，并使总公司的最高层领导从日常业务中解脱出来，从事远景规划和重大问题的决策。其缺点是各事业部忽视公司的整体利益，只考虑本部的利益，各事业部之间不易相互协作配合。事业部制组织结构示意图参见图 2-3。

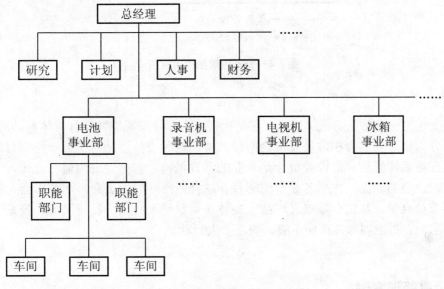

图 2-3 事业部制组织结构示意图

4. 公司治理结构

公司治理结构就是指包括公司领导体制在内的组织机构及其运作规则。其最明显的特征是：所有者、经营者、生产者及所属机构部门能够做到各司其职、各负其责、相互制约。股东会是公司的最高权力机构，由它产生董事会和监事会，由总经理主持公司生产经营管理工作。这种形式实行的是三权分立制，即董事会行使决策权；职工代表委员会、监事会行使监督权；总经理行使执行权。公司治理结构示意图参见图 2-4。

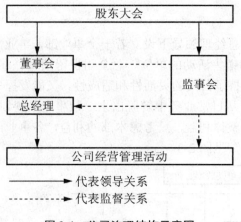

图 2-4　公司治理结构示意图

5. 委员会组织

委员会也是一种常见的组织形式，它是执行某方面管理职能并实行集体行动的一组人。委员会可分为临时委员会和常设委员会两种类型。临时委员会是为了某一特定目的而组成的，完成任务后即解散。常设委员会是企业的常设机构，它可促进沟通与合作，行使制定和执行重大决策的职能。几乎各级组织都存在这样或那样的委员会，如董事会、管理委员会、监察委员会等。其优点是集思广益、集体决策、便于协调、发扬民主、鼓励参与，缺点是委曲求全、折中调和、责任不清、缺乏个人行动。

 经典管理案例

爱　才

天黑了，张姓牧羊人和李姓牧羊人在把羊群往家赶的时候，惊喜地发现每家的羊群头数都多了十几只，原来一群野山羊跟着家羊跑回来了。

张姓牧羊人想：到嘴的肥肉不能丢呀。于是扎紧了篱笆，牢牢地把野山羊圈了起来。

李姓牧羊人则想：待这些野山羊好点，或许能引来更多的野山羊。于是给这群野山羊提供了更多更好的草料。

第二天，张姓牧羊人怕野山羊跑了，只把家羊赶进了茫茫大草原。李姓牧羊人则把家羊和野山羊一起赶进了茫茫大草原。

到了夜晚，李姓牧羊人的家羊又带回了十几只野山羊，而张姓牧羊人的家羊连一只野山羊也没带回来。

张姓牧羊人非常愤怒，大骂家羊无能。一只老家羊怯怯地说："这也不能全怪我们，那帮野山羊都知道一到我们家就被圈起来，失去了自由，谁还敢到我们家来呀"。

【解析】 爱才就不要囚禁人才。很多地方和企业在留住人才的时候采取了与张姓牧羊人同样的方法——通过硬性措施"囚禁"人才。其结果是留住了人，也没能留住心，到头来依旧是竹篮打水一场空。其实，留住人才的关键是在事业上给予他们足够的发展空间和制度上的来去自由。

第二节　现代企业制度

一、现代企业制度的含义和特征

1. 现代企业制度的含义

现代企业制度是指以完善的企业法人制度为基础，以公司制为主要形式，以产权明晰、权责明确、有限责任、政企分开、管理科学为基本特征，能适应社会主义市场经济要求的一种体制模式。

现代企业制度是现代市场经济的产物，反应了市场经济的一般规律。公司制企业是现代企业制度的主要组织形式。

2. 现代企业制度的特征

现代企业制度的基本特征可以概括为"产权明晰、权责明确、政企分开、管理科学"十六个字。

（1）产权明确。

企业中的国有财产所有权属于国家，企业拥有包括国家在内的出资者投资形成的全部法人财产权，成为享有民事权利、承担民事义务的法人实体。

（2）权责明确。

企业以其全部法人财产，依法自主经营、自负盈亏、照章纳税，对出资者承担资产保值、增值的责任。出资者按投入企业的资本额享有所有者的权益，即资产受益、参与重大决策和选择管理者等权利；在承担有限责任条件下，企业破产时，出资者仅以投入企业的资本额对企业债务负有限责任。

（3）政企分开。

现代企业制度下，政府和企业的关系表现为法律关系。政府依靠政策法规和经济手段等宏观措施调控市场，引导企业的经营活动，不直接干预企业的生产经营活动；企业按市场需求依法独立组织生产经营活动，以提高劳动生产率和经济效益为目的；企业在市场竞争中优胜劣汰，长期亏损、资不抵债的应依法宣告破产。

（4）管理科学。

建立科学的企业领导体制和组织管理制度，调节所有者、经营者和职工的关系，形成激励和约束相结合的经营机制。

二、现代企业制度的基本内容

现代企业制度是社会化大生产和市场经济发展的必然产物，是由一系列具体的、科学的制度构成的。以下是这一制度体系中最基本的制度内容。

1. 现代企业产权制度

产权制度是对财产权利在经济活动中表现出来的各种权能加以分解和规范的法律制度；是以产权为依托，对各种经济主体在产权关系中的权利、责任和义务合理地进行组合的制度。所谓产权，也叫财产权，是指所有人依法对自己的财产享有占有、使用、收益、处分的权利，这是经济学意义上的完整的所有权的概念。而根据公司法的有关规定，公司法人财产所有权是指公司对由股东投资形成的全部财产依法享有占有、使用、处分和部分收益的权利。显然产权可分为两种：一种是经济学意义上的完整的产权概念；另一种是建立在其完整产权概念基础上的现代产权概念。第一种产权概念就是完整意义的财产所有权，建立在这一产权概念基础上的产权制度可称为原始产权制度；而第二种产权概念则是对经济学意义上的完整财产所有权的一种变异或延伸，而非经济学意义上的财产所有权概念。建立在第二种产权概念基础上的产权制度就是现代产权制度。

具体的讲，现代企业产权制度就是把民法上所称的经济学意义上的所有权分解为出资者的最终所有权（或称终极所有权）和企业法人财产权（或称财产所有权）两部分。企业的出资者或投资者对其所投入的资产享有最终所有权，而企业对出资者所投入到企业中的资产整体享有法人财产权。在此制度下出资者的最终所有权就退化为股权，而随之丧失一部分所有权、占有权、使用权、支配权和部分收益权。投资者只能以股东身份依法享有资产收益、选择管理者、参与重大决策以及股权转让等，不能对资产中最终属于自己的那一部分资产实行支配；只能运用股东权利影响企业行为，而不能直接干预企业的经营活动。而企业法人则享有出资者所投资产的占有权、使用权、处分权和部分收益权。

由此可以看出，现代产权制度与原始产权制度相比，最大的差别是现代产权制度把经济学意义上的完整的财产所有权分解为最终所有权和法人财产权两部分，实现了"两权分离"，使企业享有独立的法人财产权，而原始产权制度下这"两权"是合二为一的。产权制度的核心就是通过对所有者的产权分割和权益界定，使产权明晰化，以实现社会资源的优化配置。现代企业产权制度能够使企业拥有自己独立支配的财产，使其具备法律上独立的人格条件，从而成为独立的市场主体。因此，现代产权制度是现代企业制度不可缺少的内容。

2. 现代企业法人制度

法人制度就是通过赋予企业或有关组织法律上独立的人格，使其独立承担民事责任，享有民事权利，也包括赋予企业法人地位的各项法律及规定。"法人"是一个法学名词，它是相对自然人而言的，代表一个团体组织，具有与自然人相同的民事权利能力和民事行为能力，能独立享有民事权利和承担民事义务。

法人制度规定：出资人构造出企业法人后，企业就依法获得了出资人投资所形成的全部法人财产权，成为以其全部法人财产进行自主经营、自负盈亏的经济实体。包括国家在内的出资人将资产注入企业后，就丧失了对资产的直接支配的权利，不能直接干预企业日常的生产经营活动。企业的生产经营交由具有知识和技能的管理人才，由他们代为管理企业。出资人只是以所有者身份，依法享有资产收益、参与重大决策、选择管理者、制定公司章程和产权处置的权利。

法人制度是现代企业制度的重要内容，在现代企业制度体系中占据核心的地位。首先，法人制度使现代企业同传统的自然人企业相比具有明显的优势。自然人企业会因业主或合伙人的生理原因（如死亡）终止或解散，法人企业则不会因股东或董事的死亡和股权的转让而终止或解散，具有永续生命。永续生命使企业具有稳定性和连续性，赢得了股东和债权人的信赖。其次，法人制度是实现最终所有权与法人财产权分离，从而实现现代企业产权制度的重要契机，是企业具有有限责任的前提。因此，建立现代企业制度必须首先确立现代企业法人制度。

3. 现代企业财产责任制度

现代企业的财产责任是有限责任，包含两个方面：一是对股东而言，他们以其出资额为限对企业债务承担有限责任；二是对企业法人而言，他以其全部财产为限对企业的债务承担责任。当企业出现资不抵债时，以其全部财产进行清偿，不牵涉企业以外的他人的财产。

有限责任制度的出现是企业财产组织形式的巨大进步，也是现代企业制度的一个重要标志。一方面，投资者可以比较放心地把资本投给企业。即使企业破产了，股东的损失也

仅限于其投资额部分，不会连累到自己的其他财产，减轻和分散了投资风险。这就带来资本的大量集中投到各项生产领域和经营领域中，带来了社会生产力的巨大进步，企业规模也扩大了。另一方面，经营者可以比较放心大胆地经营企业。公司作为独立的法人，其资产虽然来自股东，但经营者对股东承担的财产责任是有限的，对自己经营的全部财产责任也是有限的。这有利于经营者放开手脚、独立负责、自主经营，推动企业的快速发展。

4. 现代企业组织制度

在市场经济的发展中，公司制企业已经形成了一套完整的组织制度，其基本特征是：所有者、经营者和生产者之间，通过公司的决策机构、执行机构、监督机构，形成各自独立、权责分明、相互制约的关系，并以法律和公司章程的形式加以确立和实现。

公司组织制度坚持决策权、执行权和监督权三权分立的原则。公司组织机构通常包括股东大会、董事会、监事会以及经理人员四大部分。按其职能分别形成决策机构、监督机构和执行机构。

5. 现代企业管理制度

现代企业制度的运作和完善需要有科学的管理制度作保障，加强企业管理是我国企业面临的迫切的与长期的重要任务。

现代企业管理制度是指运用现代管理思想、管理方法、管理手段和管理人才对企业实行现代化的管理。现代企业特别是公司制企业与个人业主制企业和合伙制企业相比，无论是在规模上、生产工艺上，或是在所面对的市场环境方面都远远高于后两者，因此，对现代企业实行现代管理成为必须，现代企业管理制度也成为现代企业制度不可缺少的重要内容。

现代企业管理制度是由现代化生产要求相适应的各项具体的管理制度组成的，主要包括以下几个方面。

（1）现代企业领导制度。

企业领导制度的核心是关于企业内部领导权的归属、划分及如何行使等所作的规定。

（2）现代企业劳动人事制度。

企业劳动人事制度是用来处理企业用工方式、工资分配以及企业法人、经营者与劳动者在劳动过程中所形成的各种经济关系的行为准则。建立与市场经济要求相适应的，能促进企业和劳动者双方选择，获得最佳经济效益和社会效益的市场化、社会化、法制化的企业劳动、人事和工资制度，从而实现劳动用工市场化、工资增减市场化、劳动争议仲裁法规化，是建立现代企业制度的重要内容。

（3）现代企业财会制度。

现代企业财会制度是用来处理在企业法人与国家、股东、劳动者之间财会信息沟通和财产分配关系的行为准则，它能保护股东和国家的利益不受侵犯。

现代企业财会制度应充分体现产权关系清晰、财会政策公平、企业自主理财与国际惯例相一致的原则。现代企业有充分的理财自主权，企业有健全的内部财会制度，并配备合格的财会人员。其财务报告须经注册会计师签证，上市公司要严格执行公开披露财务信息的制度。

（4）现代企业破产制度。

破产制度是用来处理企业生产经营过程中形成的各种债权债务关系，维护经济运行秩序的法律制度。它不是以行政命令的方式来决定取消企业的名单，而是以法律保障的经济运行方式"自动"筛选和淘汰，为整个经济运行提供一种优胜劣汰的途径。

第三节　现代企业组织形式

现代企业制度的内容需要通过一定的组织形式来实现，有限责任公司、股份有限公司和国家独资公司是现代企业制度的基本组织形式。

一、有限责任公司

1. 有限责任公司的设立

设立有限责任公司，应当具备以下五个条件。

（1）股东符合法定人数。

有限责任公司对股东的人数有上限规定，为 50 人，没有下限规定。

（2）股东出资达到法定资本最低限额。

① 出资金额。

不得低于人民币 3 万元（此为法定的注册资本最低限额，法律、行政法规有较高规定的，从其规定），在 3 万元以上，全体股东首次出资额不得低于注册资本的 20%；剩余 80% 则在公司成立之日起的 2 年内缴足。这里有个例外，投资公司可以在 5 年内缴足。

一人有限责任公司的注册资本最低限额为人民币 10 万元，且应一次足额缴纳公司章程规定的出资额。

② 出资方式。

股东可以用货币出资，也可以用实物、知识产权、土地使用权等可以用货币估价并可以依法转让的非货币财产作价出资；但全体股东的货币出资金额不得低于有限责任公司注册资本的 30%。

③ 出资责任。

股东如果不按时、足额缴纳出资，除了承担必须足额缴纳的义务外，还应当向其他按期足额缴纳出资的股东承担违约责任。

（3）股东共同制定公司章程。

制定有限责任公司章程是设立公司的重要环节，公司章程由全体出资者在自愿协商的基础上制定，经全体出资者同意，股东应当在公司章程上签名、盖章。

（4）有公司名称、建立符合有限责任公司要求的组织机构。

设立有限责任公司，除其名称应符合企业法人名称的一般性规定外，还必须在公司名称中标明"有限责任公司"或"有限公司"。建立符合有限责任公司要求的组织机构，是指有限责任公司组织机构的组成、产生、职权等符合公司法规定的要求。公司的组织机构一般是指股东会、董事会、监事会、经理或股东会、执行董事、一至二名监事、经理。股东人数较多，公司规模较大的适用前者，反之适用后者。

（5）有固定的生产经营场所和必要的生产经营条件。

2. 有限责任公司的组织机构

（1）股东会。

股东会是由全体股东所组成的最高权力机构。它是一个决定公司一切重大事宜的非常设机构。

股东会的职权包括：①决定公司的经营方针和投资计划；②选举和更换董事，决定有关董事的报酬事项；③选举和更换由股东代表出任的监事，决定有关监事的报酬事项；④审议批准董事会的报告；⑤审议批准监事会或监事的报告；⑥审议批准公司的年度财务预算方案、决算方案；⑦审议批准公司的利润分配方案和弥补亏损方案；⑧对公司增减注册资本做出决议；⑨对公司发行债券做出决议；⑩对股东向股东以外的人转让出资做出决议；⑪对公司合并、分立、变更公司形式、解散和清算等事项做出决议；⑫修改公司章程。

股东会会议分为定期会议和临时会议两种。股东会会议按出资比例行使表决权。

（2）董事会。

董事会是公司的经营决策机构，主要对股东会负责。其成员为3～13人，设董事长1人，副董事长1或2人。董事长和副董事长的产生办法由公司章程规定，董事长为公司的法定代表人，每届任期不得超过3年，连选可连任。公司规模较小或股东人数较少时可只设一名执行董事。

董事会的职权包括：①负责召集股东会，并向股东会报告工作；②执行股东会的决议；③制订公司的经营计划和投资方案；④制订公司的年度财务预算方案；⑤制订公司的利润分配或亏损弥补方案；⑥制订公司增减注册资本的方案；⑦拟订公司合并、分立、变更公司形式、解散的方案；⑧决定公司内部管理机构的设置；⑨聘任或解聘公司经理，根据经理提名，聘任或解聘公司副经理、财务负责人，决定其报酬事项；⑩制定公司基本管理制度。

（3）经理。

经理是负责公司生产经营管理工作的常设职位，由董事会聘任或解聘，对董事会负责。经理列席董事会会议，接受监事会的监督。

经理的职权包括：①主持公司的日常经营管理工作，组织实施董事会决议；②组织实施年度经营计划和投资方案；③拟订公司内部管理机构的设置方案；④拟定公司的基本管理制度；⑤制定公司的具体规章；⑥提请聘任或解聘公司副经理，财务负责人；⑦聘请或解聘除应董事会聘任或解聘以外的管理人员；⑧公司章程或董事会授予的其他职权。

（4）监事会。

监事会是负责对公司的经营决策和管理进行监督检查的机构。股东人数较少或规模较小时，可只设 1 或 2 名监事。监事列席董事会会议，任期 3 年，连选可连任，监事会成员不少于 3 人。

监事会的职权包括：①检查公司财务；②对董事、经理执行职务时违反法律、法规或公司章程的行为进行监督；③当董事、经理的行为损害公司利益时，要求董事和经理予以纠正；④提议召开临时董事会；⑤公司章程规定的其他职权。

3. 有限责任公司股东的权利和义务

股东的权利：（1）出席会议权或表决权；（2）选举权和被选举权；（3）利润分配权；（4）剩余财产分配权；（5）查阅会议记录和财务会计报告权；（6）增资优先认购权；（7）转让出资权。

股东的义务：（1）缴纳出资的义务；（2）出资填补的义务；（3）不得抽回出资的义务；（4）依法转让出资。

二、股份有限公司

1. 股份有限公司的设立

股份有限公司的设立可以采取发起设立或募集设立。发起设立是指发起人认购公司应发行的全部股份而设立公司。募集设立是指发起人认购公司应发行股份的一部分，其余部分向社会公开募集而设立公司。《公司法》针对募集设立公司的发起人有限制规定，发起人认购的股份不得少于公司股份总数的 35%（法律、行政法规另有规定的从其规定）。

设立股份有限公司，除须确定设立方式外，还应具备下列条件。

（1）发起人符合法定人数。

股份有限公司对法定人数既有上限规定，为 200 人，也有下限规定，为 2 人；而且增加了一个限制条件，即发起人中必须有一半以上的人在中国境内有住所。

（2）发起人认购和募集的股本达到法定资本最低限额。

发起人的出资金额不得低于人民币 500 万元（此为法定的注册资本最低限额，法律、行政法规有较高规定的，从其规定）。上市公司的最低资本限额为 5000 万元。

（3）股份发行、筹办事项符合法律规定。

以向社会公开募集股份方式设立公司的，应该公告招股说明书、制作认股书，由依法设立的证券公司承销，并与银行签订代收股款协议，股款缴足后及时召开创立大会。

（4）发起人制定公司章程，采用募集方式设立的经创立大会通过。

创立大会由发起人与认股人组成，在股款缴足之日起 30 日内，在代表股份总数过半数的发起人、认股人出席时，由发起人主持召开。

（5）有公司名称，建立符合股份有限公司要求的组织机构。

组织机构主要有股东大会、董事会、监事会等。上市公司还要设立独立董事、董事会秘书。

（6）有公司住所。

2. 股份有限公司的组织机构

（1）股东大会。

股份有限公司的股东大会是公司的权力机构，由股东组成，其职权与有限责任公司的股东会基本一致。

股东大会分为定期会议和临时会议。股东大会做出的决议，须经出席会议的股东所持表决权的半数以上通过，对于公司合并、分立、解散、修改章程等所做出的决议，须经出席大会的股东所持表决权的 2/3 以上通过。

（2）董事会。

与有限责任公司一样，董事会也是经营决策机构，二者的职权也基本一致。董事会的成员由 5～19 人组成，成员人数通常为单数，也可以为偶数，由股东会选举产生。设董事长 1 人，副董事长 1 或 2 人，董事长和副董事长由全体董事的过半数选举产生，董事长为公司的法定代表人。董事会议应由半数以上的董事出席方可举行。董事会会议可以分为定期会议和临时会议，定期会议按章程规定的期限定期召开，每年至少召开 2 次，临时会议仅在必要时召开。董事会做出的决议，须经全体董事的过半数通过。

（3）经理。

经理是负责公司日常经营管理工作的常设职位。其职权与有限责任公司经理相同。公司董事会可以决定由董事会成员兼任经理。

（4）监事会。

监事会是公司的内部监督检查机构，对股东大会负责。其成员不少于3人，由股东代表和适当比例职工代表组成。任期3年，连选可连任。

三、企业集团

企业集团是指以一个或几个大型骨干企业为主体，由多个有内在经济技术联系的企业、科研单位组成的联合体。企业集团一般以母公司为核心，周围有一群控股或参股的子公司和关联公司所形成的企业群体。母公司是通过资本渗透、人事参与的方式直接或间接控制了整个集团。

母公司是指通过掌握其他公司一定比例的股票或资产，从而能实际控制其营业活动的公司。受其控制的公司就是子公司，子公司虽然受母公司的控制，但在法律上是独立的法人组织。分公司是母公司的分支机构或附属机构，在法律上和经济上都没有独立性。尽管分公司与子公司都处于母公司的势力范围之内，但它们各自的法律地位是迥然不同的。

分公司的法律地位：

（1）分公司一般与母公司使用同一名称；

（2）分公司的业务问题完全由母公司决定；

（3）分公司的股份资本全部属于母公司；

（4）分公司没有自己的资产负债表，也没有自己的公司章程；

（5）分公司一般以母公司的名义并根据其委托进行业务活动，母公司应以自己的资产对分公司的债务负责。

子公司的法律地位：

（1）子公司有自己的公司名称和公司章程，具有自己的资产负债表和损益表等对外会计报表；

（2）子公司可以独立地召开股东大会和董事会；

（3）子公司具有独立的财产和足够的资金；

（4）子公司可以独立地以自己的名义承担民事法律责任和进行各类业务活动；

（5）子公司有进行诉讼的权利。

多学一招

西方企业联合组织的主要形式

一、卡特尔

卡特尔的原意指协定、同盟，是指生产同类产品的企业，为了获取高额利润，在划分销售市场、规定产品产量、确定产品价格等方面达成协议而形成的一种垄断组织。参加卡特尔的企业，在生产、贸易、财务、法律上仍保持各自的独立性，但如果违背共同协议条款，则要受到罚款或撤销享有专利等处罚。其种类有限制生产量的、限制市场的、限制价格的、限制采购的卡特尔等。卡特尔的特点是企业可以自由参加、自由退出，除约定范围受到约束和限制外，其他未约事项仍自行处理，各企业成员，对外保持独立性。

二、辛迪加

辛迪加原意为组合，是指同一部门的少数企业为了获得高额利润，通过签订共同销售产品和采购原材料协议而建立的一种联合组织。参加辛迪加的企业在商业上已失去其独立性，但在生产上、法律上仍保持其独立性，在组织方面比卡特尔更严密。

三、托拉斯

托拉斯是一种高级的垄断组织形式。参加托拉斯的企业都是生产同类产品或生产上有联系的企业，成员企业在法律上和业务上完全丧失了原有企业的独立性，成为托拉斯的股东，按股分配利润。

四、康采恩

康采恩的原意是多种企业的联合集团，是资本主义垄断组织的复杂形式。康采恩可把分属于许多部门的企业联合在一起，且以实力最强、最为雄厚的企业为核心成员。如把数十个乃至数百个工业、商业、运输、银行、保险和服务企业组成一个康采恩。参加康采恩的企业在形式上仍保持其独立性。

 经典管理案例

鞭 策

一次打猎的时候，拿破仑看到一个落水男孩，一边拼命挣扎，一边高呼救命。这河面并不宽，拿破仑不但没有跳水救人，反而端起猎枪，对准落水者，大声喊道："你若不自己爬上来，我就把你打死在水中"。那男孩见求救无用，反而增添了一层危险，便更加拼命地奋力自救，终于游上岸。

【解析】 对待自觉性比较差的员工，一味的为他创造良好的软环境去帮助他，并不一定让他感受到"萝卜"的重要，有时还离不开"大棒"的威胁。偶尔利用上级的权威对他们进行"威胁"会及时制止他们消极散漫的心态，激发他们发挥出自身的潜力。自觉性强的员工也有满足、停滞、消沉的时候，也有依赖性，适当的批评和惩罚能够帮助他们认清自我，重新激发新的工作斗志。

案例分析

A公司成立六年来，由初创时的几个人发展到今天的1.5万余人，资产也由当初的1500万元发展到今天的5.8亿元，经营业务从单一的房地产业务开发拓展到以房地产业为主，集娱乐、餐饮、咨询、汽车维护和百货零售等业务于一体的多元化实业公司。A公司是由中美合资建立的企业，鉴于公司目前的情况，A公司召开高层会议，会上徐总经理认为，公司现在面临着许多新问题：一是企业规模较大，组织管理中遇到许多新问题，管理信息沟通不及时，各部门的协调不利；二是市场的变化快，过去先入为主的优势已经逐渐消失，其主业、副业市场竞争都渐趋激烈；三是原来的战略发展定位是多元化，在坚持主业的同时，应积极向外扩张，寻找新的发展空间。

刘副总经理认为，公司人员膨胀，组织层级过多，部门数量增多，最为突出的娱乐中心的高、中、低管理层竟多达7级。且专业管理部门存在重复设置。从组织管理理论角度看，一个企业发展到1 000人左右，公司正是处于以管理制度代替人治管理制度变革的关口。因此，未来公司发展的关键在于进行组织变革。

陈副经理认为走出困境，关键是要强化内部管理，特别是财务管理。各个分部独立核算后都有自己的账户，总公司可控制的资金越来越少。若想进一步发展，首先应做到的就是要在财务管理上集权。

根据以上情况，回答以下问题：

1. 你认为该公司目前面临的主要问题是_____。
   A. 组织问题　　　B. 策略问题　　　C. 战略问题　　　D. 控制问题
2. 你认为该公司今后应采用_____。
   A. 直线制　　　　B. 直线职能制　　C. 事业部制　　　D. 矩阵制
3. 该公司以房地产开发为主，兼营娱乐、汽车维修等业务，这属于_____。
   A. 纵向多元化　　B. 横向多元化　　C. 复合战略　　　D. 一体化战略
4. 在该公司内部出现了机构重叠问题，是由于_____出了故障。
   A. 计划　　　　　B. 组织　　　　　C. 协调　　　　　D. 控制

第三章　企业决策分析

 **本章重点**

1. 理解企业战略和企业宗旨的含义。
2. 了解企业战略产生的背景。
3. 善于进行战略重点的选择。
4. 理解战略分析方法，善于用战略分析方法分析实际企业战略。
5. 善于根据环境选择恰当的总体战略。
6. 善于应用基本战略。

第一节　战略管理过程与评价工具

一、战略的概念与特征

　　企业的生存与发展离不开外部环境，企业必须从外部获得必要的资源供应，又要把产品或服务贡献给社会，这些活动把企业与其外部环境紧密联系在一起。外部环境的任何变化，如消费需求的变化、科学技术研究的突破、竞争对手策略的改变、国内外经济形势的动荡等，都会对企业产生深远的影响。企业只有适应这些变化才能掌握自己的命运。

　　企业与外部环境的适应关系构成了整个战略的主线。有些经历了过度扩张，由于经营领域过于分散而陷入困境的企业可能希望收缩经营范围，另一些顺利成长的企业可能把它的发展标尺瞄准更高的目标，这些仅仅是企业的战略意图。无论为实现哪一种意图，企业都需要一定的有形的资源和无形的资源。当围绕这些资源所形成的竞争优势使企业能够把握机遇、防范威胁时，企业就建立起了与外部环境的适应关系。所谓企业战略，是指在市场经济条件下，企业为求得长期生存和稳定发展，在分析内外环境的基础上，对企业总体目标、经营方向、方针、策略等全局性问题所做出的谋划。

　　没有战略的企业就像一条没有舵的船一样只会在原地转圈。就像流浪汉一样无家可归。"现代管理学之父"德鲁克说："没有一家企业可以做所有的事情，即使有足够的钱，它也永远不会有足够的人才。它必须分清轻重缓急。最糟糕的是什么事都做，但都只做一点点，这必将一事无成。"

企业战略不同于一般的企业管理方法或理论，与传统的经营方法或措施相比，它具有以下显著特征。

1. 以超前的意识和判断作为战略决策的思想基础

企业战略作为面向未来的决策，如何从环境变化中发现机遇，把握住发展的主动权是战略要回答的主要问题。这就要求战略的制定者具有深邃的洞察力，能够认清环境变化的基本趋势，并根据这些趋势来构想企业的未来形态。这样企业才能利用环境变化的力量不断发展壮大。

如日本 NEC 公司的成长过程是一个很有启发性的例子。早在 20 世纪 70 年代初期，该公司的领导人就清楚地认识到了技术和市场领域三个相互关联的发展趋势：计算机将从大型机向分布式数据处理机发展，元器件将从集成电路向大规模集成电路发展，通讯设备将从纵横制交换机向数字系统发展，这些趋势将促使计算机工业和通讯设备工业交融在一起，形成一个全新的市场。公司为了把握这一机遇，制订了庞大的"C&C"战略计划，积极开发相关的技术和产品。这项战略的成功实现使该公司跻身于世界最大的制造业企业行列。

2. 确立战略的纲领性地位

企业战略从整体上对企业的发展进行规划，起着统率全部经营活动的纲领的作用。企业的每个部门、每个成员都肩负着实施战略的任务，因此使每个成员都熟知企业的战略目标、认清自己承担的责任、协调一致地开展工作是获取成功的重要保证。

要确立战略的纲领性，不能仅靠把整体目标分解为一组部门目标，然后凭借着行政命令自上而下地贯彻执行，而应该寻求把战略方案转变为大多数人的自觉行动。因此在战略决策过程中应该努力促进思想交流，发展新思想，力求达成广泛的共识。从这个意义上讲，制定战略决策不应该是少数高层管理者的秘密谋划，而应该是以高层领导为核心、以全体企业成员为参谋的大范围。这样形成的决策容易使各部门的目标保持一致，从而保证了战略的纲领性地位。

3. 正确地选择竞争标杆

在市场经济中，企业外部环境的根本特征是竞争。企业不仅与直接的或间接的竞争对手之间存在着多层次的冲突，与原料供应商和销售商之间也存在着相互冲突的利害关系，每一种冲突都会影响到企业的经济效益。广义地讲，企业的竞争地位是其在各种利害关系中相对位置的总和。企业要适应竞争的环境，就必须在这些利害冲突中占据主动，以全面的或局部的优势遏制对方。而战略作为重构或强化这种适应性的积极尝试，应该是有着鲜明对抗性的挫敌方案。

一些企业的成功经验表明，在制定战略时选择一个领先的对手作为竞争标杆，把赶超领先对手作为战略的具体目标，可以使战略更富有对抗性的内容。选择竞争标杆，同样要有超前的意识和长远的打算。

如20世纪50年代，日本小松公司把工程机械行业的巨人——美国的卡特匹勒公司作为赶超对象；美国的通用汽车公司在与丰田公司合作生产小轿车时，也同时确立了学习丰田的先进生产方式，最终打败对手的战略目标。与竞争标杆相对照，企业可以清楚地认识到自身的优势与不足，在根据环境变化趋势和竞争态势来决定在哪些方向上扩充企业资源，创造竞争优势，这样的战略才堪称是指导企业竞争的行动方案。

4. 创造性地构想战略方案

创新和变革是企业战略的核心内容之一。企业战略最终要被落实为一组变革行动，通过改造现有的产品结构、技术结构、组织结构等使关键资源得到有效扩充，才可能在企业的现在和未来之间架起一座桥梁。而变革就是要用新方法、新观念取代旧方法、旧观念。特别需要注意的是，在大量的日常性事务的重压下，企业内非常容易滋生出墨守成规、因循守旧的观念，员工的工作士气会变得低落，创造力会受到压抑。要打破这种局面，企业领导在制定战略时必须力求创新，使战略能够激发起员工的热情。这意味着制定战略不是运用枯燥的数字填写一份平淡的计划，出色的战略要有特色，要有与众不同的构想和内容，而一味地模仿他人是不可能制定出有意义的战略的。

5. 努力维护战略的稳定性

企业战略不是随机应变的短期对策，而是长期发展方针，它规定着企业的整体行动，为各项业务决策提供了判断标准，所以战略的主要内容应该在一定时期内保持稳定不变。频繁地修改战略不可避免地会引起思想上、认识上的混乱，动摇企业各级员工执行战略的信心。维护战略稳定性的另一原因是关键性资源的开发和积蓄需要相当长的时间，而且需要不间断地进行，因此对正在实施中的战略，除非有充分的理由，否则不能轻易放弃。如果战略方向的无端变化破坏了资源开发与积蓄的过程，这种草率行为必将给企业造成重大损失。美国有位学者曾经对几十家企业进行过调查，他发现当企业顽强而持久地坚持一个战略方向时，它们获得成功的机会反而大大增加。

战略的稳定性意味着战略方案中的一些主要内容应该是不变的，而外部环境的动态变化又迫使企业必须适时地进行战略调整，这就对战略决策的水平提出了很高的要求。准确判断环境变化的长期趋势，缜密地设计和选择战略，预先制订必要的应变方案，这些都是成功的前提条件。可以肯定地说，不能适应环境变化的战略称不上是战略，没有稳定的方针也称不上是战略。

二、战略管理的过程

管理是对一个企业的未来发展方向制定决策和实施这些决策的动态管理过程。

一个规范性的、全面的战略管理过程可大体分解为三个阶段，即战略分析阶段、战略选择及评价阶段、战略实施及控制阶段。

在进行战略分析之前，首先要确立或审视企业的使命。

1.　战略分析

对企业的战略环境进行分析、评价，并预测这些环境未来发展的趋势，以及这些趋势可能对企业造成的影响及影响方向。

战略分析企业外部环境分析和企业内部环境分析。

（1）企业外部环境一般包括政府—法律因素、经济因素、技术因素、社会因素以及企业所处行业中的竞争状况。

企业外部环境分析的目的是为了适时地寻找和发现有利于企业发展的机会，以及对企业来说所存在的威胁，做到"知彼"，以便在制定和选择战略中能够利用外部条件所提供的机会而避开对企业的威胁因素。

（2）企业的内部环境即是企业本身所具备的条件，也就是企业所具备的素质，包括生产经营活动的各个方面，如生产、技术、市场营销、财务、研究与开发、员工情况、管理能力等。

企业内部环境分析的目的是为了发现企业所具备的优势或弱点，以便在制定和实施战略时能扬长避短、发挥优势，有效地利用企业自身的各种资源。

2.　战略选择及评价

战略选择及评价过程实质是战略决策过程，即对战略进行探索、制定以及选择。

一个跨行业经营的企业的战略选择应当解决两个基本的战略问题：一是企业的经营范围或战略经营领域，即规定企业从事生产经营活动的行业，明确企业的性质和所从事的事业，确定企业以什么样的产品或服务来满足哪一类顾客的需求；二是企业在某一特定经营领域的竞争优势，即要确定企业提供的产品或服务要在什么基础上取得超过竞争对手的优势。

3. 战略实施及控制

企业的战略方案确定后必须通过具体化的实际行动才能实现战略及战略目标。一般来说可在三个方面来推进一个战略的实施。

（1）制定职能策略，如生产策略、研究与开发策略、市场营销策略、财务策略等。在这些职能策略中要能够体现出策略推出步骤、采取的措施、项目以及大体的时间安排等。

（2）对企业的组织机构进行构建，以使构造出的机构能够适应所采取的战略，为战略实施提供一个有利的环境；

（3）要使领导者的素质及能力与所执行的战略相匹配，即挑选合适的企业高层管理者来贯彻既定的战略方案。在战略的具体化和实施过程中，实施有效的控制。这就是说将经过信息反馈回来的实际成效与预定的战略目标进行比较，如二者有显著的偏差，就应当采取有效的措施进行纠正。当由于原来分析不周、判断有误或是环境发生了预想不到的变化而引起偏差时，甚至可能会重新审视环境，制订新的战略方案，进行新一轮的战略管理过程。

三、战略分析评价工具

（一）寿命周期分析

产品在市场上有寿命周期。产品寿命周期是指产品从投放市场开始到被市场淘汰为止所经历的时间。根据产品在其寿命周期不同时期的特点的差异，人们一般把寿命周期分为四个阶段，即投入期、成长期、成熟期和衰退期。产品在不同时期的特点不同，企业采取的战略不同。

1. 投入期

投入期的特点是：产品设计、生产制造的工艺不定型，产品质量不高；操作者熟练程度低，废品率高，产品成本高；消费者缺乏对产品的认识，市场一时难以打开，销售量不大。因此产品的投入期也是资金的投入期。在这一阶段，企业要投入大量的资金进行大张旗鼓的宣传，完善产品的设计和制造工艺。在战略上要突出一个"短"字，即在最短的时间内力争提高产品质量，降低产品成本，提高销量。

2. 成长期

成长期的特点是：产品逐渐定型，制造工艺逐渐完善，产品质量不断提高，成本不断降低；市场销路逐渐打开，销售量和利润迅速上升；生产企业逐渐增加，竞争日趋激烈。企业的战略要突出一个"快"字，即尽快占领市场。在营销上突出企业产品特点，树立产品品牌；要科学定价，广开销售渠道，提高市场占有率。

3. 成熟期

成熟期的特点是：产品在市场上已家喻户晓，并趋向饱和；竞争对手的产品已进入成长期，竞争异常激烈。企业在这一时期的战略要突出一个"改"字，一方面改进产品吸引更多的消费者，另一方面不断地开拓新市场。

4. 衰退期

衰退期的特点是：市场上已出现替代品或换代新产品，需求开始下降；企业销量和利润迅速下降；企业竞相降价销售以减少产品库存和资金积压。企业的战略要突出一个"换"字，即尽快淘汰老产品，上新产品。

美国通用电气公司的一项传统产品是面包烤炉，当很多公司都做这项产品而使公司无利可图时，董事长韦尔奇果断地决定撤退该项目，面对众多的说情者，韦尔奇问："21 世纪的通用电气公司是继续当制造面包烤炉的公司还是希望成为生产 CT 设备之类的高技术、高附加值的公司"，股东们心服口服地赞成面包烤炉公司的关闭。

（二）SWOT 分析

SWOT 分析即对企业的优势（Strengths）、劣势（Weakness）、机会（Opportunities）和威胁（Threats）进行分析。通过环境分析，寻找外部环境给企业带来的机会，环境给企业构成的威胁。通过内部分析，寻找企业的优势和劣势。

影响企业的环境因素是多方面的，决定企业优劣势的因素也是多方面的，在分析时，可以采取对各要素打分，通过加权平均的方法计算出企业的优劣势和机会、威胁，然后将这些指标描绘在坐标系中，就得到 SWOT 矩阵。

如图 3-1 所示，当企业处在第 I 象限时，企业有明显的优势，也有机会，应该集中优势资源，抓住机会，谋求快速发展。

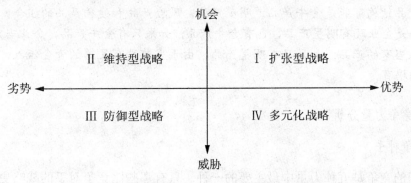

图 3-1　SWOT 矩阵分析图

当企业处在第Ⅱ象限时,企业虽然面对很多的机会,但是与同行相比,企业缺乏竞争力,企业应慎重决策,整合内部资源,迅速形成某一方面的优势,避开和竞争者进行正面竞争,条件具备就发展,条件不具备就维持。

当企业处于第Ⅲ象限时,企业在竞争中明显处于劣势,环境也对企业不利,企业正处于内忧外患的局面,应采取缩短战线、增收节支,加强内部管理,提高企业素质,积极寻找机会的防御战略。

当企业处于第Ⅳ象限时,企业在同行中有明显的优势,但大环境对企业不利,企业应积极跨行业寻找机会,拓展经营领域,实行多元化经营。

 相关链接

新兴铸管的市场机遇

新兴铸管公司原来是一家中型钢铁公司,在上一次钢铁抢购高潮期面临着发展这一重大决策。面对钢铁价格高、需求大这一喜人局面,很多人认为上钢铁生产线是明智之举,但是公司高层决策者认为,目前的钢铁抢购现象是暂时的,是中国经济周期波动的结果,有热必有冷,现在投资不能马上形成生产能力,等形成生产能力时,形势已经发生了变化。其次,公司在钢铁行业的竞争中处于劣势地位,无论如何发展也难以和武钢、宝钢这些大企业相比。

公司决策者毅然决定寻找另一条路:搞大企业不愿做、小企业做不了的项目。通过科学认真的项目筛选,新型铸管进入了决策者的视线。公司利用现有有利形势从钢铁行业获得最大现金流入,支持新产品的研发、生产和市场开拓,实现了成功的企业转型,一举成为新型铸管行业的老大。

企业产品结构可能是金牛产品、明星产品、风险产品和瘦狗产品的组合。理想中的企业产品组合是企业既有明星产品,也有金牛产品;如果只有金牛产品,企业当前效益很好,但缺乏未来当家的产品;如果只有明星产品,由于当前没有足够的资金流入,明星产品得不到更好的培育。

(三)竞争力量分析

1. 竞争对手

企业间的竞争是五种力量中最主要的一种。只有那些比竞争对手的战略更具优势的战略才可能获得成功。为此,企业必须在市场、价格、质量、产量、功能、服务和研发等方面建立自己的核心竞争优势。

影响行业内企业竞争的因素有：产业增加、固定（存储）成本/附加价值周期性生产过剩、产品差异、商标专有、转换成本、集中与平衡、信息复杂性、竞争者的多样性、公司的风险和退出壁垒等。

2. 新进入者

企业必须对新的市场进入者保持足够的警惕，他们的存在将使企业做出相应的反应，而这样又不可避免地需要企业投入相应的资源。

影响潜在新竞争者进入的因素有：经济规模、专卖产品的差别、商标专有、资本需求、分销渠道、绝对成本优势、政府政策和行业内企业的预期反击等。

3. 购买者

当用户分布集中、规模较大或大批量购货时，他们的议价能力将成为影响产业竞争强度的一个主要因素。

决定购买者力量的因素有：买方的集中程度相对于企业的集中程度、买方的数量、买方转换成本相对企业转换成本、买方信息、后向整合能力、替代品、克服危机的能力、价格/购买总量、产品差异、品牌专有、质量/性能影响、买方利润和决策者的激励。

4. 替代产品

在很多的产业，企业会与其他产业生产替代品的企业开展直接或间接的斗争。替代品的存在为产品的价格设置了上限，当产品价格超过这一上限时，用户将转向其他的替代产品。

决定替代威胁的因素有：替代品的相对价格表现、转换成本、客户对替代品的使用倾向。

5. 供应商

供应商的议价力量会影响产业的竞争程度，尤其是当供应商的垄断程度比较高、原材料替代品比较少，或者改用其他原材料的转换成本比较高时更是如此。

决定供应商力量的因素有：投入的差异、产业中供方和企业的转换成本、替代品投入的现状、供方的集中程度、批量大小对供方的重要性、与产业总购买量的相关成本、投入对成本和特色的影响、产业中企业前向整合相对于后向整合的威胁等。

（四）竞争对手分析

企业的竞争者很多，但是企业在一定时期内因受到各方面因素的影响不能把所有的竞争者作为自己的敌人，只能从诸多竞争者中确定一个或少数几个作为自己在一定时期的竞争对手。确定竞争者很容易，确认竞争对手则是一件很困难的工作，必须慎重。

在确认竞争对手时，应注意以下几个方面：

（1）可选最大的直接威胁者为竞争对手；

（2）可选择自己有办法战胜的竞争者为竞争对手，战而胜之；

（3）一般不要公开自己的竞争对手；

（4）应充分掌握竞争者的信息后再确定竞争对手；

（5）切忌患"竞争对手近视症"。

第二节　经营战略与经营策略

一、产品运作战略

产品运作战略是决定什么产品在什么市场销售的战略，又称产品—市场战略（参见表3-1）。

表3-1　产品—市场战略

产品＼市场	原 市 场	新 市 场
老产品	市场渗透战略	市场开拓战略
新产品	产品开发战略	多角化战略

1. 市场渗透战略

这种策略就是在现有产品的基础和现有市场的基础上努力增加销售，以维持和提高市场占有率。如加大促销力度，改进服务，优价供应，以吸引现有顾客重复购买和多量购买，争取潜在顾客和竞争者的顾客加入购买。

市场渗透战略的主要策略有三个，即扩大用户、扩大顾客的使用频率和小改产品，吸引或留住顾客。

实施市场渗透战略也可能潜伏着较大的危机，主要表现在：（1）过于注重局部完善而忽视技术的巨大进步；（2）过于注重小产品而忽视大市场；（3）可能使企业走进死胡同。

如国外某钟表企业生产的机械手表，质量、性能堪称世界一流，但石英表的问世使这家企业几乎倒闭。

2. 产品开发战略

产品开发战略是指考虑在现有市场上通过改良现有产品或开发新产品来扩大销售量的战略。如原来只生产化妆品，现在增加生产洗涤用品。

3. 市场开拓战略

市场开拓策略是指商品生产者以什么样的手段和方法打开市场，提高本企业产品的市场占有率。

4. 多角化战略

多角化战略是指企业同时经营两种以上基本经济用途不同的产品或服务的一种发展战略。多角化战略是相对企业专业化经营而言的，其内容包括产品的多元化、市场的多元化、投资区域的多元化和资本的多元化。

多角化战略有多种类型，即技术相关产品战略、市场相关产品战略和非相关产品战略。

二、资本运作战略

当今世界上没有一家大公司所属的企业全部是通过自己建厂房、买设备、上产品而发展成为世界巨型公司的。这些企业都是通过资本运作战略，即在兼并与合并中急剧膨胀起来的。

1. 企业兼并与合并的概念

企业兼并是指一个企业以现金购买形式或股票转让方式，获得另一个企业资产控制权的产权交易方式。西方国家企业兼并主要以通过收购破产企业或购买其他企业股票的方式进行。我国由于产权交易市场不完善，企业兼并则主要通过出资购买、承接债务、接管、承租等方式进行。

企业合并是指参与合并的企业有偿转让资产，全部放弃法人资格，实现资产要素、经营的合并，由一个新成立的、具有法人资格的企业统一经营的产权交易方式。

2. 企业兼（合）并的动机

企业兼（合）并的根本动机是企业资本增值。具体来说，企业兼（合）并有以下动机：（1）实现垄断；（2）低成本扩张；（3）实现规模经济；（4）降低成本费用，合理避税；（5）减少经营风险。

3. 企业兼（合）并的类型

在企业兼（合）并中，兼并谁，与谁合并，应选择最为有利于自身发展的方式。总结历史上的兼（合）并的经验，主要有以下几种兼（合）并方式。

（1）纵向兼（合）并。

纵向兼（合）并即上下游产品生产企业之间的兼（合）并。如磷肥企业兼并磷矿，彩电生产企业兼并显像管生产企业等。

（2）横向兼（合）并。

横向兼（合）并即生产同类产品或技术上有关联的企业之间的兼（合）并。通过这种兼（合）并，扩大企业规模，实现规模经济。如我国目前企业重组中很多就是横向兼（合）并。

（3）复合兼（合）并。

复合兼（合）并即产品和市场均没有明显关联的企业之间的兼（合）并。实施这种战略可扩大企业经营领域，实现多角化经营，减少经营风险。

三、维持战略

维持战略又称稳定战略，是指企业在一定时期内维持现状的战略。

1. 维持战略实施的前提条件

（1）企业外部环境相对稳定。

（2）企业高速发展之后。

（3）企业在行业中遥遥领先时。

（4）企业外部环境急剧变化，局势不明时。

在 20 世纪 80 年代的全国手表大战中，众多的手表生产企业面对上海老大哥的突然降价开始无所适从，进而纷纷效仿，唯有山东某企业不动声色，不久该企业做出决策，该企业不仅不降价，通过改变手表款式，反而大幅度涨价，并一举获得成功。

2. 维持策略

实施积极有效的维持战略，企业必须采用恰当的策略。

（1）巩固目标市场。

（2）改善组织结构。

（3）加强队伍建设。一方面采用各种切实措施稳住企业现有人才，对企业员工进行培训，提高业务素质；另一方面，要广纳贤士，为企业扩张积蓄力量。

（4）完善产品。降低产品成本，提高产品质量，增强产品性能，增加产品竞争力。

四、防御战略

防御战略是指经营环境的变化对企业产生了非常不利的影响而使企业处于被动地位，企业一时无法改变这种局面而主动撤退的战略。

1. 实施防御战略的背景

下列事件往往能使企业处于非常不利的地位，甚至给企业带来严重危机。

（1）突发事件。

（2）限制性政策和法规的出台。

（3）宏观经济严重不景气。

（4）强大的竞争对手进入目标市场。

（5）管理不善导致决策失误。

（6）产品已进入衰退期，市场需求急剧下降。

2. 防御战略的类型

根据企业陷入困境的不同程度可采用不同的防御战略，主要有以下几种。

（1）紧缩战略。

紧缩型战略又称撤退型战略、退却型战略。紧缩型战略是指企业从目前的战略经营领域和基础水平收缩和撤退，且偏离战略起点较大的一种经营战略。它是企业在一定时期内缩小生产规模或取消某些产品生产的一种战略。紧缩型战略可能出于多种原因和目的，但基本的原因是企业现有的经营状况、资源条件以及发展前景不能应付外部环境的变化，难以为企业带来满意的收益，以至于威胁企业的生存，阻碍企业的发展。只有采取收缩和撤退的措施才能抵御对手的进攻，避开环境的威胁，保存企业的实力，以保证企业的生存，或者利用外部环境中有利的机会重新组合资源，进入新的经营领域，实现企业的长远发展。紧缩型战略是一种以退为进的战略。

（2）撤退战略。

撤退战略即企业投资者和经营者一旦发现所处产业出现衰退的迹象，即撤出资本或出卖、转让产权，让后觉者承接，自己另寻投资和经营产业的行为。

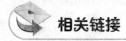

撤退的哲学

当日本松下通信工业公司突然宣布不再做大型电子计算机时，大家都感到震惊。松下已花5年的时间去研究开发，投下10亿多元的巨额研究费用，眼看着就要进入最后阶段却突然全盘放弃。松下通信工业公司的经营也很顺利，不可能会发生财政困难，所以令人十分费解。

松下幸之助所以会这样断然地做决定是有其考虑的。他认为当时公司所处大型电脑的市场竞争相当激烈，万一不慎而有差错，将对松下通信工业公司产生不利影响，到那时再撤退就为时已晚了，不如趁着现在一切都尚有可为时撤退才是最好的时机。

事实上，像西门子、RCA这种世界性的公司都陆续从大型电脑的生产撤退出来，美国广大的市场几乎全被IBM独占。像这样有一个强而有力的公司独占市场就绰绰有余了，更何况在日本这样一个小市场呢？

富士通、日立、日立电器等7个公司都急着抢滩，他们也都投入了相当多的资金，等于赌下了整个公司的命运。在这场竞争中，松下也许会生存下来，也许就此消退。松下幸之助衡量得失后，终于决定撤退。

交战时，撤退是最难的，如果无法勇敢地喊撤退，或许就会受到致命的打击。松下幸之助勇敢地实行一般人都无法理解的撤退哲学，将"走为上计"运用自如，足见其眼光高人一等，不愧为日本商界首屈一指的大将。

"走"或"不走"有时的确要费一番心思。该走的时候不走，不该走的时候又走，都会产生困扰。所以，"走"也是一门艺术，既要掌握时机，也要靠点运气，才能走得正是时候，走得理直气壮。

五、基本竞争战略

企业一旦选准了竞争对手，就应采用恰当的手段——竞争战略。企业中常用的行之有效的基本竞争战略主要有以下三种。

1. 低成本战略

低成本战略是指在保证质量的前提下，企业采用各种手段使成本处于同行业的最低水平，在竞争中仍可在本行业中获得高于平均水平的利润，占据竞争中的有利地位。

（1）实施低成本战略的条件。

有效地实施低成本战略应具备以下条件。

① 市场容量大而稳定。

② 较高的管理水平。

③ 所有企业生产的都是标准产品，即不同企业间的产品没有质的差别，价格竞争成为市场竞争的主要手段。如石油、煤炭、建材等。

④ 高效率的先进生产线进行大量生产。

⑤ 资源供应充足。

（2）实施低成本战略的优点。

① 可以与同行竞争者进行长期抗衡。

② 可以巩固和扩大市场占有率。

③ 可以更灵活地应对供方抬高要素价格的压力。

④ 可以有效阻止潜在竞争者的进入。

⑤ 可以更有效地与替代品生产企业进行竞争。当出现替代品时，企业可以通过降价稳定顾客。

可见，低成本战略在同五种竞争力量的抗衡中具有全方位的优势，是一条行之有效的竞争战略。

（3）实施低成本战略的风险。

① 投资利润率低，投资回收期长。

② 设备有过时的风险。若有更先进的生产线问世或有更好的替代品出现，都可能使企业蒙受设备未老先衰的风险。

③ 市场需求的变化。如 VCD 机的出现和光碟的使用使市场对录像带的需求急剧下降。

2. 产品差异化战略

产品差异化战略是指企业提供在行业中具有独特性的产品或服务以满足一部分消费者的特殊偏好，从而吸引和稳定这类消费者的战略。

（1）产品差异化的形式。

① 产品在功能、质量和造型方面的差异。

② 食品在风味上的差异。

③ 产品在包装、色彩、规格方面的差异。

④ 销售地点、服务质量、售后服务等方面的差异。

⑤ 商标的差异。

（2）实施产品差异化战略的优点。

① 企业可以有限控制市场和价格。

② 企业可以获得超额利润。

（3）实施产品差异化战略的风险。

① 开发费用较高。

② 特色产品主要迎合部分消费者的偏好，不易扩大市场占有率，销量受到限制。

③ 只有能明显标记特色的产品才能实施产品差异化战略。

（4）实施产品差异化战略的方法。

① 定价差异化，如以高价显示产品身价。

② 包装差异化，如以不同的包装配合不同的消费者。

③ 宣传差异化，如特色宣传。

④ 服务差异化，如独到的售后服务。

⑤ 品牌差异化，如树立名牌等。

3. 集中战略

集中战略是指企业集中全部资源，满足特定消费者的特殊需要，以有限的资源取得某一狭小领域的竞争优势，使竞争者难以进入。这种战略一般适用于一些中小型企业。

（1）实施集中战略的条件。

① 有保证企业生存和发展的市场容量。

② 大企业不愿进入。

③ 该市场有明显特色，没有非常相似的替代品。

（2）实施集中战略的优点。

① 可以采用专业化的生产经营方式，效率较高。

② 可以以"小型巨人"的战略取得某一狭小领域的竞争优势。

③ 可以与强大的竞争者和平共处。

（3）实施集中战略的风险。

① 强大的竞争者可能随时进入该领域。

② 当市场需求发生变化时，企业因失去需求而无立足之地。

③ 当竞争者也采用差异化战略时，可能将该特殊市场纳入其目标市场，这也给企业带来威胁。

第三节　经营决策概述

相关链接

"沙格型"汽车昙花一现

1985年，由马来西亚国营重工业公司和日本"三菱"汽车公司合资2.8亿美元生产的新款汽车"沙格型"隆重推出市场。马来西亚政府视之为马来西亚工业的"光荣产品"，产品在推出后，销售量很快跌至低潮。经济学家们经过研究后认为"沙格型"汽车的一切配件都从日本运来，由于日元升值，使它的生产成本急涨，再加上马来西亚本身的经济不景气，所以汽车的销售量很少。此外，最重要的因素是政府在决定引进这种车型时主要考虑满足国内的需要。因此，技术上未达到先进国家的标准，无法出口。由于在目标市场决策中出现失误，"沙格型"汽车为马来西亚工业带来的好梦只是昙花一现而已。

科学经营决策的前提是确定决策目标。它作为评价和监测整个决策行动的准则，不断地影响、调整和控制着决策活动的过程，一旦目标错了，就会导致决策失败。

一、决策特征

决策就是从两个或两个以上的备选可行方案中选择一个方案的过程。决策的定义涵盖了以下特征。

1. 寻找多个方案

很多的管理者将解决企业问题的答案简化为"行"或"不行"，这是十分简单的、错误的做法。寻找方案是一个建立在大量信息基础上的创造过程，整体最优，局部最优，反之则不一定成立。单方案不存在决策的问题，向领导汇报或请示应准备多套方案而不是一套方案，解决问题的最佳方案往往不是一眼就能看到的方案。大家都想到的或很容易想到的方案未必是好方案。

2. 方案可行

就是从市场的角度，以资源投入为限度，运用科学方法和手段，利用多项评价指标作为评判结果，要解决好两方面的问题：一是要确定方案的技术可行性；二是如何取得最佳

的效益特别是经济效益，所选择的方案要能保证目标的实现，而不是凭空设想。

如企业出台新的奖金分配政策之后，员工们认为应该向市场人员倾斜，或者向技术人员倾斜，还可以向管理层倾斜，也有的说应该向一线员工倾斜，并且奖励的力度太小，似乎都有道理，但大家的方案是否可行、企业是否有条件满足大家的所有要求就要进行可行性的分析。

3. 方案选优

最优是在一定标准下的最优，标准不同，最优方案有异。如工程招标中，如果以价格为标准，出价最低的方案中选；如果以质量为标准，质量最好的方案可能中选；如果既要考虑质量又要考虑价格，所选的方案可能是在保证质量条件下的出价最低的方案。

二、决策的意义

决策是现代企业成败的关键。决策正确意味着企业成功了一半。决策，尤其是战略决策失误意味着企业将陷入深渊。著名经济学家、诺贝尔经济学奖获得者西蒙这样说："决策是管理的心脏，管理就是决策。"现代管理的重心是经营，经营的核心是决策。决策在现代管理中的作用越来越重要，主要表现如下。

1. 寻求最有效的经营方式

最有效的经营方式也就是企业最赚钱的方式——企业如何将自己所有的人力、物力、财力等资源有效组合，从而使得企业价值不断增长以达到营利的目的。

如作为财务部经理受总经理的委托去筹集100万元资金，就应该考虑多个融资来源和渠道，并在众多的方案中寻求资金成本低、风险小的方案，而不是为筹集100万元就要付出99万元的代价。

 相关链接

英法航空公司的弃儿

1962年，英法航空公司开始合作研制"协和"式超音速民航客机，其特点是快速、豪华、舒适。经过十多年的研制，耗资上亿英镑，终于在1975年研制成功。十几年时间的流逝，情况发生了很大变化。能源危机、生态危机威胁着西方世界，乘客和许多的航空公司都因此而改变了对在航客机的要求。乘客的要求是票价不要太贵，航空公司的要求是节省能源、多载乘客、噪音小。但"协和"式飞机却不能满足消费者的这些要求。首先是噪音大，飞行时会产生极大的声响，有时甚至会震碎建筑物上的玻璃。再就是由于燃料价格增长快，运行费用也相应大大提高。这些情况表明消费者对这种飞机的需求量不会很大。因此，不应大批量投入生产。但是，由于公司没有决策运行控制计划，也没有重新进行评审，而且飞机是由两国合作研制的，雇佣了大量的人员参加这项工作，如果中途下马，就要大量解雇人员。上述情况使得飞机的研制生产决策不易中断，后来两国对是否要继续合作研制生产这种飞机发生了争论，但由于缺乏决策运行控制机制，只能勉强将决策继续实施下去。结果，飞机生产出来后卖不出去，原来的宠儿变成了弃儿。

此案例说明，企业决策运行控制与企业的命运息息相关。一项决策在确定后能否最后取得成功，除了决策本身性质的优劣外，还要依靠对决策运行的控制与调整，包括在决策执行过程中的控制，以及在决策确定过程中各阶段的控制。

2. 决策为行动指明了方向

运用科学的决策方法选出可行合理的方案，以达到未来行动目标，决策的正确与否决定着企业行为的成败。正如一个懒汉骑着一匹千里马行走在沙漠上，其目标地是西边的一个小镇，但他正在向东行，尽管好心人真诚地帮他指方向，他却认为自己骑的是千里马，很快就到了。结果，马饿倒，人渴死，也没有达到目标。

3. 决策贯穿于管理的始终

在实现目标的过程中涉及目标方案的每一个环节都需要进行科学的决策，决策贯穿于整个管理过程的始终。

实际业务中，如果业务员接受一项开拓某一地区市场的任务，那么该业务员就面临着众多的决策问题：是通过媒体做宣传还是上门宣传，通过众多媒体中的哪一种媒体做宣传，宣传时间选择在哪一段，这都需要业务员在全过程中进行决策。

4. 科学决策提高了成功的机会

正确的决策能指导企业沿着正确的方向、合理的路线前进；错误的决策会使企业走上错误的道路，也将导致企业的目标不能实现甚至导致企业本身的消亡。

优秀的足球射球手可能踢出歪球，蹩脚的射球手也可能攻球进门，但是，优秀的足球射球手进球概率要比蹩脚的射球手大得多。智者千虑，也有一失，愚者千虑，也有一得，但是愚者经常做那些智者一看就知道不对的事情。

三、决策标准

1. 最优决策标准

最优化在现实生活中却是经常不能具备的。首先，由于知识、经验、认识能力的限制，使得人们不可能找出所有可能的行动方案。即使人们有充分的能力来寻找所有可能的行动方案，由此所花费的时间和费用也会使人们感到得不偿失。其次，人们对未来变化的不确定性和认识能力的有限性也很难对各种备选方案的实施结果给予预先的估计。最后，由于各个决策方案执行所实现的结果往往是多目标的，而在这多个目标之间有时又是互相矛盾的，所以决策者就很难以一个统一的价值准则对各个方案的优劣进行排序。所以，决策者在进行决策者时贯彻所谓的最优原则失去了其现实性。

2. 满意决策标准

决策者做出的决策只能是满意的，不是最优的。世界只是纷繁复杂的真实世界的极端简化，决策者满意的标准不是最大值，他们往往满足于用简单的方法，凭经验、习惯和惯例办事。但决策所满意的方案必须是能够实现决策目标的诸多方案中最理想的。

3. 合理决策标准

大企业可能愿意拿出一笔钱进行风险投资，小企业则愿意投资风险小的项目。

德鲁克说："没有尽善尽美的决策，对相互矛盾的目标、相互矛盾的观点和相互矛盾的重点，人们总要付出代价，进行平衡，最佳的决策可能是近乎合理的决策。"有得有失而不可患得患失。

四、决策程序

科学的决策是一个理智的用脑过程，必须遵循以下程序。

1. 发现问题，找出原因，明确决策目标

为了保证决策科学，确定决策目标时需遵循以下原则。

（1）针对性原则。

针对性原则即能解决问题，实现目标。如面对亏损企业认为问题出在人浮于事上，因此，企业希望制定减员目标以解决亏损问题。

（2）具体化原则。

目标不是侃侃而谈，而是有很强的操作性，最好能制定量化目标。

（3）可行性原则。

任何一项决策都是为了实施，因而必须是可行的。要保证决策的可行性，必须分析现有的人力、物力、财力、科学技术水平等主客观条件，分析事物发展过程中可能发生的各种变化，分析决策实施后产生的各种影响，经过慎重的、全面的、科学的论证、审定、评估，做出可行性分析，确定可行性的程度，在此基础上做出的决策才是科学的。

2. 拟订可行方案

问题和目标明确之后，就应考虑如何解决问题和实现目标，这就是决策的第二步，拟定可行方案，即寻找实现目标的途径。这一步应注意以下几个方面的问题：（1）方案的可行性；（2）方案的完备性；（3）方案间的互斥性。

3. 选择行动方案

在选择时应考虑以下几个方面的问题。

（1）方案是否能实现企业决策的目标。

（2）方案是否有利于社会目标的实现。

（3）方案是否掺杂个人目标。

（4）合理确定评价标准。针对决策问题，选择恰当的决策标准。先定标准，再找方案。

（5）合理地确定决策方法。

决策方法对方案的选优也非常重要。常用的决策方法有以下几种。

① 经验决策法，即拍脑袋的方法，这种方法主观、直观、迅速。一眼看上去不可行的方案可以快速放弃。

② 数学模型决策法，即通过定量分析方法，分析方案的成本、效益和风险。

③ 试验决策法，即在较小范围内做试验，及时发现问题，完善决策方案，保证更大范围的成功。

上述三种决策方法各有利弊，最理想（把握最大）的决策是能融三种方法于一体的决策。即通过经验决策法确定决策方向，用数学模型法精确分析成本、收益和风险，用试验决策法在小范围内进行实际论证。当三种方法的决策结果一致时，所确定的方案就是最稳妥的方案。

4. 执行决策

选定可行方案之后就应付诸实施，执行决策。执行决策之前，应广泛征求意见，反复推敲，集中力量再次分析检验方案的可行性，以保决策万无一失。

做出决策固然艰难，执行决策也不轻松。为了保证决策的有效实施，需做好以下几个方面的工作。

（1）编制实施决策的计划。计划明确什么时间，在什么阶段，谁做什么，保证决策结果有效执行。

（2）建立以决策者为首的责任制。决策者最了解决策的目标，对决策执行过程中可能出现的问题更有预见性，是决策执行中的理想责任者和指挥者。

（3）建立信息沟通系统。保证能及时了解决策执行进度，及时解决执行中出现的问题。

五、决策分类

不同层次的决策内容不同，决策问题所处的条件各异，决策目标有别，决策问题出现的频率不一，出现了各种层次的决策。按决策的重要程度分，决策可分为战略决策、管理决策和业务决策。按决策的条件分，决策可分为确定型决策、风险型决策和不确定型决策。按决策的重复程度分，决策可分为程序性决策和非程序性决策。按决策的目标和方法分，决策可分为定量决策和定性决策。

第四节　定量决策法

经营决策的方法又称决策技术。随着科技的不断进步与发展，人们在决策中所采用的方法也不断完善和充实。当前企业采用的经营决策方法常用的主要有两大类：一类是定性分析，也称决策软技术；另一类是定量分析，也称决策硬技术。由于决策的软技术和硬技术各有优缺点，因此，目前我国和世界大多数的企业都"软硬兼施"，两种决策互补，提高了决策效果。

一、定性决策

定性决策对解决影响因素比较复杂的综合性的战略决策问题起着重要作用。

（一）头脑风暴法

这种方式实质上是一种特殊形式的小组自由讨论会。让参加者无拘无束、畅所欲言，参加者一般5～10人，都是讨论该议题的专家或相关领域专家。其社会地位、知识水平一般应在同一层次。会议主持人只是直接说明会议议题，不划任何框框，若讨论远离议题，可进行诱导，当回到议题时即不宜再行干涉。与会所有人必须执行以下规划：一是不允许评论和反驳别人的意见；二是提倡自由思考，不人云亦云；三是所提建议越多越好；四是共同寻找意见的改进、联合、补充与完善，使与会者只受激励不受压抑，互相启发，共同联想。会议主持人在会后可对讨论过程和讨论结果进行分析，找出带有共性的意见，然后进行决策。

头脑风暴法适用于决策问题比较简单、目标较明确的决策，若遇到比较复杂的问题使用该方式应先将复杂问题简单化后，再一个一个问题分别讨论。头脑风暴法常用在明确目标和拟定备选方案阶段。

（二）德尔菲法

德尔菲法是由美国兰德公司首创并用于预测和决策的方法，该方法运用匿名方式通过几轮函询征求专家的意见，组织预测小组对每一轮的意见进行汇总整理后作为参考再发给各专家，供他们分析判断以提出新的论证。几轮反复后，专家的意见渐趋一致，最后供决策者进行决策。

特菲尔法具有匿名性、多轮反馈、统计性的特点。

（三）其他的定性决策方法

其他的定性决策法如淘汰法、环比法（0—1评分法）、归类法等。

二、定量决策

定量决策是指建立在严格逻辑论证和实验检验基础上，采用数学方法，建立数学模型并以计算机为计算工具的决策方法。它的核心是把决策的变量与变量之间、变量与目标之间的关系用数学模型表现出来，然后通过计算求解，选择满意的方案。决策硬技术适用于程序化和战术性决策。

（一）确定型决策

确定型决策是指决策事件的各种自然情况非常明确而且固定，各种方案的分析都会得到一个明确的结果，从中选择最优决策方案的活动过程。

确定型决策最常用的方法是盈亏平衡分析法，也称量本利分析法。

1. 盈亏平衡分析原理

要使企业盈亏平衡必须满足下列条件：

$$销售收入－总成本＝0$$

其中：销售收入＝产品单价×销售量

总成本＝固定成本＋总的变动成本

总的变动成本＝单位变动成本×销售量

盈亏平衡分析的首要问题是寻找盈亏平衡点。盈亏平衡分析有图解法和公式法两种方法。

（1）图解法。

图解法即通过绘制盈亏平衡图直观反映产销量、成本和盈利之间的关系（参见图3-2）。

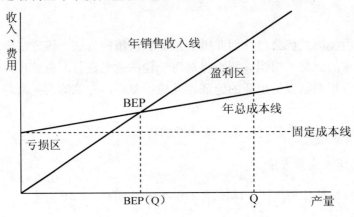

图 3-2　线性盈亏平衡分析图

（2）公式法。

公式法即利用数学方程式反映产销量、成本和利润之间的关系。

① 盈亏平衡点产量（Q_0）。盈亏平衡点产量通常是指全部销售收入等于全部成本时（销售收入与总成本线的交点）的产量，即

$$Q_0 = \frac{F}{P-V}$$

② 盈亏平衡点销售收入：$S_0 = PQ_0 = F/（1-VP）$

$$S = PQ \qquad S—收入，P—单价，Q—产量$$

$$C = F + VQ \qquad C—成本，F—固定成本，V—变动成本$$

【例3-1】 某公司生产某产品的固定成本为50万元，单位可变成本为10元，产品单位售价为15元，其盈亏平衡点的产量为：

$$Q_0 = F/（P-V）= 500000/（15-10）= 100000（件）$$

2. 线性规划

线性规划是在线性等式或不等式的约束条件下，求解线性目标函数的最大值或最小值的方法。

运用线性规划建立数学模型的步骤是：（1）确定影响目标的变量；（2）列出目标函数方程；（3）找出实现目标的约束条件；（4）找出使目标函数达到最优的可行解，即为该线性规划的最优解。

【例3-2】 某企业生产两种产品，A产品每台利润100元，B产品每台利润180元，有关生产资料参见表3-2，试求企业利润最大时两种产品的产量。

表3-2 A、B产品生产用料

资源名称	单位产品消耗总额		可利用资源
	A 产品	B 产品	
原材料（kg）	120	80	2400
设备（台时）	900	300	13500
劳动力（工时）	200	400	5000

具体计算方法如下：

确定影响目标的变量：企业利润最大时两种产品的产量，设 X_1 为 A 产品的生产数量，X_2 为 B 产品的生产数量。

列出目标函数方程：

$$\mathrm{Max}P（X_i）=100X_1+180X_2$$

找出实现目标的约束条件：

$$120X_1+80X_2\leqslant2400$$
$$900X_1+300X_2\leqslant13500$$
$$200X_1+400X_2\leqslant5000$$
$$X_1\geqslant0，X_2\geqslant0$$

找出使目标函数达到最优的可行解，即为该线性规划的最优解。

分别以 X_1、X_2 为横纵坐标，将约束方程绘制于图中，由于有三个约束方程，因此有三条直线。三条直线共同构成的区域为可行解的区域。目标函数的最大值一定在由约束方程构成的可行解区域的凸点上。

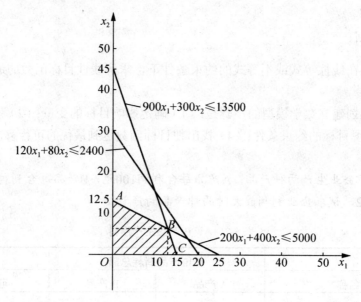

通过计算 3 个凸点 A（0，12.5）、B（13，6）、C（15，0）所对应的目标函数值，则满足使目标函数最大值的点为 B 点。即当生产 A 产品 13 台、B 产品 6 台时企业获得的利润最大，为 2380 元。

（二）风险型决策

风险型决策是指决策者对决策对象的自然状态和客观条件比较清楚，也有比较明确的决策目标，但是实现决策目标必须冒一定的风险。在未来的决定因素，可能出现的结果不能做出充分肯定的情况下，根据各种可能结果的客观概率做出的决策。决策者对此要承担一定的风险。

1. 风险型决策的条件

（1）存在着决策人希望达到的决策目标，如最大利润、最低成本。

（2）存在着两个或两个以上可供决策者选择的可行方案。

（3）存在着两个或两个以上的不以决策者的主观意志为转移的各种自然状态（若只有一个自然状态，就变成了确定型决策）。

（4）不同的行动方案在不同的自然状态下相对应的损益值是可以计算出来的。

（5）在几种不同的自然状态中，未来究竟将出现哪种自然状态，决策人不能肯定但各种自然状态出现的可能性也就是概率，决策人可以预先估计或计算出来。

对于风险型决策问题这里只研究两种方法，即决策收益表法和决策树法。

2. 决策收益表法

决策收益法是以收益表为基础，分别计算各种方案在不同自然状态下的收益值，然后按客观概率大小，加权平均计算出各方案的期望收益值，通过比较选择一个较为合理的方案。

（1）决策收益表法进行决策的步骤。

① 收集与决策有关的资料。

② 找出可能出现的自然状态。

③ 列出主要而且可行的行动方案。

④ 根据过去的资料和有关人员的主观判断，确定各自然状态出现的概率。

⑤ 利用有关资料和有关知识，计算出每个行动方案在不同自然状态下相应的损益值。

⑥ 列出决策表，计算出每个方案的损益期望值加以比较，选定一个最优方案。

（2）基本决策准则和方法。

研究风险型决策问题时会遇到种种不同的自然状态，使决策者在决策中犹豫不决，因此决策者应掌握一定的决策准则，把握决策时机，增强决策准确性。下面是两种基本决策准则。

① 最大可能准则。

在进行确定型决策时，我们会感觉到确定型决策问题比较容易解决。于是，有人设想风险型决策问题中有些能否也可像确定型决策问题那样进行决策。根据概率论的知识可知，在若干事件中，其概率越大，发生的可能性就越大。根据这个认识，我们就可以在风险型决策问题中选择一个出现概率最大的（即可能性最大的）自然状态进行决策，这样就完全变成了确定型决策问题。这就叫最大可能性准则。

从表 3-3 中我们可以看出自然状态货运量 Q_2（一般）出现的概率最大为 0.5，因而货运量 Q_2（一般）状态下的可能性最大。按最大可能准则选择 Q_2 这一自然状态进行决策，就出现了表 3-3 运力安排决策问题。

表 3-3　运力安排决策表　　　　　　　　单位：千元

自然状态 损益值 概　率 方　案	某特定物资运量		
	大（Q_1）	一般（Q_2）	差（Q_3）
	0.3	0.5	0.2
运力安排大（A_1）	20	12	8
运力安排大（A_2）	16	16	10
运力安排大（A_3）	12	12	12

表 3-4　最大可能准则决策表　　　　　　　　　　　　　　单位：千元

自然状态 损益表 方　案	货运量 Q_2（一般）
运力安排大（A_1）	12
运力安排大（A_2）	16
运力安排大（A_3）	12

通过对表 3-4 的分析比较，可以看出企业应采取 A_2 方案（即运力安排中）为最优方案。我们可以看出，确定型决策问题实际上是风险型决策问题的特例，只不过是把所确定的自然状态看做是必然事件（即其出现的概率为 1），其他自然状态看做是不可能事件（即其出现的概率为 0）的风险型决策。

最大可能准则在企业决策中应用较广。但使用时应注意，在一组自然状态中，当其中某一状态出现的概率比其他状态出现的概率特别大时，而且各种自然状态相应的损益值差别不很大时，使用最大可能准则的效果较好。如果在一组自然状态中，自然状态发生的概率互相接近，且又都很小，在这种状况下采用最大可能准则效果不好，甚至会造成决策失误。

② 期望值准则。

所谓期望值准则，是以决策收益表为基础把每个行动方案的期望值求出来，加以比较。如果决策目标是效益最大，则采取期望值最大的方案；如果决策目标是损失最小，则应选取期望值最小的行动方案。其计算公式为：

$$E（x）= \sum P_i x_i$$

式中：$E（x）$——为期望值；

　　　P_i——为 $x=x_i$ 时的概率。

例如，根据表 3-5 的资料，列表 3-6 说明期望值准则的应用。

表 3-5　决策资料表　　　　　　　　　　　　　　单位：千元

自然状态 概　率 损益值 方　案	某特种物资货运量			期望值 $E（A_i）$
	Q_1	Q_2	Q_3	
	0.3	0.5	0.2	
运力安排大（A_1）	20	12	8	13.6
运力安排大（A_2）	16	16	10	15.8
运力安排大（A_3）	12	12	12	12.0

$$E（A_1）＝20×0.3＋12×0.5＋8×0.2＝13.6（千元）$$
$$E（A_2）＝16×0.3＋16×0.5＋10×0.2＝14.8（千元）$$
$$E（A_3）＝12×0.3＋12×0.5＋12×0.2＝12.0（千元）$$

表3-6 期望值准则决策表 单位：千元

方案	自然状态 收益值 概率	某特种物资货运量			期望值 $E（A_i）$
		Q_1	Q_2	Q_3	
		0.3	0.5	0.2	
A_1		20	12	8	13.6
A_2		16	16	10	14.8
A_3		12	12	12	12.0

通过期望值的比较，可知 $E（A_2）＝14.8$（千元）最大，所以采用行动方案 A_2（运力安排中），可获得效益大。

【例3-3】 某运输企业接到上级下达的运送抗震救灾物资的任务，要求必须将物资按时运达。由于道路条件较差，同时运价低，用小型运输工具无论天气好坏都将发生亏损。如用大型运输工具，当天气好时可保持盈亏平衡，当天气坏时将发生亏损，且亏损额度较高。通过向气象部门了解，未来时期天气好坏出现的概率可以估算出来。现要求企业根据表3-7的有关资料做出决策并使损失最小。

表3-7 某运输企业决策表 单位：千元

方 案	自然状态 损益值 概率	天气情况		损益期望值 $E（A_i）$
		好	坏	
		0.6	0.4	
使用小型运输工具（A_1）		−5	−10	−7
使用大型运输工具（A_2）		0	−25	−10

$$E（A_1）＝（-5）×0.6＋（-10）×0.4＝-7（千元）$$
$$E（A_2）＝（0）×0.6＋（-25）×0.4＝-10（千元）$$

通过对两个方案的比较，A_1 方案损益期望值较大，即使用小型运输工具可能使企业的损失较小。因此，选择 A_1 方案为最优方案。

3. 决策树法

决策树法是将构成决策问题的有关因素用树枝状图形来分析和选择决策方案的一种系统分析方法。这是风险型决策最为常用的方法之一。它也是以决策损益期望值作为依据，所不同的是它以图解方式从左到右逐步顺序展开，分别计算各个方案在不同自然状态下的综合损益期望值，加以比较，择优决策。决策树法的最大优点是能够形象地显示出整个决策问题在时间上和不同阶段上的决策过程，逻辑思维清晰，层次分明，特别是比较复杂的多级决策（序列决策）尤为适用。该方法可分为一级决策和多级决策两种，选取决策的级别要依决策问题的复杂程度而定。

（1）结构要素。

决策树是由方块和圆点作为结点，并由若干条直线连接起来，由左至右、由简到繁顺序展开，组成一个树状网络图（参见图3-3）。

在图3-3中，方块结点称为决策结点，表示某一决策问题并将其决策结果的决策目标值列在决策结点的上方。

由决策结点引出若干条直线，每条直线代表一个备选方案，称为方案枝。选中的方案枝保留，其余的剪掉。

圆形结点称为状态结点，由状态结点引出若干条直线，表示不同的自然状态，称为状态概率枝。在状态概率枝上面标明某种自然状态的内容及其出现概率，并计算出该方案在某种自然状态下的损益值。该方案的综合期望损益值列在圆形结点的上方。

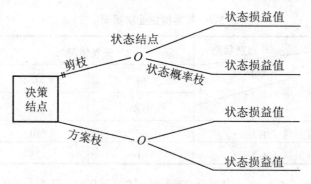

图 3-3　决策树结构图

（2）决策程序。

① 绘制决策树。

将某个需决策的问题及其未来发展情况的可能性和对可能出现的结果所作的预测或预

计用决策树图形反映出来，绘制要求从左向右。

② 预测各种自然状态发生的概率。

③ 计算状态结点期望值。

其计算公式为：

$$期望值（EMV_i）=［\sum（状态损益值×概率值）×经营年限］－投资额。$$

要求从决策树中末梢开始，由右向左逆向顺序计算。

④ 比较各结点上的期望值进行择优决策。如决策目标是效益，则应取期望值极大值方案。如决策目标是费用支出或损失，则应取期望值极小值方案。其余的方案分支剪枝。若属于多级决策（序列决策）应从右向左逐级剪枝，最终只剩下一条贯穿始终的方案枝，这个方案就是最优方案。

（3）决策树法的应用。

① 单级决策（一级决策）。

单级决策是指决策问题在整个决策期中只进行一次决策就能选择满意方案的决策过程。

【例3-4】　某道路运输公司对现有客运市场进行了广泛的调查和预测，预计在未来10年客运量呈增长趋势，但现有车站已不能适应要求。为适应旅客要求拟对汽车站进行改造投资决策期10年，有关资料参见表3-8。

表3-8　某公司有关资料表　　　　　　　　　　单位：万元

自然状态 损失值 概率方案	运输量 增长趋势高	运输量 增长趋势次高	运输量 增长趋势略高	投资额
	0.3	0.5	0.2	
	损益值	损益值	损益值	
A_1选新地点建大车站	50	20	-5	140
A_2选新地点建中车站	30	15	0	80
A_3选新地点建小车站	10	10	10	30

要求：根据上述资料绘制决策树并选择最优方案。

解：绘制单级决策图参见图3-4。

② 多级决策（序列决策）。

多级决策是指面临的决策问题比较复杂非一次决策所能解决，而需进行一系列的决策过程才能选出满意的决策。

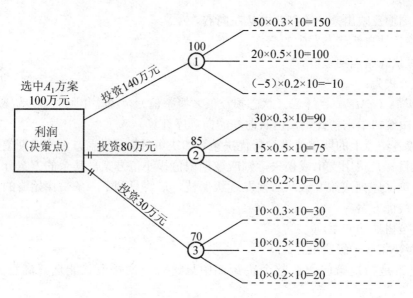

$$50 \times 0.3 \times 10 = 150$$
$$20 \times 0.5 \times 10 = 100$$
$$(-5) \times 0.2 \times 10 = -10$$
$$30 \times 0.3 \times 10 = 90$$
$$15 \times 0.5 \times 10 = 75$$
$$0 \times 0.2 \times 10 = 0$$
$$10 \times 0.3 \times 10 = 30$$
$$10 \times 0.5 \times 10 = 50$$
$$10 \times 0.2 \times 10 = 20$$

图 3-4 单级决策（单位：万元）

根据例 3-4 资料决策建大车站，但有的管理人员提出不同的意见，其理由是从目前现有客运市场看客运量呈增长趋势，虽然经过充分的调查研究和论证所选新站地点有比较大的优势，但没有经过运行就建大站容易造成失误，因此根据认真科学的测算拟先建中型车站，若市场需求高，3 年后扩建为大车站，扩建投资 60 万元，投资扩建后出现需求极高的概率为 0.9，需求反而下降的概率为 0.1，需求极高时损益值为 60 万元，需求反而下降时损益值为 10 万元。若市场需求变化不大，则不扩建仍维持原中型车站，根据上述情况要求用决策树选择最优方案。

如图 3-5 所示，结点(1)与(3)计算与单级决策相同。

结点(2)的计算比较复杂，它包括三种状态下的两个方案。

第一，运输量增长趋势高，前三年建中型车站，后 7 年扩建成大车站，它的期望值为 $30 \times 0.3 \times 3 + 325 \times 0.3 = 124.5$ 万元。

第二，运输量增长趋势次高状态下中型车站持续 10 年，它的期望值为 $15 \times 0.5 \times 10 = 75$ 万元。

第三，运输量增长趋势略高状态下中型车站持续 10 年，它的期望值为：$0 \times 0.2 \times 10 = 0$。因此，结点(2)的期望值为 $124.5 + 75 = 199.5$ 万元。

其利润为：$199.5 - 80 = 119.5$ 万元，经过对比分析 A_2 方案最优。

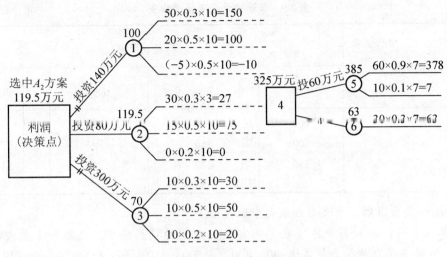

图 3-5 多级决策（单位：万元）

（三）不确定型决策

1. 不确定型决策的条件

不确定型决策的条件为四条，即风险型决策条件的前四条。

不确定型决策与确定型决策的区别在于不确定型决策的结果是不确定的，因为存在两种或两种以上的自然状态。而确定型决策的结果是可以确定的，因为只存在一种自然状态。

不确定型决策与风险型决策的区别在于：不确定型决策的各种自然状态出现的概率是无法测算的，而风险型决策的各种自然状态出现的概率是可以测算出来的。

2. 不确定型决策的分析方法

不确定型决策的分析方法很多，大多数是由对策方法演变而来。由于方法不同，同一问题可能有不同的选择。

【例3-5】 某道路运输公司与某投资单位签订合同，包运甲地至乙地，货物若干吨，承包期二年。车辆由乙地返回甲地的货运量缺乏可靠的投资测算。大致估计往返行程利用率可能有四种情况，即80%、70%、60%、50%。四种情况可能出现的概率无法测算出来。该企业现有营运车辆任务已经饱和，承运这批货物必须增加车辆。增加车辆有四个方案：A_1购置新车，A_2购置旧车，A_3以利润分成方式包用其他运输单位的车辆，A_4以定额租金的形式租入车辆。四个方案二年的损益值计算值参见表3-9。

表 3-9　某运输企业决策资料表　　　　　　　　　　单位：千元

自然状态 损失值 方案	行程利用率			
	80%	70%	60%	50%
A_1	600	400	-150	-350
A_2	800	350	-300	-700
A_3	350	220	50	-100
A_4	400	250	90	-50

（1）乐观决策准则（最大准则或大中取大法），其步骤如下。

① 根据资料，比较每个方案在不同自然状态下的损益值中，选取一个最大损益值。表 3-9 中 A_1 方案不同自然状态损益值 600、400、-150、-350 选最大的为 600，余下同。

② 比较各方案选出的最大损益值，其所对应的方案即为决策方案。计算参见表 3-10。

$$\max\{\max\} = \max\{600, 800, 350, 400\} = 800（千元）$$

表 3-10　乐观决策准则损益表　　　　　　　　　　单位：千元

自然状态 损失值 方案	行程利用率				最大损益值 （max）
	80%	70%	60%	50%	
A_1	600	400	-150	-350	600
A_2	800	350	-300	-700	800
A_3	350	220	50	-100	350
A_4	400	250	90	-50	400

随着社会化大生产的不断发展，企业经营决策特别是重大的战略决策涉及面广，因素复杂，既有可以定量的经济因素，又有不可定量的社会、政治与心理因素，解决这些决策问题要具备多学科的专业知识和丰富的实践经验，要求决策水平不断有所发展和提高，单凭决策的软技术或硬技术都很难解决复杂的决策问题，必须把软技术和硬技术结合起来才能收到较好的决策效果。

第五节 经营计划

一、计划管理概述

（一）计划的概念

企业的计划管理是指制订计划、执行计划和分析计划的有关理论、原则、制度和方法。企业如何制订适应市场需求变化的经营计划是企业经营管理的重要课题，是企业经营思想、经营目标、经营决策和经营方针的进一步具体化，是企业全体职工的行动纲领。

（二）加强计划管理的意义

1. 计划管理适应社会化大生产的客观要求

企业生产是在社会化大生产的条件下，是在比较广阔的空间内，由多环节、多部门和多工种协作劳动来完成的，而各环节、各部门和工种之间分工精细，协作关系复杂、严密，要把这样一个复杂的有机体科学地组织起来，保证预期目标的实现，就必须有一个统一的行动纲领，这就是企业的生产经营计划。通过统一而周密的计划对生产经营活动的各方面、各环节及其相互关系做出合理的安排，使企业的人力、财力、物力得以充分利用，实现良好的经济效益。

2. 计划管理是合理利用生产资源、提高经济效益的重要手段

企业的计划不但要对生产任务和成果进行安排和预见，而且对生产经营过程中各种消耗和资源的利用进行监督和控制，要求以最少的人力、财力、物力消耗，以最少的资金占有提供各种社会需要的优质服务和运输劳务，使生产所需的人、财、物实现最优组合，这就需要在生产之前有一个合理而精确的计划。

3. 计划管理是落实经济责任制、调动职工积极性的有力保证

我国的企业实行的是以承包制为主的经济责任制，把企业对国家承担的经济责任同企业内部各方面承担的经济责任统一起来，把国家给予企业的责、权、利及企业内部各方面以至每个职工的责、权、利结合起来，以保证企业取得尽可能好的经济效益。责、权、利都要借助于计划指标表现出来，而科学地确定计划指标并进行综合平衡是计划管理的主要内容，因此，加强计划管理是实行经济责任制的有力保证。

加强计划管理，通过制订计划，执行和检查计划的完成情况，把企业的经济责任分解

落实到部门和职工个人，有利于调动全体职工的积极性，使企业的经济效益不断提高。

（三）经营计划的任务

企业经营计划的任务就是依据企业经营外部环境的变化、结合企业内部条件，通过编制计划、组织计划的实施，以及对计划执行的检查和控制，把企业内部的人力、物力、财力和其他资源与各项工作科学组织起来，充分地发挥企业优势和挖掘内部潜力，使企业的生产经营活动协调发展，为社会提供尽可能多的符合需要的安全、优质的服务。

（四）经营计划的种类

1. 长期经营计划、中期经营计划和短期经营计划

按期限划分，经营计划可以分为长期经营计划、中期经营计划和短期经营计划。
中长期经营计划一般是指3—5年的中期发展计划与5—10年以上的远景发展规划。它根据国民经济发展对企业运输提出的任务和要求来制定在一定时期内企业发展的方向、规模及主要技术经济指标应达到的水平，这是企业纲领性计划。
短期经营计划是中长期经营计划的具体化，是在长期计划的基础上编制的，短期计划一般是年（季）月度计划。

2. 战略计划和执行业务计划

按性质划分，经营计划可以分为战略计划和执行业务计划。
战略计划是企业为适应其外部条件的变化而对经营结构进行调整的计划，需较长的时间，所以它多半是中长期计划。
执行业务计划是在一定经营结构条件下有效地完成企业各项具体业务的计划。

3. 综合计划和部门计划

按范围划分，经营计划可以分为综合计划和部门计划。
综合计划是以整个企业的全部生产经营活动为对象的计划，部门计划是以某一具体环节为对象的计划。综合计划与部门计划的关系是：综合计划对部门计划有调整和指导作用，部门计划的方向和内容必须与综合计划基本一致。

（五）经营计划的特点

从企业经营活动的需要出发，经营计划具有以下特点。

1. 经营计划的决策性

经营计划的决策性要求企业主动研究市场，找到独特的经营领域发挥自身的优势，体现了企业的进取精神。

2. 经营计划的目标性

经营计划的目标性直接关系着企业和职工的切身利益。

3. 经营计划的适应性

经营计划既和国家计划相联系，又直接和社会、市场及用户的需要相联系，是国家计划的丰富和补充。

4. 经营计划的灵活性

经营计划的时间、内容、形式多种多样，不拘一格。

5. 经营计划的预见性

经营计划体现企业的目标、方针和方向，预示着企业的未来。

二、经营计划的内容与指标

（一）经营计划的内容

企业经营计划的内容与计划期限和形式有关。计划期限有长有短，计划形式有单项形式和综合形式。一般说来，经营计划应当以长期为主，因为现代经营着眼于未来。经营计划形式则应采取综合形式，以便能够统筹安排和协调各方面的活动。因此，经营计划的内容比较全面而且彼此联系成为一体。

1. 经营计划的主要内容

（1）长期经营计划。

长期经营计划是指规定企业10年或10年以上的发展方向、发展规模和主要技术经济指标的纲要性计划，又称战略经营计划或远景经营计划。它根据国家的方针、政策、法令和发展国民经济长远计划对企业提出的任务和社会需求，同时考虑市场环境和技术发展以及企业自身条件和变化等情况而制定。

长期经营计划的内容因行业和企业的特点而有所不同，一般包括以下几个方面。

① 科研和新产品开发计划，规定企业产品品种发展方向、新产品开发和老产品整顿任

务以及有关探索性的科研项目等。

② 企业改造和固定资产投资计划，规定企业在一定计划期限内的设备更新、技术改造、产品品种结构调整和环境保护等项目及其完成的进度、费用预算和预期达到的目标等。

③ 生产能力利用计划，规定设备、厂房、仓库、运输工具等设施的报废、更新、处理、添置等的数量、时间和费用预算等。

④ 人才开发和职工培训计划，规定智力投资、人才开发、职工教育和技术培训的人数、时间和费用预算等。

⑤ 企业主要技术经济指标的发展计划，规定利润目标、产品质量指标、产品成本指标、劳动生产率增长指标、流动资金周转速度指标、能源消耗和材料利用指标等。

⑥ 职工生活福利设施计划，规定职工宿舍、托儿所、医院、俱乐部和食堂等公共设施的发展计划。

（2）年度经营计划。

年度经营计划由企业的年度销售、生产供应财务、成本等计划构成的综合性计划。它是长期经营计划的具体化和实施方案。20 世纪 50 年代初以来，中国企业年度综合计划采用生产技术财务计划的形式。70 年代末开始改革经济管理体制，企业扩大了自主权，成为社会主义商品生产的相对独立的经济实体，在国家计划的指导下主动从事生产经营的全部活动。企业开始编制年度经营计划，取代已往的生产技术财务计划。

年度经营计划一般包括以下八个方面的内容。

① 销售计划。

根据国家计划、市场预测和订货合同编制，是编制生产计划的重要依据。销售计划规定企业在计划年度内销售产品的品种、数量、销售收入、销售利润、交货期、产品质量和销售渠道等，是保证利润计划实现的关键性计划。

② 生产计划。

生产计划以销售计划为主要编制依据。它规定企业在计划年度内所生产的产品品种、质量、数量和生产进度以及生产能力的利用程度，是编制劳动工资计划、物资供应计划和技术组织措施计划的依据，对企业实现销售计划起保证作用。

③ 劳动工资计划。

劳动工资计划根据生产计划和技术组织措施计划编制。它规定企业在计划年度内为完成生产计划所需的各类人员的数量、定员、定额，劳动生产率提高水平，工资总额和平均工资水平，奖励制度和奖金，职工培训指标等，对企业提高劳动生产率、提高职工的文化和技术业务水平起重要作用。

④ 新产品试制计划。

新产品试制计划是新产品开发计划的具体落实，对推动企业不断创新和开展市场竞争起重要作用。它规定企业的新产品设计和研制、新工艺攻关和投产前的技术准备等指标。

⑤ 物资供应计划。

物资供应计划根据生产计划、新产品试制计划和技术组织措施计划等编制，起合理利用和节约物资、减少资金占用的作用。它规定企业在计划年度内生产、科研、维修等所需的原材料、燃料、动力、外协件、外购件和外购工具等的需要量、储备量和供应量、供应渠道、供应期限等。

⑥ 产品成本计划。

产品成本计划以生产计划、劳动工资计划和物资供应计划为主要编制依据，对企业节约人力、物力、财力和增加盈利起保证作用。产品成本计划规定在计划年度内生产和销售产品所需的全部费用，具体包括主要产品单位成本计划、全部商品产品成本计划和产品成本降低计划等。

⑦ 财务计划。

财务计划根据生产销售、供应、劳动工资、成本等计划编制，对保证企业的经营和合理使用资金起重要作用。财务计划包括固定资产计划、流动资金计划、利润计划、专用基金计划和财务收支计划，是企业生产经营状况的综合反映。

⑧ 技术组织措施计划。

技术组织措施计划规定企业在计划年度内改进技术和组织的各项措施的项目、进度、预期的经济效果及实现措施所需的人力、材料、费用和负责人及执行单位。技术组织措施计划是实现生产计划和新产品试制计划等的技术组织保证，对企业动员内部潜力、改造薄弱环节和增产节约起重要作用。

⑨ 其他计划。

其他计划包括设备维修计划、工具生产计划、动力计划、动能生产计划和运输计划等。

2. 计划指标

指标是经营计划的数量化和具体化，是表明经济现象的特征、规模、数量对比关系等的重要语言。企业的经营计划指标应当是一组互相关联、能全面反映企业经营目标体系的指标体系。经营计划指标既要保持与国家指标的一致性，又要体现企业的主动性，必须反映企业的目标内容。同时经营计划指标必须能反映企业经营管理的经济效益，即反映投入和产出的关系。根据以上原则，经营计划指标体系应当是贡献性计划指标、利益性计划指标、竞争性计划指标和支持性计划指标四个部分组成的完整体系。

（1）贡献性计划指标。

① 工业产值及其增长率。

工业产值及其增长率包括工业工程产值、设备安装工程产值、设备大修理产值等。

② 其他产值。

其他产值包括附属辅助生产的产值、多种经营的生产产值。

③ 工业产品产量及增长率。

工业产品产量及增长率即完成各种不同产品的实际工程量。

④ 产品质量。

产品质量包括优良品率及其增长率、全优产品率及其增长率、返工损失率等。

⑤ 工期。

工期包括定额工期或合同工期完成情况。

（2）利益性计划指标。

① 实现利润及其增长率（包括生产的利润及其附属生产单位的利润）。

② 缴纳利税及其增长率。

③ 企业留利及增长率。

④ 职工平均奖金及工资增长率。

（3）竞争性计划指标。

① 市场占有份额。

② 得标率。

③ 施工专业领域、地区的扩大。

（4）支持性计划指标。

① 生产。

② 劳动计划（包括劳动生产率及其增长率、职工人数结构、职工培训数量要求等）。

③ 物资供应（包括各种材料、工具、周转材料的规格、品种、数量、供应期限等）。

④ 技术装备投资计划。

⑤ 技术开发。

⑥ 技术组织措施。

⑦ 降低成本。

⑧ 财务计划。

三、经营计划的编制、执行和控制

1. 经营计划的编制

在现代市场经济条件下编制经营计划是一件很复杂的工作，需要收集大量的资料，进行认真的调查研究。从企业外部看，调查研究的范围主要是一定时期党和政府的方针、政策、法律法规，社会的政治经济形势，国内外运输生产的技术发展趋势和发展水平，市场的需求，用户的要求和意见等；从企业内部看主要包括工艺、技术、设备、物资、运输条件以及职工的政治素质、文化知识、技术生产能力和领导干部管理水平等因素。

以年计划而论，编制计划时必须掌握的资料，主要有：（1）国家下达的指令性和指导性的计划指标；（2）企业长期计划规定的年度指标；（3）订货合同、代销合同和协作合同等；（4）市场调查和预测资料；（5）长期计划的效率指标完成情况；（6）人力、物力、财力资源的保证程度；（7）各类技术标准和技术文件；（8）各项技术经济管理水平。

以年度计划为例，计划的编制程序划分为以下四个阶段。

第一阶段：确认企业年度经营目标。

年度经营目标主要是经济效益指标，包括运量、周转量、质量、产值、消耗、劳动生产率和利润等。其中利润指标最重要，因为它综合性最强。根据国家对企业的计划指标要求与企业现实可能性提出年度经营目标作为编制生产经营计划和专业计划的依据。经营目标是经营计划的核心，应提出几种不同水平的经营目标，经反复审议、论证后做出决策，目标制定要先进合理，符合平均先进水平，使企业各部门经过努力能够实现。

第二阶段：下达经营目标，各基层单位和部门提出计划建议书。

企业经营目标一经下达，就应组织企业各单位、各部门及广大职工进行讨论，对经营目标提出改进意见和具体的建议数字并由各职能部门提出计划建议书。

第三阶段：核定计划指标，并进行综合平衡。

企业的计划部门收到职能部门计划建议书之后，主要进行两项工作。首先是核定计划指标。根据企业内部各部门的建议数字进行汇总、整理、研究、讨论，确定企业的计划指标。其次是进行全面的综合平衡。具体包括：（1）生产需要与企业生产能力的平衡；（2）生产任务与设备保修工作的平衡；（3）生产任务与燃料供应的平衡；（4）生产与生产技术准备工作的平衡；（5）流动资金、财务收支的平衡；（6）年度经营计划与长期计划的平衡等。综合平衡中发现了矛盾，要采取措施解决。

第四阶段：编制生产经营计划和专业计划，审定下达执行。

经过综合平衡，企业计划部门即可编制生产经营计划，其他的各职能部门分别编制专业计划，这些计划经过讨论、修改、补充后形成正式计划，提交有关会议和领导审批后下达计划。

2. 经营计划的执行和控制

经营计划的执行就是把计划变为现实的过程。在执行过程中应遵循全面和均衡两个基本原则。计划的执行应加强思想政治工作，增强职工努力实现计划的观念。

经营计划的控制就是根据既定的标准，与实际水平进行对比，发现计划本身和执行过程的缺陷，采取有效措施予以克服，并避免类似情况再次发生。

计划和控制是一个问题的两个方面。计划是控制的基础，控制是计划的保证，也是提出下期计划的重要依据。

经营计划的控制包括事前控制和事后控制。事前控制是在生产经营活动发生之前按标准实行控制，如人员配备、工资支出、费用开支标准等，是预防浪费、保证计划实现的重要手段。事后控制就是在生产经营活动结束后将实际情况与标准对比，发现差异，分析原因，采取措施，加以处理。它对于日后的生产经营活动仍有预防作用，同样是完成计划不可缺少的手段。进行有效的控制要制定好各种标准，又要建立和健全信息，不断地检查计划的执行。具体工作包括以下几个方面。

（1）日常检查。

运用各种指标图表、业务检查的报表，及时检查计划的执行情况，公开检查结果，使领导和职工随时了解情况，做到发现问题、解决问题，实现均衡生产的要求。

（2）定期检查。

定期进行全面的检查，做出详尽的经济活动分析，总结经验，揭露矛盾，分析利弊得失，提出改进措施。

（3）专题检查。

对经营中的主要问题进行专项检查，解决主要问题，如对运输生产质量的检查、物质消耗计划的执行情况的检查等。

检查的方式又是不拘一格、灵活多样的。可采用现场检查、会议检查和图表检查等方式，无论何种方式都要和经济责任制结合起来。

3. 经营计划的调整

经营计划的变动是指由于外部环境发生变化，为了保持计划的科学性和正确性，就要在情况变化时及时调整计划，增强计划的指导性和预见性。

计划调整的内容可以从调整个别措施、策略、进度、项目直至调整计划目标。就是说有小调整、中调整、大调整，直至到更新的经营计划。

有计划地主动调整有两种方法：一个是滚动计划法；另一个是启用备用计划法。

滚动计划是定期地调整计划，根据一定时期计划执行情况考虑到企业内外环境条件出现的变化，修改计划，并相应地再将计划期限顺延一个时期，确定顺延期的计划内容。计划期可长可短，我国企业中较多按季滚动使用年度计划，有的企业按年滚动使用3年、5年中长期计划。

如果在编制计划时已有多种方案，而变动范围又在某个备用计划范围内，则可采用启用备用计划的办法。运用这一办法的关键是确定停止原计划、启用新计划的时机。一旦到了非调整不可时就必须果断地下决心调整，否则就会丧失时机。

 案例分析

牡丹中油国际信用卡

　　牡丹中油国际信用卡是由中国工商银行和中石油联手打造的，国内第一张可在加油站使用的全国性联名卡。牡丹中油国际信用卡除具有牡丹国际信用卡的一切功能外，还享有刷卡加油优惠和多项增值服务，真正实现"一卡在手，全国加油"无障碍消费，助您惬意享受驾车乐趣。

　　牡丹中油国际信用卡包括威士、万事达卡和美国运通三个品牌，客户可根据自己的喜好选择不同品牌的产品。下面是该信用卡的主要功能。

　　（1）刷卡加油便利。牡丹中油国际信用卡可在中石油全国1.4万多座加油站（点击下载）轻松刷卡加油，不久更将扩大到1.7万多座加油站。

　　（2）刷卡折扣优惠。2009年12月31日前，持牡丹中油国际信用卡在中石油加油站的工行POS机上刷卡加油，可享受1%折扣优惠。

　　（3）24小时全国道路汽车救援特惠服务。从2006年7月1日起，牡丹中油国际信用卡持卡人可享受双重优惠（会员价格基础上再折扣）的24小时全国道路汽车救援服务，为您驾车出行免除后顾之忧。

　　（4）专项联名积分。使用牡丹中油国际信用卡在中石油加油站工行POS刷卡加油，可累积专项联名积分，凭此积分可参加不定期的积分兑换活动。

　　（5）消费奖励优惠。持卡人全面享受牡丹国际信用卡积分奖励计划和不定期促销优惠。

　　（6）特别年费优惠。年刷卡消费满5笔或累计消费金额达到5000元人民币（含等值外币），即可自动免除当年年费，彻底免除您的后顾之忧。

　　（7）金融服务功能。可在中国工商银行遍布全国的近2万家营业网点、近2万台ATM、近20万家特约商户以及数十万台带有银联标识的POS和ATM上使用。

　　根据以上信息，试分析：

　　（1）中国工商银行与中国石油总公司的合作属于哪种类型的合作？

　　（2）在该合作中中国工商银行和中国石油总公司各得到了哪些利益？

　　（3）试总结该种合作成功的条件。

（资料来源：湖南广播电大，尹建设）

第四章　市场营销管理

 学习目标

1. 了解市场营销观念的演进。
2. 掌握市场营销环境及市场调查方法。
3. 理解市场营销的战略选择。
4. 掌握产品策略及价格策略。
5. 掌握分销渠道和促销策略。

第一节　市场营销概述

一、市场的含义

1. 市场的含义

市场是商品经济特有的经济范畴，是一种以商品交换为内容的经济联系形式。社会分工和商品生产的发展决定了市场的发展规模与发展水平。市场的基本关系是商品供求关系，基本的活动则是商品交换（商品买卖活动）。

那么，究竟什么是市场呢？市场是一个含义广泛的概念。就其空间形式和经济关系等方面而言，可以从下列几种含义对市场进行分析。

（1）市场是商品交换的场所，亦即买主和卖主发生作用的地点或地区。这是从空间形成来考察市场，市场就是一个地理的概念。如"安徽市场"、"国内市场"、"国际市场"等。

（2）市场是指某种或某类商品需求的总和。商品需求是通过买主体现出来的，因而也可以说，市场是某一产品所有现实买主和潜在买主所组成的群体。如当人们说"北京的苹果市场很大"时，不是指水果交换场所，而是指北京对水果的需求量很大，现实的潜在的买主很多。

（3）市场买主、卖主力量的集合，是商品供求双方的力量相互作用的总和。这一含义是从商品供求关系的角度提出来的。"买方市场"、"卖方市场"这些名词反映供求力的相对强度，反映了交易力量的不同状况。在买方市场条件下，商品的供给大于商品的需求量，整个市场对买方有利，价格下降，服务质量要求高，顾客支配着销售关系；而在卖方市场条件下，商品的需求量大于商品的供给量，市场商品匮乏，品种不全，价格看涨，改善服务态度缺乏动力，由卖方支配着市场销售关系，整个市场对卖方有利。

（4）市场是指商品流通领域，它所反映的是商品流通全局，是交换关系的总和。这是一个"社会整体市场"，也是通常所说的"广义市场"。按照这一含义的理解，市场首先是商品使用价值和价值及其外化形式——商品和货币的关系；其次，它反映商品所有者（卖方）和货币所有者（买方）之间的关系；最后，现代商品经济的重要特征就是要发挥宏观经济职能，这一职能应由政府来行使，这就形成了企业、消费者和政府三要素的市场主体结构，市场所反映的关系就表现为三类主体的相互关系。这些关系及其性质支配着经济运行过程。

2. 市场的构成要素

不论是从古典狭义的市场概念出发，还是从现代广义的市场概念出发，市场都必须由以下要素构成。

（1）消费者。

消费者是指使用和消耗物质资料或劳务，以满足生活需要和生产需要的买方群体或个人，它既包括主要以居民个人和家庭形式出现的生活资料和劳务的消费者，也包括主要以生产群体单位形式出现的生产资料和劳务的消费者。

（2）购买力。

购买力是指消费者购买商品和劳务的支付能力，或者说在一定时期内用于购买商品的货币总额。购买力反映该时期全社会市场容量的大小。一切不通过货币结算的实物收支和不是用来购买商品和劳务的货币支出，如归还借款、交纳税金、党费、工会会费等，均不属于社会商品购买力范围。

（3）购买欲望。

购买欲望是指消费者购买商品和劳务需要的强烈程度。购买欲望归根结底产生于人类的生理和心理的需要，即满足人们物质生活和文化生活的需要，而生产资料的购买欲望则产生于生产这些生活资料的需要。

（4）商品和商品供应者。

商品是进行交换的物质基础，只有商品供应者向市场提供商品才能促成商品买卖和商品交换。

上述这些市场的构成要素既互相联系，又互相制约。

二、市场营销的基本含义

世界著名的营销专家、美国西北大学教授菲利普·科特勒博士认为市场营销"是个人或集体通过创造，提供出售，并同别人自由交换产品和价值，以获得其所需所欲之物的一种社会和管理过程。"从这一定义可以看出，市场营销主要包括以下内容。

（1）营销是一种创造性行为。它不仅寻找已存在的需要并满足它，而且激发和解决顾客并没有提出要求但会热烈响应企业的营销行为，正像索尼公司的创始人盛田昭夫宣称的，他不是服务于市场而是创造市场。

（2）营销是一种自愿自由的交换行为。买卖双方自由交换使各方通过提供某种东西并取得回报。交换是构成营销的基础。

（3）营销是一种满足人们需要的行为。消费者的各种需要和欲望是企业营销工作的出发点。因此，企业必须对市场进行调研，寻求、了解、识别、研究和掌握消费者的需要和欲望，并确定需求量的大小。

（4）市场营销是一个系统的管理过程。它不仅包括生产、经营之前的具体经济活动，如收集市场环境信息、市场调研、分析市场机会、进行市场细分、选择目标市场、设计开发新产品等，而且还包括生产过程完成之后进入销售过程的一系列具体的经济活动，如产品定价、选择分销渠道、开展促销活动、提供销售服务等，还包括销售过程之后的售后服务、信息反馈等一系列活动。可见，市场营销过程是远远超出流通范围而涉及生产、分配、交换和消费的总循环过程。

（5）营销是联结企业与社会的纽带。营销工作者在制定营销政策时必须权衡三方面的利益，企业、顾客的需要和社会利益。只有满足社会利益的企业才能长久不衰地获得经营成功。

相关链接

如何理解需要、欲望和需求

人由于需要而产生欲望，由于欲望而产生需求。

需要是一种没有得到某些基本满足的感受，表现为人在心理上的欠缺感或不平衡状态。其实质是人对客观条件的要求在人脑中的反映。人一旦感受到某种需要，就会引起心理紧张，行为就会趋向满足需要的活动。

欲望是人对满足需要的特定事物的意愿或企盼，表现为一种消费选择。如人会因为饥饿而需要食物，日本人会选择米饭，而美国人则选择面包。

需求是建立在一定购买力基础上的欲望。所以，需求不仅是指有人愿意消费某个产品，而且必须是有货币支付能力获得这个产品。

现代企业市场营销活动包括市场营销研究、市场需求预测、新产品开发、商品市场投放策划、物流、广告、直复营销、销售促进、售后服务、市场信息管理和公共关系等。形象地讲，营销意味着企业先开市场、后开工厂。

三、市场营销观念的演进

市场营销观念是随着生产发展、科技进步和市场环境的变化而不断发展变化的。近百年来，市场营销观念随着经济增长和市场供求关系的变化大致经历了生产观念、产品观念、推销观念、市场营销观念、社会营销观念、绿色营销观念、大市场营销观念和突出 4C 营销观念等发展阶段。

1. 生产观念

1920 年以前，世界资本主义经济虽然已有相当的发展，但生产力水平和科学技术的发展还比较落后，社会产品供应不足，市场需求是被动的，没有多大的选择余地。企业营销不过是将生产的产品从工厂分配、运送到市场，再销售给消费者。这时，企业的营销观念普遍是以生产为中心，企业致力于提高生产效率和分销效率，扩大生产，降低成本，以价格低廉的产品来提高市场份额。这种观念的核心是一切从生产出发，而不是为需要服务。生产什么就卖什么，就像美国福特汽车公司的创始人说的："不管顾客需要什么，我只生产黑色的轿车。"因为当时福特汽车供不应求，清一色黑颜色的汽车照样卖得出去，这是一种典型的生产观念。在战后数年之内，日本由于物资极其短缺，市场上很多商品供不应求，"生产观念"在工商企业市场营销管理中一度也很流行。

生产观念是一种"以产定销"的经营指导思想，它的适用条件是：第一，市场商品需求超过供给，卖方竞争较弱，买方争购，选择余地不大；第二，产品成本和售价太高，只有提高效率，降低成本，从而降低售价，方能扩大销路。随着科学技术的进步和社会生产力的发展，以及市场供求形势的变化，生产观念的适用范围必然越来越小。

2. 产品观念

产品观念是一种与生产观念类似的经营思想。这种观念认为，消费者愿意购买质量好、价格合理的产品。为此，企业应致力于不断改进产品，提高产品质量，增加产品的功能，顾客必然会找上门来，无需大力推销。在这种观念指导下的企业常常陷入对自己产品深深的迷恋之中而不能自拔。如一家文件柜生产企业的经理认为他们制造了最好的文件柜，并宣传此柜"从四楼扔下仍完好无损"，而销售经理却说："确实如此，但我们的顾客并不打算把文件柜从楼上扔下去。"美国爱尔琴钟表公司自创建以来一直生产优质高档名贵手表，并通过珠宝店和百货公司经销，销售量不断上升，享有美国最佳手表制造商的声誉。但在以后的年代里，消费者对手表的需求已由走时准确、耐用的高贵名牌手表，转向外观造型优美、走时准确、自动、防水、防震、价格适中的手表，且愿意到大众化的分销店去购买。爱尔琴手表公司不注意市场需求的变化，仍以产品观念指导经营，坚持生产优质名贵的高档手表，致使手表销售量和市场占有率下降，公司受到很大的损失。

产品观念是一种"营销近视症"，在市场营销管理中缺乏远见，只看见自己的产品质量好，看不见市场需求在变化，结果必然把自己引入困境。

3. 推销观念

1920—1945年第二次世界大战结束前，由于科学技术的发展，资本主义的生产力水平有了较大的提高，但购买力水平没有相应的提高。特别是1920年以后，世界经济危机的出现，生产"过剩"，购买力下降，市场趋势发生质的变化，社会商品数量增加，花色品种增多，市场上某些商品开始供过于求，企业之间竞争加剧，生产和销售的矛盾尖锐起来，这就迫使资本家把经营的注意力从生产转到销售，逐步确立了以销售为中心的营销观念。这种观念的核心内容是：强调销售和推销的作用，增加销售人员，扩大销售机构，重视销售技术的研究，充分利用广告宣传千方百计地招徕顾客。20世纪30年代美国的汽车商就是突出的例子。当时汽车供过于求，每当顾客一走进商店的汽车陈列室，推销员就笑脸相迎、热情相待，主动介绍各种汽车的性能，有的推销员甚至使用带有进逼性的销售手段促成交易。这时，企业营销的主要任务已由生产、采购转到销售上。这种营销观念提高了销售在企业经营中的地位，但其本质仍然是以"生产什么卖什么"为条件，以"销售"为中心只是就工作重点而言的，没有从根本上动摇以"生产"为中心的营销思想，更不是以销定产。所以，西方营销学家还是把它归结为以产定销的经营思想范围内的。

4. 市场营销观念

第二次世界大战后，资本主义经历了 20 年的发展时期。由于几项科学技术的重大突破，生产力有了明显的提高，社会产品数量剧增，进一步供过于求，花色品种日新月异，产品的市场生命周期不断缩短。市场需求在质和量的方面都发生了重大变化，竞争的范围更加广阔，整个资本主义市场已由卖方市场转变为买方市场。生产和消费的矛盾日益尖锐，即使广泛采用推销手段，保证产品质量和制定合理的价格，也不足以刺激消费。在这种市场背景条件下，许多的企业又逐渐由市场营销观念取代了以销售为中心的推销观念。市场营销观念是作为对上述观念的挑战而出现的一种新营销观念。尽管这种观念由来已久，但其核心原则直到 20 世纪 50 年代中期才基本定型。市场营销观念强调顾客满意，整个企业的员工共同努力和使顾客满意是实现企业利润目标的途径；认为实现企业各项目标的关键在于正确确定目标市场的需要和欲望，并且比竞争者更有效地传送目标市场所期望的物品和服务，进而比竞争者更有效地满足目标市场的需要和欲望。可见，市场营销观念的核心内容是：消费者需要什么，就生产什么、卖什么，消费者的需要成为生产、经营和服务的"出发点"。这时，企业营销管理的主要任务是从调查研究消费者的需求和欲望出发组织生产和营销。具体措施有调查研究、开发技术、合理定价、选择销售渠道、确定销售方式、提供售前售后服务、重视信息反馈等。当时，许多的公司、商店提出了顾客是"主人"、"上帝"、"异姓父母"等口号，就是这种营销观念的反映。

 相关链接

满足顾客的需求

一家美国鞋业公司派它的高级财务职员到一个非洲国家去了解公司的鞋能否在那里找到销路。一个星期后，这位职员打电报回来说："这里的人不穿鞋，因而这里没有鞋的市场。"鞋业公司总经理决定派最好的推销员到这个国家对此进行仔细的调查。一个星期后，推销员打电报回来说："这里的人不穿鞋，是一个巨大的市场"。

5. 社会营销观念

社会营销观念出现于 20 世纪 70 年代。在西方，它的提出一方面基于"在一个环境恶化、爆炸性人口增长、全球性通货膨胀和忽视社会服务的时代，单纯的市场营销观念是否合适"这样的认识；另一方面也是基于对广泛兴起的、以保护消费者权益为宗旨的消费者主义运动的反思。有人认为，单纯的市场营销观念提高了人们对需求满足的期望和敏感，加剧了满足眼前利益和长远利益的矛盾，导致产品过早陈旧，环境污染更加严重，也损失浪费了一部分物质资源。另一些人则指出，"消费者主义"、"顾客至上"之类的口号对许多的企业来说不过是骗人的漂亮话，它们在"为消费者谋利益"的旗号下干着种种欺骗顾客的勾当，诸如以次充好、以假充真、广告欺骗等。正是在这样的背景下人们提出了社会营销观念。

社会营销观念的基本要求是：企业生产或提供任何产品和服务时，不仅要满足消费者的需要和欲望，符合本企业的利益，还要符合消费者和社会发展的长期利益。对于有害于社会或有害于消费者需求，不仅不应该满足，还应该进行抵制性的反营销。近年来，不少西方发达国家的企业家提出了"现代企业的合理行为应该是努力做到满足社会发展、消费者需求、企业发展和职工利益等四个方面利益"的新理论，即社会营销观念。

　　企业通过协调社会利益、企业利益和消费者利益使市场营销观念达到一个完善的阶段。

营销员与推销员有什么区别

　　推销员属于生产、经营一线岗位的劳动者范畴。而营销员在企业中属于管理岗位，其工作性质决定了营销员应按专业技术人员进行管理。

　　市场营销不同于推销或销售。推销或促销只是一种手段，而营销是一种真正的战略。营销员可以做推销工作，而推销员绝对承担不了营销员的业务工作。

第二节　市场营销环境

　　企业的市场营销活动是在一定的社会条件下进行的，并处于动态的变化中，市场营销环境是企业市场营销活动的约束条件。要进行市场调查，制定有效的市场营销战略，实现市场营销目标，就必须研究市场环境。

　　世界著名的市场学家菲利普·科特勒诊断："企业的营销环境是由管理者成功地持久发展同目标市场顾客交换的能力。"也就是说，市场营销环境是指与企业有潜在关系的所有外部力量与机构的体系。因此，对环境的研究是企业营销活动的最基本的任务。

　　企业的市场环境分为微观环境和宏观环境两大类。

一、企业宏观环境分析

　　企业与其供应商、营销中间机构、顾客、竞争对手以及公众都是在一个更大的宏观环境内营运并发生关系。宏观环境造成影响企业成败的营销机会与威胁，这种环境是企业无法控制的力量，企业必须随时密切注意并采取相应的措施。宏观环境由五种主要的力量组成。下面将详细讨论每一种宏观环境的趋势与发展，以及对未来营销计划的影响。

1. 政治环境

政治环境是指企业经营活动所处的外部政治、法律形势和状况。一般分为国际政治法律环境和国内政治法律环境两部分。

研究国际政治环境，要了解"政治权力"对企业经营活动的影响。政治权力是指一国政府通过正式手段对外来企业的权力予以约束，包括进口限制、外汇控制、价格管制、税收管制、劳工限制和国有化等方面。还要了解"政治冲突"对企业的经营活动带来的影响。政治冲突主要是指由于国际上重大事件和突发性事件对企业经营活动的影响。

国内政治环境主要是指一国的路线、方针、政策以及法律法规等方面。

2. 经济环境

经济环境是指开展营销策划活动所面临的外部社会经济条件及其运行状况和发展趋势。

（1）经济增长阶段。

经济增长阶段的差异意味着不同发育程度的市场、不同发达程度的基础设施和通讯系统。此外，一国所需的商品和劳务的种类、质量、数量取决于社会经济结构，这也是经济增长的结果。就消费品市场而言，处于经济发展水平较高阶段的国家和地区在市场营销方面强调产品款式、性能及特色，侧重于大量的广告和促销活动，其品质竞争多于价格竞争；而处于经济发展水平较低阶段的国家和地区则侧重于产品的功能及实用性，其价格因素重于产品品质。就生产资料而言，处于经济发展水平较高阶段的国家和地区着重资本密集型产业的发展，需要高新技术、性能良好、机械化和自动化程度高的生产设备；而处于经济发展水平较低阶段的国家和地区以发展劳动密集型产业为主，侧重于多用劳动力而节省资金的生产设备，以符合劳动力低廉和资金缺乏的现状。

（2）经济规模。

① 国民生产总值与国内生产总值。

国内生产总值（Gross Domestic Product，简称 GDP）是指在一定时期内（一个季度或一年），一个国家或地区的经济中所生产出的全部最终产品和劳务的价值，常被公认为衡量国家经济状况的最佳指标。它不但可以反映一个国家的经济表现，更可以反映一国的国力与财富。

国民生产总值（Gross Domestic Product，简称 GNP）是指一国国民一年内所生产和提供的用货币表现的最终产品（包括物品和服务）的总和。所谓最终产品，是指最终供人们使用的产品，包括供人们消费的生活资料，也包括供投入生产的劳动资料。该项指标反映了一国在一定时期内的总体经济状况。

②　人均收入与收入分配。

消费者的购买力来自于收入，所以消费者收入是影响社会购买力、市场规模大小以及消费者支出模式的重要因素。除了分析消费者收入外，还应分析不同社会阶层、不同地区、不同职业的收入和收入增长率的差别，深入认识各个细分市场的购买力分布，亦即收入分配状况。

③　消费支出模式与消费结构。

消费者并不是将其全部收入都用来购买商品或服务。消费者的购买力只是收入的一部分。消费支出模式包含可支配收入、可任意支配收入和边际储蓄倾向。

可支配收入是指扣除消费者个人缴纳的各种税款和交给政府的非商业性开支后可用于个人消费和储蓄的那部分个人收入。可支配收入是影响消费者购买力和消费者支出的决定性因素。可任意支配收入是指可支配的个人收入减去消费者用于购买生活必需品的固定支出（如房租、保险费、分期付款、抵押借款）所剩下的那部分收入。

可任意支配收入一般都用来购买奢侈品、汽车、大型器具及度假等，所以这类收入是影响奢侈品、汽车、旅游等商品销售的主要因素。

收入对市场影响的一个重要方面是改变消费结构。消费结构是指消费者在各种消费支出中的比例及相互关系。居民个人收入与消费之间存在着一种函数关系，而且在不同的国家和地区，个人收入与消费之间的函数关系是不同的。德国统计学家恩格尔提出过著名的"恩格尔定律"。他认为，当家庭收入增加时，只有一小部分用于购买食物；用于衣服、房租和燃料方面的支出变动不大；但用于教育、医药卫生与闲暇娱乐活动方面的支出则增加较多。人们把恩格尔论述的消费支出与总支出之间的比例关系称为"恩格尔系数"。恩格尔系数越小，食物支出所占比重越小，表明生活质量越高；反之，则生活水平越低。

（3）经济特征。

经济特征包括一国的自然资源、基础设施（包括一国的交通运输、能源供应和通讯设施等方面）以及商业基础服务能力。

 相关案例

日本小汽车占领美国市场

20世纪70年代，由于受中东战争等因素的影响，世界石油价格创纪录的达到每桶80多

美元，大量增加了消费者的经济负担，世界经济陷于困境，社会上存在着大量的失业人口。但是美国的三大汽车制造商仍继续生产高耗油的所谓豪华车，由于汽车市场不景气，制造商积压了大量的小汽车，在这种背景下，日本的汽车制造商向美国市场推出了节油的小排气量的经济型家庭轿车，在广告宣传中，强调了节能、省油，因而大受美国的消费者的喜欢，从而一举打开并占领了汽车王国——美国市场。

3. 人口环境

营销人员最终感兴趣的是人口，因为市场是由人组成的。他们尤其感兴趣的是人口的多少、人口的地理分布、密度移动趋势、年龄分布、出生率、结婚率和死亡率。

4. 科技环境

科学技术是社会生产力中最活跃的因素。作为企业宏观经营环境的组成部分，科学技术环境不仅直接影响企业内部的生产经营，还同时与其他的环境因素互相依赖、互相作用，特别是与经济环境、文化环境的关系更紧密。营销人员对科学环境的研究应注意以下问题：

（1）新技术的不断更新使商品的生命周期普遍呈现缩短趋势；

（2）由于技术更新速度加快，使得技术含量越高的商品其价格下跌的趋势越明显；

（3）利用新技术，特别是网络技术的出现，对传统的营销渠道造成了巨大的冲击，出现了网络营销方式；

（4）新技术的出现对促销方式带来的变化不断地改变着人们接受信息的方式，如对于传统的广告促销，消费者只能被动地接受信息，而电子商务确是消费者主动获取信息的方式。

相关案例

新技术革命是一种"创造性的毁灭力量"

如激光唱盘技术的出现无疑会夺走磁带的市场，给磁带制造商以"毁灭性的打击"。据美国《设计新闻》报道，由于大量启用自动化设备和采用新技术，将出现许多新行业，包括新技术培训、新工具维修、电脑教育、信息处理、自动化控制、光纤通信、遗传工程、海洋技术等。如果企业能够对技术环境保持着高度的敏感性，及时采用新技术，或从旧行业转入新行业，就更有可能求得生存和发展。

5. 文化环境

广义的文化是指人类社会历史实践过程中所创造的物质财富和精神财富的总和。每一种文化都包含着多种行为规范,如共同遵守的信誉、准则、习惯和规则,这些既是在社会因素影响下形成的,又是一种重要的社会影响因素。营销人员对文化环境内容的了解一般侧重于教育状况、宗教信仰、风俗习惯和价值观念等内容。

 相关案例

宴　请

李小姐是威胜公司新聘用的公关部经理,她上任的第一个任务是负责宴请公司的俄罗斯客人。李小姐虽然从未接手过此种事务,但她细心地考察了来客的习俗,首先了解到俄罗斯人的饮食禁忌和喜好,最后确定了在本地最好的丽歆酒店设宴款待。她选择了当地有名的菜肴,并且以俄罗斯的伏特加酒点缀其间,受到了客人和上司的夸奖。

在设宴款待时,首先是菜单的确定。按照我们一般的思维,可能会先想到客人喜欢吃什么,而实际上更为重要的是客人不吃什么。只有事先了解客人的饮食禁忌才不至于犯忌,给客人造成不好的印象。许多人都有个人的饮食禁忌,如有些人不吃鱼,有些人不吃蛋,有些人不能吃辣等。不同的民族可能有自己的禁忌,如美国人不吃羊肉和大蒜,法国人不吃无鳞鱼,日本人不吃皮蛋等。此外还有严格的宗教禁忌。总之,在定制菜单时要综合考虑以上几种禁忌,不能疏忽大意。

二、企业的微观环境分析

营销决策的微观环境是指与营销决策活动紧密联系,直接影响策划者为目标市场提供服务的各种因素,如供应商、营销中介、顾客、竞争对手以及公众。

1. 供应商

供应商是指为公司提供所需资源以生产其产品或服务的公司或个人。

供应商环境的发展对企业的营销有相当大的影响。企业必须密切注意主要原材料的价格趋势,以免因供应原料涨价迫使产品跟着涨价,而使预测销售量降低。企业也要注意供应来源的可靠性,供应短缺、罢工或其他事件都可能影响产品的交货,这不但会使销售受到影响,长期而言也会使企业丧失信誉。

2. 营销中介

营销中介是帮助生产经营企业将其生产经营的产品促销、销售、分销给最终购买者。营销中介包括经销商、货物实体分配商（仓储、运输）、营销服务机构（广告、咨询、市场调研）和金融中介机构（银行、信托、保险）等，这些都是生产经营企业开展市场营销活动所不可缺少的中间环节，大多数生产经营企业的营销活动都需要有它们的帮助才能顺利进行。

（1）经销商。

经销商是指销售渠道企业，是能帮助生产经营企业找到顾客或者把产品卖给消费者的中间商，经销商包括批发商、零售商、代理商等。寻找经销商并与之合作不是一件容易的事，目前，很多的生产经营企业必须面对大型且不断发展的销售组织，如大型连锁公司、超级市场等，这些经销组织往往有足够的力量操纵交易的条件，甚至于能将某个生产经营企业拒之于市场的门外。

（2）货物实体分配商。

货物实体分配商是帮助生产经营企业将商品从原产地或者采购地运到目的地整个过程中存储和运送货物的仓储、运输企业。在与仓储、运输企业打交道的过程中，生产经营企业必须综合考虑成本、运输方式、速度和安全性等因素，从而决定运输和存储货物的最佳方式。

（3）营销服务机构。

营销服务机构包括经营咨询公司、市场调研公司、广告公司、信息服务公司等，它们帮助企业推销产品、开拓市场、进行公关策划。当企业决定借助外部服务机构开展营销活动时必须认真选择，因为不同的营销服务机构在其服务质量、声誉、价格、创造力等方面各不相同，并且要定期地对它们的绩效进行考评。

（4）金融中介机构。

金融中介机构主要包括银行、信托公司、保险公司和其他金融机构，这些机构能够为生产经营企业提供金融支持或者对货物买卖中的风险进行保险。大部分生产经营企业都需要借助这些金融机构来为交易提供相应的服务。

3. 顾客

广义地说，企业的顾客是指企业为之服务（或提供产品）的目标市场。企业的顾客也就是企业的目标市场，主要有以下几种。

（1）消费者市场，即个人或家庭为了生活消费而购买产品和服务的市场。

（2）产业市场，即以营利为目的，购买产品或服务来生产其他的产品和服务的企业或机构。

（3）中间商市场，即通过买卖以实现其利润目标的转销组织。

（4）政府或非营利性市场，即为了提供公共产品而购买产品或服务的政府和非营利性机构。

（5）国外市场，即指国外的买主，包括国外的消费者、生产者、中间商以及政府部门等。

4. 竞争对手

企业应当在消费者的心目中确定其所提供产品的地位，要比竞争对手所能提供的更好更多，以获取战略优势。一般来说，人们会认为竞争者来自于同行业。但是，一家企业若站在顾客的立场，遵循顾客做出购买决策的思路，可以从更广泛的意义上发现它所面临的各种竞争者。

（1）品牌竞争者，即提供不同品牌的相同产品或同种产品的企业。

（2）形式竞争者，即提供不同形式（如款式、规格、型号等）的相似产品或同类产品的企业。如轿车、货车、客车同属于汽车产品，彼此在特定情况下构成竞争关系。

（3）平行竞争者，即提供不同品种的相近产品，以不同的方式满足顾客的同种需要。这些产品也可以互相构成替代品。

（4）隐蔽竞争者，即提供不同类的产品满足不同顾客的愿望和需要，但与自己争夺同一顾客群的购买力。

5. 公众

企业的营销环境同样包含许多不同的公众。公众是指对于企业实现目标的能力而言具有实际或潜在兴趣和影响的任何群体。企业周围的公众可以划分为五种类型，即金融公众、政府公众、媒介公众、地方利益公众和市民行动公众（即保护消费者利益的组织）。

公司制订营销计划不仅要考虑目标市场的顾客，而且要把公众包括在内。如果企业希望激起特定公众的某些响应，如商誉、口碑、时间或金钱的捐赠，他们必须仔细分析，提供那些足以吸引公众的东西。

 相关链接

企业的营销部门和营销人员是不是构成企业直接营销环境的因素？

答：不是。因为直接营销环境是指与企业紧密相连，直接影响企业为目标市场服务能力和效率的各种参与者，包括企业内部营销部门和营销人员以外的企业因素、供应商、营销渠道企业、目标顾客、竞争者和公众。

第三节 市场调查与市场预测

一、市场调查

（一）市场调查的概念

所谓市场调查，就是运用科学的方法，有目的、有计划、系统而客观地收集、记录、整理和分析有关市场的信息资料，从而了解市场的现状和发展变化的趋势，为做好市场预测和经营决策提供科学依据。

随着我国市场经济体制和现代企业制度的建立与完善，企业要面向市场自主经营，所以企业必须了解市场动态，掌握市场供求变化规律，这样才能是做好经营管理工作的首要环节。

（二）市场调查的原则与程序

市场调查的基本原则是客观性原则、准确性原则、及时性原则和经济性原则。市场调查的程序包括准备阶段、调查阶段和处理总结阶段。

1. 准备阶段

这个阶段的主要任务是拟订调查计划。市场调查工作首先必须确定调查的问题和范围，明确调查的目的和要求，拟订方案，制订调查工作计划。准备阶段的主要工作是：把要调查的问题具体集中到某个着重点上并加以清楚定义；对所要收集的资料、信息的深度、广度及因果联系要有明确的要求；根据已确定的调查研究目的和要收集的资料、信息，预先设计若干方法技术，加以比较、分析，择优采用，以提高工作效率，保证调查资料的质量；在开展调查之前要筹集好经费，做出开支预算并做好物资准备；确定调查工作的起始及终止期限与进度；还要挑选好调查人员，并进行良好的培训。

2. 调查阶段

调查阶段是实施调查计划，落实调查方案的重要环节，包括以下步骤：
（1）建立调查组织，挑选调查人员，并进行学习和培训；
（2）确定调查单位，收集原始资料；
（3）组织人员，收集现成资料，现成资料是对原始资料进行整理分析而形成的第二手资料。

3. 处理总结阶段

（1）对调查所获得的原始资料和第二手资料应及时进行整理加工。这项工作主要包括对资料进行编辑、筛选、编号、列表或编制数据库、分析与综合。

（2）编写调查报告。为了确保调查报告的质量，应掌握以下原则：围绕调查目的，紧扣主题；重点明确，条理清楚，言简意赅；实事求是，事实数据准确可靠；充分讨论，集思广益，结论明确。

市场调查报告的撰写格式应包括导言、报告主体和附件三大部分。报告主体部分应写明调查的详细目的，调查方法的详细说明，调查结果的描述和解释，调查结果的分析和结论，提出的建议。

（三）市场调查的内容与方法

1. 市场调查的内容

影响市场商品供需的因素错综复杂，如政治、经济、人口、科技、文化教育、自然资源和自然环境等都会对市场的需求和价格的变动产生影响。

（1）市场需求调查。

因国内外市场商品需求总量及其构成情况不同，因此调查的总量及其构成也不同。

影响市场需求的因素很多，这些因素大体分为两大类：一类是企业可控制因素；另一类是企业不可控制因素。

① 企业可控制因素。

影响市场需求的可控因素，即是市场营销手段的四个方面，即产品调查、价格调查、销售渠道调查和促销调查。

● 产品调查。

产品调查包括对企业产品本身的调查以及对产品策略实施情况的调查，主要有以下内容：

A. 现有产品的使用情况，产品改进或开发新产品的可能性，今后的发展趋势；

B. 产品生命周期的情况，即当前产品处于哪一个生命周期阶段，周期曲线变动趋势如何，以及如何选择产品寿命周期策略等；

C. 同类产品或竞争产品的生产销售情况；

D. 产品的现有包装情况是否要改进、如何改进。

● 价格调查和销售渠道调查。

渠道价格直接与产品的销售有关。价格调查和销售渠道调查的内容包括：

A. 企业产品的市场价格的合理性及调整的必要性和可能性；

B．产品价格变动对市场需求量的影响，即分析产品价格需求弹性的大小及其影响因素；

C．市场销售潜力分析，即分析是否有未开拓的市场或未得到满足的用户，是否有办法更好地满足用户的需求；

D．企业某些策略可能未被采用，但应调查分析一旦采用时对产品销售可能产生的效果。

② 企业不可控因素。

企业不可控因素对市场需求的影响是很大的。弄清楚这些影响因素及其影响程度是搞好市场需求调查必不可少的。影响市场需求的因素如下。

● 国家经济的发展水平。一般来说，经济越发达，则对每一种产品的需求量也越大。

● 政府政策。

A．产品政策会直接影响对某些商品的需求量。如大力削减烟草工业，则会减少香烟包装用的铝箔需求量。

B．消费政策的影响。如限制铝制易拉罐的包装生产，则会减少铝材的需求。除上述政策外，其他一些政策（如进出口政策、价格政策等）也会影响商品的需求量。不同的企业可根据自己的情况分析政策对企业产品的市场需求总量及结构的影响。

C．金融信贷、货币、财政政策。

③ 科学技术。

如随着科学技术的发展，生产出能代替铝的塑料制品，则会影响对铝的需求；超导技术的进步可大大减少对铜导线的需求量。

④ 人口变动，包括人口总量、人口结构和人口转移的变动。

总之，影响市场需求的因素是多方面的。每一个企业应根据市场调查的目的确定调查范围，明确调查的具体项目和调查深度。

市场调查不仅要弄清对各级各类产品的需求数量，而且要调查各类产品的需求总额。企业是营利性的经济组织，必然而且必须关心商品需求总额情况。在有条件的情况下尽可能生产出单位产品利润较高的产品。所以，市场调查还必须了解需求总额的大小及其构成。

（2）市场供给调查。

对具体的营销企业来说，市场供给调查即是市场竞争情况的调查。对整个行业来说，市场供给调查可了解行业总供给满足社会总需求的情况，以制定相应的产业政策和相配套的投资、税收、价格等政策。

市场总产品的供应量是指在一定时期内可以投放市场的产品数量。

因此，市场调查既要调查国内市场供应情况，也要调查国际市场供应变化。具体来说，应调查以下一些内容：国内市场供应总量及其构成情况；国家关于该种产品或某些产品的进出口政策及供应量的变化；有时还要了解国家储备、国际储备等商业资源状况。

2. 市场调查的方法

进行市场调查应根据调查的目的、任务选择适当的方法，提高调查质量。常用的调查方法包括询问法、观察法、实验法。

（1）询问法。

询问法是调查者通过访问、谈话、电话和邮寄等调查形式了解某些客观事实和被调查者的态度、行为等，从而取得调查资料的一种市场调查方法。根据调查人员同被调查者接触方式的不同，可以分为个人访问调查、邮寄（信函）调查、电话调查等。

① 个人访问调查。

个人访问调查是调查者通过面对面的询问和观察被调查者而获取市场信息的方法。这是市场调查中最通用、最灵活的一种调查方法，在访问中要预先设计好问卷或调查提纲，调查者依顺序提问，并注意做好记录，以便资料整理和分析。

个人访问调查可以采用个人面谈、小组面谈和集体面谈等多种形式，有时可根据需要结合使用。个人访问调查的优点是：调查人员可以直接接触被调查者，并根据被调查对象的不同情况分别采取灵活的询问技巧，使交谈比较融洽，可以对被调查者进行必要的引导和启发，使调查的问题比较具体和深入，问卷收回率很高。这种方法的缺点是：调查成本较高，调查结果往往受调查者的技术水平以及被调查者诚实与否的影响。

② 邮寄（信函）调查。

邮寄调查也称信函调查，是指用邮寄的方法将设计印制好的调查问卷寄给被选中的调查对象，由其根据要求回答填写后再寄回来，从而收集信息的一种调查方法。邮寄（信函）调查的优点是：调查的空间范围广、费用较低，被调查者回答问题有充裕的时间考虑。但问卷回收率低，所花的时间长，或因表式设计而影响调查结果的准确性。

③ 电话调查。

电话调查是指通过电话询问的方式从被调查对象那里获取信息的调查方法。如通过电话向有关企业了解商品供求信息以及价格信息，也可以用电话向消费者家庭询问调查。调查人员可以根据电话号码簿进行随机抽样，再打电话调查商品需求情况。电话调查的优点是：可以在短时间内调查多个调查单位，调查费用少，对于急需要得到的资料采用电话调查最适宜。电话调查的缺点是：受家庭电话普及率的影响，使被调查总体不完全，也不能调查比较复杂的内容，更不容易得到对方的合作。

（2）观察法。

观察法是通过跟踪、记录被调查者的行为痕迹来取得第一手资料的调查方法。这种方法要求调查者直接到市场或某场所（如商品展销会、订货会、商店等）采用耳听、眼看的方式或借助于摄像机、录音设备跟踪、记录被调查者的活动、行为和事物的特点，从而获取一些重要的市场信息。由于调查人员不直接向被调查者提问，使被调查者无正在被调查的感觉，可以取得比较真实的资料。但是从侧面观察无法与被调查者进行深入的交谈，所调查的资料只能反映被调查对象的表面情况。

（3）实验法。

实验法是把调查对象置于一定的条件下，进行小规模实验，通过实验前后情况的对比分析、了解其发展趋势的一种调查方法。一般某种产品在大批量生产之前先试生产一小批投放市场进行试销，然后再决定是否值得推广。实验的目的，一是看本企业生产的产品质量、品种、规格外形是否受顾客欢迎，二是了解产品的价格是否为用户所接受，目前常用的产品展销会、新产品试销门市部等都属于这一种。凡是某种产品在改变它的质量、包装、价格、广告宣传和陈列方法等因素时都可以将改变后的情况与改变前对比，以摸清顾客的反应。如要对某种商品调整价格，就先在小范围内进行试验，观察价格提高或降低对商品销售量的影响程度以及各方面的反应，然后再决定是否可以在更大范围内调整价格。

二、市场预测

1. 市场预测的内容十分广泛

从宏观到微观，从生产到销售，从供应到需求，从企业到市场，为使企业生产经营活动适应瞬息万变的市场需求，市场预测工作必须要从不同的角度、不同的侧面进行多方面的预测。

2. 市场需求变化预测

市场需求变化预测是预测消费者在一定时期、一定的市场范围内，有货币支付能力的对某种商品的需求，同时也包括对这种需求的趋向分析和预测。市场需求预测包括质与量两个方面。从质的方面看，市场需求预测要解决"需求什么"的问题；从量的方面看，市场需求预测是要解决"需求多少"的问题。

3. 购买力倾向预测

购买力倾向预测也就是需求结构的预测，是指商品购买力在各类商品之间的分配比例。各类商品主要是指按商品性质和用途分类的各大类商品。由于社会的发展、人类文明程度的提高，消费者对商品的需求在种类上、数量上是不断变化的。当然这种变化针对于不同的商品是不同的，有的商品变化小，有的商品变化大，有的商品是上升的趋势，有的商品是下降的趋势。但总的来说商品需求结构的趋势是由低转高、由粗转精，向高级化、多样化、复合化、微型化方向发展。

在预测需求结构时，除了要研究消费者购买力、偏好、生活习惯外，还要研究消费者的心理状态和社会风尚的变化。

4. 商品供给预测

商品供给也就是商品的资源，它是指在一定时期内可以投放市场以供出售的商品数量。商品供给预测就是对进入市场的商品资源总量及其构成和各种具体商品可供量的变化趋势的预测。它同市场需求预测结合起来就可预见未来市场供求变化的趋势。一般来说，商品供给预测主要研究预测生产单位可以提供的商品量及其构成。

预测生产的发展及其变化趋势，就要了解各类商品的生产能力、生产组织、生产技术、设备条件、生产状况以及资源、交通条件、科学研究等，并预测它们的潜在能力和发展趋势。只有在摸清商品资源的基础上才能做出正确的经营决策。

在商品供给的预测中要重视关联性商品的相互变化和新产品的开发销售及需求预测。有的商品的变化会引起相关产品的变化。如在鞋类商品中，布鞋类的增加就会引起皮鞋类的减少，新的制鞋面料的出现就会引起原有制鞋面料的减少。随着科学技术的进步，新技术、新材料、新工艺的不断涌现必然引起商品的寿命周期缩短。由于商品更新速度加快，销售周期越来越短，如不了解市场商品资源和销售变化的形势，还在继续生产已将过时的产品或大量地进货，这都将给企业带来经营危机。

5. 销售预测

销售预测是在市场需求总量预测中有关企业自身产品的销售量，以及花色、品种、规格、款式的一种单项商品预测，其目的是如何满足消费者的需求，使商品销售顺畅。

通过销售预测可以了解消费者的具体需求，并可通过销售预测找出商品在市场上所存在的问题，从而修正经营策略。在销售预测中，市场占有率是一个非常重要的指标，通过对市场占有率的增加或减少的预测，可以帮助企业了解在市场中的竞争情况，了解本企业的经营状况以及是否应当改进、调整本企业的经营策略。

通过市场销售预测，了解消费者需求的新动向，研究开发新产品、开拓新市场、制定营销策略，包括市场发展策略、目标市场选择、定位策略及市场销售组合策略等。

通过市场销售预测可深入分析及研究影响市场需求量的各种因素，判断商品需求变化的趋势，以使企业更有针对性、更有计划性地开展营销活动。

6. 商品寿命周期预测

商品寿命周期预测是指商品从开发成功——投入市场——被淘汰退出市场的全部过程。

这一过程是指商品的经济寿命。商品寿命周期主要是从销售量、获利能力的变化上来进行分析，是研究商品的需求量和利润随时间变化而变化的趋势。当然这一过程还受价格、国民经济发展、科学技术进步、市场竞争、新产品投入时间、供需平衡等多种因素影响。

通过商品寿命周期预测，有利于企业做出比较正确的经营决策和经营计划，以促使商品销路顺畅，减少商品积压，帮助企业制定新产品开发研制及投入市场时间的策略，以扩大市场，增加市场占有率。同时通过商品寿命周期预测使企业认清企业经营的商品所处的市场寿命周期的各个不同阶段，根据商品寿命周期各个阶段的不同特征有目的、有重点地加强销售措施，以扩大商品销量。

7. 技术发展前景预测

技术发展前景预测是指对科学技术的未来发展及其对社会、生产、生活的影响，对企业生产经营活动的影响，尤其是与本企业产品有关或与材料、工艺、设备有关的学科的科技发展水平、发展方向、发展速度和发展趋势等方面情况的分析研究的预测。企业面临的诸多环境中，科学技术是一种十分重要而且有长远影响的因素。科学技术的发展能够使企业出现质的变化，它可以使企业走向成功，也可以使企业走向失败（当然是在不能认清科学技术的发展及水平的情况下）。所以企业要想取得成功，就必须预测科学技术的发展可能引起的问题和变化，可能带来的机遇和威胁，为企业制定科学技术决策及科研发展规划服务。

8. 营销发展趋势预测

营销发展趋势预测主要是指对流通领域中商品营销组织、营销设施、营销人员数量和素质、商品网点的设施与布局、销售方式的变化、商品流通渠道及环节等方面发展趋势的预测。

通过商品营销发展趋势预测可为国家宏观决策提供客观依据，对扩大商品销路、加速商品流转、节约流通费用、方便群众、繁荣市场、满足需要都具有重要的意义。通过营销发展趋势预测可以使企业了解营销网络的变化和企业销售的影响，可为企业制定营销策略、选择适合的销售方式、确定营销人员的数量和素质、选择正确的流通渠道及环节、商业网点和销售终端的设立及布局等方面提供客观依据。

9. 经济效益预测

企业从事生产经营活动的一个重要目的就是要获取经济效益，就是要在完成商品经营过程中以最小的劳动成本获取最大的经济效益。经济效益预测就是指对未来一定时期内企业经营活动所获得的收益和劳动成本这两者进行预测。

通过经济效益预测可以使企业了解商品的销售额、劳动生产率、资金占有及资金周转率、流通费用及流通费用率、利润和利润率等，使企业不但可以在经营后和经营中分析，还可以进行预测分析。通过这种分析对企业提高经营管理水平、合理调整投资和产品结构、扬长避短、发挥优势、减少市场风险、扩大市场份额、扩大经济效益具有重要意义。

市场预测除了上述内容外，还有其他一些预测内容，如经济形势的发展对商品供需影响的预测，国家宏观经济政策的制定与调整对市场影响变化的预测，商品的价格变动预测，外贸外贸进出口情况的预测等。

第四节　市场营销组合

一、产品决策

（一）产品及产品组合

1. 整体产品

现代市场营销理论认为，认识营销中的产品应着眼于有利于指导企业的营销活动。因此，市场营销中的产品不仅包括产品实体，而且还包括为消费者提供的便利和服务，这是一个整体产品的概念，包括实质产品、形式产品、延伸产品三个层次。

（1）实质产品。

实质产品是整体产品的核心部分，也称核心产品，指的是产品能够给消费者带来的实际利益，也可以说是指产品的基本功能和效用，是消费者购买商品的目的所在。

（2）形式产品。

形式产品是指产品出现在市场上时的面貌，包括产品的形态、形状、商标、包装、设计、风格和色调等，是消费者通过自己的眼、耳、鼻、舌、身等感觉器官可以接触到、感觉到的有形部分。

（3）延伸产品。

延伸产品也叫附加产品、引申产品，是指购买者在购买产品时所获得的全部附加服务和利润，包括提供贷款、免费送货、维修、安装、技术指导和售后服务等。

这三个层次的产品概念构成了整体产品观念的内涵，实际上它是随着消费需求的变化而逐渐发展、扩大的。正确把握这一观念有利于企业全方位地做好市场营销工作，有利于企业从消费需求出发，不断创新。

2. 产品组合

产品组合是对企业提供给市场的全部产品线和产品项目的总称，也就是企业生产经营全部产品的范围。其中，产品线又叫产品大类，是指一组相似或相近的产品项目，或者说是一组密切相关产品。产品项目是指产品线中各种不同品种、档次、质量和价格的特定产品。

　　企业经营的产品大类的总和叫做产品组合的广度，一条产品线中产品项目的多少叫做产品组合的深度；各产品线在最终用途、生产条件、分配渠道或其他方面相互关联的程度叫做产品组合的密度（或关联性）。

　　扩展产品组合的广度可充分发挥企业的潜力，增加产品组合的深度，可满足更多的消费者的不同需求和爱好，吸引更多的顾客。强化产品组合的关联性可以使企业在目标市场上获得更好的信誉，逐步成为同行的领导者。

（二）产品市场生命周期理论

　　产品市场生命周期是指产品的经济寿命，即一种产品从研制成功投入市场开始，经过成长、成熟阶段，最终到衰退被市场淘汰为止的整个市场营销时期。产品生命周期曲线参见图4-1。

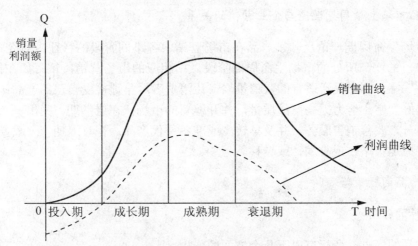

图4-1　产品生命周期曲线

1. 产品市场生命周期的四个阶段

（1）投入阶段。

　　投入阶段又叫导入期，是产品刚刚投入市场的试销阶段。投入阶段的主要特点是生产批量小，品种少，成本高；消费者对产品不熟悉，销售增长缓慢；前期投入的新产品开发费用和产品推销费用较大，企业尚无利可图；竞争者大多也尚未进入。

（2）成长阶段。

成长阶段又叫畅销期，是指新产品通过试销效果良好，消费者逐渐认识并接受了该产品。成长阶段的特点是开始大批量生产，成本大幅下降，企业利润提高；销量上升较快，价格有所提高，销售额迅速上升；生产同类商品的竞争者开始介入。

（3）成熟阶段。

成熟阶段又叫饱和期，是指大多数购买者已经接受该产品，产品已经大批量生产并稳定地进入市场销售，商品需求趋向饱和的阶段。成熟阶段的特点是商品普及并日趋标准化；销售数量相对稳定；生产批量大、成本低；生产同类产品的企业之间在产品质量、花色、品种、规格、包装、成本和服务等方面的竞争加剧；产品的销售额和利润趋于下降。

（4）衰退阶段。

衰退阶段是指产品在市场上已经老化，不能适应市场需求，市场上已经有其他性能更好、价格更低的新产品足以满足消费者的需求。衰退阶段的特点是产品的销量日趋下降；产品价格也显著下降，利润逐渐趋于零。

2. 产品市场生命周期理论与企业营销的关系

产品市场生命周期理论反映了产品在市场营销中各不同阶段的特征。对企业来说，就是要根据自己的产品所处的市场生命周期阶段做出相应的市场营销决策。如在投入期，抓住一个"快"字，制定灵活适宜的营销策略，让消费者尽早地接受自己的产品；在成长期，抓住一个"好"字，努力提高产品质量，并开辟新的市场；在成熟期，突出一个"变"字，强化市场细分，改善销售服务，并及早转产或准备替代产品；在衰退期，一般要收缩市场，采取集中或撤退策略，或收缩，或转移。

（三）产品商标策略

1. 商标的作用

作为产品的标志，商标有以下几个方面的作用。

（1）表示商品的出处，这是商标最基本的作用。

（2）识别商品质量。商标不仅能区别不同的生产者所生产的产品，同时也能反应不同的生产者的产品质量。

（3）促进销售。

（4）维护企业的正当权益。

2. 商标使用策略

（1）使用统一商标。

使用统一商标是指企业的各种产品均以同一商标进入市场，其目的是利用本企业已经成功的产品将其他的产品带入市场。

（2）使用不同商标策略。

使用不同商标策略是根据不同种类产品的质量和特点的差异分别采用不同的商标，以达到各类产品的隔离作用。

（3）不用商标策略。

对于某些临时性或一次性商品、特种行业的商品（如电力、煤炭等均质产品），消费者习惯上不认商标，因而可采用不用商标策略。

（四）产品包装策略

1. 包装的作用

包装是指产品的容器或外部包装物，其作用表现为以下几个方面：

（1）保护商品；

（2）便于运输、携带和贮存；

（3）美化商品、促进销售。

2. 包装的使用策略

（1）类似包装策略。

类似包装策略是指企业所生产的各种产品在包装物外形上采用相同的形状、近似的色彩和共同的特征，以便使消费者从包装的共同特点产生联想，一看就知道是哪个企业的产品。实行这种策略的优点是容易提高企业信誉，节约包装设计费用，一般来说，类似包装适用于同等质量水平的产品。如果企业的产品品质差异较大，则不宜采用类似包装策略。

（2）等级包装策略。

等级包装策略是指将产品分为若干等级，对高档优质产品采用优质包装，对一般商品采用普通包装，使产品的价值与包装相称，方便消费者采购。

（3）附赠品包装策略。

附赠品包装策略是指在产品包装物内附赠小物品，其目的是吸引消费者购买和重复购买以扩大销售，尤其是在儿童商品市场上最具有吸引力。

（4）多用途包装策略。

多用途包装策略是指将原包装的产品使用完以后，包装物可移作其他的用途。

二、价格决策

（一）影响价格决策的因素

1. 产品成本

产品的价格是根据成本、利润和税金三部分来制定的。但这种成本不是指企业生产该产品的个别实际成本，而是该产品的平均成本或社会成本。在实际定价中，企业首先要考虑的是产品成本，它是产品定价的基础因素。

2. 市场供求状况

企业制定的每一种价格都将导致一个不同水平的市场需求和市场供给以及由此产生的对企业营销目标的不同影响。在正常情况下，价格越高，供给也越多，而需求却越少，企业制定价格时必须充分考虑供求与产销价格之间的关系。

3. 企业竞争状况

竞争状况与企业价格水平关系密切，一般来说，竞争越激烈，对价格的影响越大。在自由竞争状况下，企业只能是市场价格的接受者；企业的产品为新产品或特殊品，能够垄断市场时，可以高价出售；企业向市场销售具有一定差异性的产品时，则是对价格起积极作用的决定者。

4. 政府的政策法规

企业的价格决策必须充分考虑政府的方针政策和宏观规划，在规定的权限范围内定价和调价。

5. 企业自身状况

当企业的规模和实力足够大时，可以是发动降价或提价的领导者。当企业要控制渠道时，就必须选择销量少、成本高的短而窄的渠道，因而会导致高价。如果企业的信息沟通系统健全，且活动效率高，企业会经常调整自己产品的价格，保持价格的科学性，适应消费者的接受能力。

（二）企业定价的基本方法

1. 成本导向定价法

成本导向定价法通常是指以成本加上一个标准的或固定的利润来决定产品的价格的方法，具体包括成本加成定价法、目标收益率定价法、边际成本法和损益平衡法四种方法。

（1）成本加成法。

成本加成法即在单位产品成本的基础上加一定比例的毛利率，计算公式为：

$$单价＝单位成本（1＋加成率）$$

这是一种最普遍的定价方法，尤其适用于商业企业。

（2）目标收益率法。

目标收益率法即根据企业总成本和预期销售量确定一个目标收益率，以此作为定价的标准。计算公式为：

$$单价＝总成本（1＋目标收益率）/销量$$

这一方法广泛应用于工业企业。

（3）边际成本法。

边际成本法即企业在销售最后增产的产品时，以边际成本为基础制定价格。边际成本是企业在原有基础上多生产一个单位的产品所支出的追加成本，计算公式为：

$$边际成本＝总成本增加量/产品增加量$$

（4）损益平衡法。

损益平衡法即保本点价格，计算公式为：

$$单价＝单位产品应摊固定成本＋单位产品变动成本$$

这类以产品成本为中心的定价方法，不论以何种成本为依据、以何种利润为目标，都是从企业的角度出发，资料丰富，容易获取，计算简单，简便易行。依此类方法定价可使企业获取利润，且盈亏明晰。成本导向定价法的缺点是忽视市场竞争和供求状况的影响，缺乏灵活性，难以适应市场竞争的形势。成本导向定价法一般限于卖方市场条件下使用。

2. 需求导向定价法

需求导向定价法是以消费者需求为中心的定价方法，主要包括理解价值定价法和需求差异定价法。需求导向定价法定价的基本依据是市场需求变化和消费者的心理作用。需求导向定价法要求的条件比较多：市场能够根据需求强度的不同进行细分；细分后的市场在一定时期内相对独立，互不干扰；市场中不存在低价竞争者；价格差异适度，不会引起消费者的反感。

3. 竞争导向定价法

竞争导向定价法是以市场上相互竞争的同类产品价格为定价基本依据，随竞争状况的变化确定和调整价格水平的定价方法，主要有随行就市定价法、价格竞争定价法、密封投标定价法等。在市场竞争十分激烈时，如果用这种方法竞相压价会造成竞争者两败俱伤，甚至抑制生产，因此运用此法时应慎重。

（三）价格决策的策略

1. 新产品定价策略

（1）撇脂定价策略。

撇脂定价策略是一种高价策略，即在新产品上市初期高价出售，以便在较短的时间内获得最大利润。撇脂定价策略的优点是：在预期价格范围内，利用求新心理，以高价刺激需求，由于新产品的独特性和优越性冲淡了人们对价格的敏感，并有助于开拓市场；由于价格本身留有余地，可依据消费者的购买力水平对不同的细分市场区别定价；可为价格修改和调低提供条件；可增加盈利，获得开拓市场所必需的资金；如果因条件限制无力扩大生产规模，高价可限制需求过速增长，避免产品供不应求。撇脂定价策略的缺点是：价格远高于成本，损害了消费者的利益；当新产品的信誉尚未建立时，不利于开拓和站稳市场；若销路好，极易诱发竞争，使价格大跌。

（2）渗透定价策略。

渗透定价策略即将产品的价格定得低于正常的同类产品的价格，以易于为市场所接受，特别是吸引收入低但喜欢新产品的消费者，同时，排斥竞争者，使企业能长期地占领市场。渗透定价策略的优点主要是具有较强的竞争性，低价格易吸引消费者，易于开拓和占领市场；有助于树立企业和产品形象。渗透定价策略的缺点是只有多销时企业才能获利，否则企业就会亏损，长期亏损则难以维持；不利于潜在市场小、需求弹性小的产品为企业迅速积累资金。

（3）满意定价策略。

满意定价策略即采用撇脂（高价）和渗透（低价）之间的价格策略，以适中的价格吸引顾客购买，并赢得顾客的好评。满意定价策略的优点是有利于扩大市场，价格比较稳定；能保证弥补投入期的高成本，保证营利目标；能保证顾客和企业双方都满意。其缺点是难以产生轰动性效果，难以产生新的感觉，比较保守，与复杂多变或竞争激烈的市场环境不相适应。

可见以上三种新产品定价策略各有利弊。如果企业的生产能力大，能大量投放新产品于市场，宜采用渗透价格策略，反之，则采用撇脂价格策略。如果新产品的生产技术尚未公开，或新产品不易仿制，宜采用撇脂价格策略，反之则采用渗透价格策略。如果产品需求弹性大，宜采用渗透定价策略和满意价格策略，反之则采用撇脂价格策略。关系民生的重要商品应采取满意价格策略。

2. 心理定价策略

心理定价策略主要是零售商针对顾客的消费心理所采用的价格策略，其定价基础是消费者的心理需求，但对收入不同的顾客来说其作用程度不同，具体策略如下。

（1）尾数定价策略。

尾数定价策略即根据消费者的心理，把商品的价格定为小数，给人一种准确度高、实惠的感觉，或把价格的尾数定为顾客认为吉庆的数字，这样可以增进销售，还能使消费者在找零钱时发现和选购其他的商品。

（2）整数定价策略。

整数定价策略即将高档、高级耐用消费品的价格定为整数，并以此作为商品质量的指示器，这样还能减少许多交换过程中的不便。

（3）声望定价策略。

声望定价策略即针对消费者仰慕名店、名牌的心理所采用的一种高价策略。

（4）招徕定价策略。

招徕定价策略即为了招徕顾客，故意将几种商品定为极低的价格，以此引起消费者的注意，使消费者同时选购其他正常价格的商品。这一策略要求的条件是：减价的商品应是经常使用的商品；商品经营的品种多，能给顾客较多的选择机会；减价品数量适当；减价品不是残次品，真正货真价廉，能取信于顾客。

三、分销决策

（一）分销渠道的选择

分销渠道是指商品从生产者向消费者手中转移的过程中所经过的通道，它是一个由参加商品流通过程的各种类型的机构和人员构成的整体，是企业生产经营的产品或劳务所必经的道路。

企业选择分销渠道应考虑的因素主要有以下几个方面。

1. 商品条件

（1）商品的价值。

一般来说，商品单位价值的大小与市场营销渠道的宽窄、长短成反比，商品的单位价值越低，营销渠道越长、越宽，反之则越短、越窄。但有些单位价值低却一次销量很大或习惯上与其他商品一起出售、订货数量很高、订单金额较大的商品也会采用短、窄的营销渠道。

（2）商品的时尚性。

凡商品的式样或款式变化比较快的，一般宜采取少环节的短渠道，以避免因产品过时而积压，同时也有利于信息的反馈，使生产者及时了解消费者需求的变化，调整产品结构。

（3）商品的易腐易毁性。

不易储存和运输的鲜活商品和易毁、易损商品应尽量缩短营销渠道，减少中间环节，尽量避免损失。

（4）商品的体积与重量。

体积过大或过重的商品应采用少环节的短渠道，有些重量轻、体积大的商品也适宜采用较短的渠道。

（5）商品的技术与服务要求。

凡技术性较强而又需提供售前、售中、售后服务的商品应尽量直接卖给消费者，以便于企业销售人员当面介绍商品，专业技术人员提供各种必要的服务。即便需要中间商的介入，环节也要尽量的少。

（6）商品的季节性。

季节性越强的商品，越适宜采用稍长一些的渠道结构，以充分发挥各种不同类型中间商的作用，保证生产的连续性和供应的不断档。

（7）商品的经济生命周期。

处于投入期的新产品，通常采用直接渠道结构销售，由企业自己组织推销队伍，如果中间商推销得利，也可以采取间接渠道结构销售。处于成熟期的产品，往往需要生产者和消费者直接商议商品的质量、规模等方面的要求，宜采用直接销售渠道结构。

（8）商品的用途。

用途广泛、通用的、标准的商品，因有统一的规模和质量要求，可用间接渠道销售。专用性强的商品，如专用设备、特殊品种和规模以及特殊用途的产品，往往需要生产者和消费者直接商议商品的质量、规格等方面的要求，宜采用直接销售渠道结构。

2. 市场条件

首先应当考虑的是目标市场的顾客是生活资料的消费者，还是生产资料的用户，这是最基本的问题，此外，还要注意以下影响因素。

（1）潜在顾客的数量。

潜在顾客多，市场大，就需要中间商为之服务；反之，则可由厂家直接供应。

（2）目标顾客的分布。

目标顾客集中，企业就有条件采用直接销售渠道；反之，则采用间接式渠道，通过中间环节销售。

（3）购买数量。

消费者或用户一次性购买批量大的，可采取直接销售渠道结构；反之，则利用中间商销售。

（4）竞争状况。

分析研究市场上经营同类产品的竞争企业的渠道设置，一方面从中得到启发，另一方面根据竞争者的营销渠道策略制定本企业的策略，以争取竞争中的有利位置。

此外，还要考虑消费者购买不同商品时接近渠道的习惯。

3. 企业自身条件

（1）企业的规模和实力。

规模大、实力雄厚的企业往往愿意并且有能力控制渠道，或者要求渠道短一些；规模小、资金力量不强的企业往往要依靠中间商为之提供销售服务。

（2）企业的声誉和市场地位。

对生产企业或经营企业来说，声誉越高，选择的余地也就越大；反之，声誉不高或没有地位的企业，选择的余地就比较小。

（3）企业的经营管理能力。

如果领导管理经验丰富、经营推销能力强、职工的业务素质高，选择营销渠道的主动性就大，决策权也大；否则，就要依靠其他的企业，因而选择权也就小了。

（4）控制渠道的要求。

凡企业在营销中需要对营销渠道时刻控制的，宜采取长渠道、宽渠道结构。如果企业有较强的销售能力，最好采取直接销售渠道。若中间商必不可少，也要选择较短的渠道结构。

此外，还应考虑企业的产品组合、市场营销组合的状况。一般说来，企业产品组合的广度越大，越适宜采取直接销售方式；企业的产品组合深度越高，采取专营性或选择性的渠道策略对中间商越有利。因而，企业的市场营销组合更是影响营销渠道抉择的重要因素。

（二）分销渠道决策的基本步骤

1. 设计渠道目标

设计渠道目标主要是解决如何发掘企业商品到达目标市场的最佳途径问题，即根据企业营销组合的需要和企业总体战略对渠道抉择的现实要求，设计以最低的成本费用把商品适时、适地送到企业既定的目标市场上去的渠道结构。

2. 确认限制条件

确认限制条件是企业选择适合的分销渠道的基础，是认识影响企业营销渠道抉择的因素的过程，通常要研究企业的商品条件、市场条件和企业自身条件。

3. 选择渠道成员

选择渠道成员即选择销售本企业商品的中间商。具体来说，首先要辨明市场上目前正从事本企业产品大类的分销的中间商的类型，一般有代理商、零售商、批发商等渠道成员；其次，决定所使用的中间商的数目；最后，还要确定生产者与中间商之间的权利与义务。

（三）分销渠道策略

1. 普遍性分销渠道策略

普遍性分销渠道策略又叫广泛性分销渠道策略，是指企业尽量利用更多的中间商销售自己的产品，以扩大产品的市场占有率。日用品和一般原材料的销售通常采用这一策略，因为这类产品的购买者往往只图方便，不愿花费时间和精力去不同的地方比较选择。

2. 选择性分销渠道策略

选择性分销渠道策略是指企业在一定区域内只选择有限的几家中间商经销其产品。这一策略的适用性强，几乎所有的产品均可采用，其中，顾客选择性较大的产品，如时装、家电等必须采用这种策略。

3. 专营性分销渠道策略

专营性分销渠道策略又称独家销售策略，是指企业在一定区域内只选择一家或有限几家中间商，并规定这些中间商不得经营其他的同类产品。这一策略常用于名牌产品的销售。

4. 联合性分销渠道策略

联合性分销渠道策略是通过一定的手段或途径将渠道系统中的多层组织联合起来，使其相互配合，其具体形式有以下三种。

（1）联合法人。

联合法人是指由同一投资系统把相关的生产单位、原材料供应单位和销售单位联合起来，成为一个有效的营销渠道结构，如连锁商店。联合法人的特点是所有权单一，统一掌握和控制渠道。

（2）管理性联合。

管理性联合是指由于某企业规模大、实力强、声誉高而吸引了大批零售商合作而形成的渠道结构。这种结构的基础主要是依赖营销企业自身的实力及影响，中间商一般遵从中心营销企业的意见，这样形成一个以中心营销企业为核心的网络。

（3）契约性联合。

契约性联合是指由不同的但相关的生产企业和商业企业用契约联合起来，以期取得比单独行动更有效、更经济的营销效果。契约性联合的主要形式有自愿联合批发商联合组织、零售商合作组织、特许专营组织。

5. 复合分销渠道策略

复合分销渠道策略又称多渠道或双重渠道策略，是指生产企业通过多条渠道将相同的产品送到不同的市场或相同的市场。复合分销渠道策略包括企业选择两种或两种以上的分销渠道，也包括企业在一种特定类型的渠道中使用两种或两种以上类型不同的中间商。

四、促销决策

（一）广告的作用

1. 传递信息，沟通需求

这是广告的基本作用。广告通过各种媒介传播产品或劳务的信息，沟通了产品所有者和消费者之间的联系。

2. 刺激需求，促进销售

尤其是对于消费者不了解的新产品，通过广告介绍有关企业及产品的质量、功能等方面的信息，能使没有购买计划的消费者对广告宣传的商品发生兴趣，产生购买欲望，诱发购买行为，从而促进产品的销售。

3. 介绍知识，指导消费

随着生产的发展、科技的进步，新产品层出不穷，广告可以针对不同的对象着重介绍各种产品知识，指导消费者进行判断、选择。

4. 影响社会道德风尚

广告在宣传商品的同时还影响着人们的思想，影响着两个文明建设。一则好的产品广告在介绍商品的同时还能够给人以美的享受，丰富人们的文化生活，陶冶人的情操。

5. 广告媒体的选择

广告媒体又称广告媒介，是指企业为推销产品和劳务进行广告宣传所借助的物质手段，具体形式包括报纸、杂志、广播、电视、路牌、橱窗和车船等，其中以报纸、杂志、广播和电视的营业额最多，因此，称之为"四大媒体"。互联网作为一种新的广告媒体正在迅速崛起。以互联网为媒体的网络广告正在以前所未有的速度蓬勃发展，并占据一席之地。

选择广告媒体是一个复杂的过程，因为每种媒体都有各自的特点，企业选择广告媒体的原则是以最少的费用达到宣传和促销的目标。广告媒体的优缺点参见表4-1。

表4-1 广告媒体的优缺点

媒体	优点	缺点
报纸	权威性，灵活性，及时性，覆盖面大	寿命短，复制质量低，不易保存
杂志	选择性强，质量高，寿命长，易保存，有深度，内容详细	发布购置时间长，非专业人员看不懂，刊登位置不保证
电视	综合形象、声音、动作，有很强的吸引力，易接受	成本高，消失后不易查找，选择性小
广播	成本低，覆盖面大，人口选择性强	消失后不易查找，不易引起人的注意
网络	无时空限制，信息容量大，投放准确，交互性强，受众可准确统计	受众数量还比较少，网络环境、标准规范不完善

（二）人员推销

人员推销是指销售人员直接与顾客接触、洽谈、介绍商品，以达到销售目标的双向沟通过程。人员推销的实质是直接向消费者或用户推销商品或劳务，以诱导和促使购买行为的发生。

1. 人员推销的优点

（1）灵活性。
由于是销售人员与顾客面对面的交谈，形式生动活泼，推销人员可密切注视顾客的反应，掌握顾客的心理活动，及时消除顾客的疑虑，把握成交时机。
（2）针对性。
推销人员一般要事先选择目标对象，并收集、掌握有关目标顾客的信息资料，所以，这种推销宣传比广告等其他的促销手段有更强的针对性。

（3）见效快。

人员推销可以减少由于竞争者介入等因素可能引起的购买意向的变化，及时促成购买行为。它的结果往往就是当场成交，这是广告力不能及的。

（4）信息直接反馈。

推销人员在推销过程中可以直接掌握顾客对产品的评价及其相关要求，可以同时兼做市场调查、预测、信息反馈等工作。

（5）培养稳固关系。

人员推销可以使企业与客户之间建立超出交换关系的良好联系，有助于推动企业公共关系的发展。

2．人员推销的策略和方法

（1）"五问"法。

"五问"法就是销售人员在与顾客联系时一般会遇到的五个问题：①为什么，即每一次销售前都仔细研究"你为什么访问我"、"我为什么听你介绍"、"我为什么要买你的商品"等一系列问题，以便增强信心，做好工作；②是什么，即通过"你的商品是什么"、"我有什么用"等问题，能让顾客感到买这种商品有用；③谁说的，即要让顾客认为购买我的产品是可靠的；④谁买过，即举例说明买过的人（特别是名人）获得的利益；⑤有什么好处，即用具体事例或算账的办法消除顾客的疑虑，并明确说明若购买肯定会受益。

（2）"三策"法。

"三策"法就是销售人员一般采用的三种推销策略。

①"刺激——反应"策略。这一策略的特点是不了解顾客的需要，销售人员要刺激顾客的反应，根据顾客的反应再做有针对性的宣传。

②"配方"策略。这一策略的特点是事先基本了解顾客的某些方面的需要，根据需要介绍商品，激起兴趣，引起洽谈，推动成交。

③"需要——满足"策略。这一策略的特点是先引起顾客的需要，介绍产品满足需求的程度，这是一种"创造性推销"，要求推销员有较高的推销技术，使顾客感到推销员成了他的"参谋"。

（三）营业推广和公共关系

1．营业推广

营业推广又称销售促进，是为了刺激需求、吸引消费者购买而进行的不经常的、无常规的促销活动。营业推广经常作为人员推销或广告策略的补充手段使用，其形式多样，可以很快见到成效，但有时会降低商品的身份。

针对消费者的营业推广形式主要有有奖销售、赠送样品、折扣赠券、赠品印发、展销和消费信贷等。

针对中间商的营业推广形式主要有购货折扣、合作广告、廉价包装及技术或资金支援、代培业务技术人员、订货会等。

针对推销员的营业推广形式主要有红利提成、资金或提高工资、福利等。

2. 公共关系

公共关系是指企业运用适当的传播媒介，创造一种和谐的社会关系环境，以树立良好的市场形象，最终使产品畅销。

公共关系的活动方式和内容如下。

（1）宣传性公共关系。

宣传性公共关系是指企业利用出版媒介传播有商业价值的新闻，或通过广播、电视等媒介对企业或产品进行有益的宣传。典型的如新闻报道宣传。

（2）服务性公共关系。

服务性公共关系是指企业向顾客或公众提供各种服务，以实际行动来获得社会公众的了解和好评，从而提高企业声誉的活动，如定期或长期咨询服务，售前或售后的免费培训，以及各种及时、可靠的售后服务等。

（3）社会性公共关系。

社会性公共关系主要是指围绕本企业以外的有关社会组织所开展的各种活动，如赞助文化教育、体育等社会公益事业。

（4）交际性公共关系。

交际性公共关系主要是指围绕本企业所开展的各项活动，如邀请各界公众参加企业举办的招待会、座谈会、研讨会、联欢会等。

 案例分析

满足顾客的需求

日本三重县有一个叫三井高利的人，他立志要做一位布商。他赤手空拳前往东京闯天下，可是很长的时间一直没有起色。正当他想关起店门回到故乡的时候，一天在洗澡堂里听到几个手艺人在高声谈论准备穿一条新丁字裤（兜裆布）去参加庙会，可是却凑不齐人数合伙去买，为此烦恼不已。"凑齐人数合伙去买新的丁字裤这是怎么回事"三井高利一边冲洗着一边在想，"啊，对了，原来是这样"他拍了一下大腿。原来在当时的商业习惯上布料是凑集几个伙伴去买一匹漂白布，可是人数却不易凑齐，用现在的话来说当时布料只以匹为单位出售是"不符合顾客需求的"。于是第二天三井高利便在店门口贴上了这样一张纸条："布匹不论多少都可以剪下来卖。"昨天在澡堂里遇到的手艺人看了这张纸条飞奔进来，"买够做一条丁字裤的漂白布"三井高利看准了在接近庙会的这段日子里有相同需求的人一定非常多，于是店里所有的漂白布在那一天统统销售一空。许许多多的女孩子和附近的太太们都涌到店里来买零头布，三井高利的店门口连日来热闹非凡。

三井高利领悟到做生意倾听顾客心声的好处简直乐不可支，他把吃饭的时间都节省下来站在店门口接待顾客，由此又获得很多的启示。布店主要的顾客是女性，但女性买东西买得最多的时候是女儿将出嫁的时间，可是出嫁时所需要的东西不仅是衣服，还要备齐放衣服的衣橱、包绸缎及和服、梳子、簪子、鞋箱、餐具等种种东西。由此新娘和她的母亲必须东一家西一家地去选购。但是如果那些东西可以在一个地方一次买齐，对顾客来说该是多方便呀。于是三井高利马上将其付诸实施，这就是日本的第一家百货公司——"三越"。

百货公司之所以能以压倒竞争对手的优势成为零售业的王者，乃是由于苦心谋求如何才能方便顾客，于是有能力的布店有很多都学"三越"的做法扩充店面，引来了许多买东西的顾客。

根据以上信息，试分析：

（1）三井高利为什么能够成功？

（2）三井高利的做法体现了哪种营销观念？

（3）当前的市场应树立怎样的营销观念？

第五章　生产运作管理

 学习目标

1. 掌握生产管理的概念和生产类型的划分。
2. 合理组织生产过程的基本要求。
3. 生产过程的时间组织方法。
4. 企业生产任务安排方法和加工任务排序方法。
5. 了解生产管理的新发展。

第一节　生产组织概述

一、生产管理的概念

生产管理是企业管理的主要组成部分，是企业管理大系统中的一个执行性地位的子系统，它是对企业日常生产活动的计划、准备、组织和控制，是和产品制造有密切关系的各项管理工作的总称。生产管理的含义有广义和狭义之分。广义的生产管理是对整个生产系统的管理，指企业根据经营方针和目标，从原材料、设备、动力、劳动力的输入，经过生产转换系统（即计划、设计、制造、检验、包装、核算和销售），直到商品输出的整个过程的管理，这相当于以生产为中心的工厂管理。狭义的生产管理是指生产作业的管理工作，主要是安排生产作业计划，控制在制品流转，组织均衡生产及生产调度等工作。

随着我国社会主义市场经济的发展，企业已认识到只有大力加强生产管理才能更好地运用计划、组织、准备和控制等职能，解决企业的生产技术活动同企业内部的人力、物资、资金取得动态平衡的问题，使投入生产过程的各种要素有效地结合起来，形成有机体系，生产出适销对路的产品，满足社会需求，提高企业的经济效益。

二、生产过程的概念和组成

（一）生产过程的概念

任何工业产品的生产都必须经过一定的生产过程。生产过程是指从原材料投入开始，

一直到成品生产出来为止的全部过程。合理地组织生产过程，使劳动力、劳动工具和劳动对象达到最优组合，对提高企业生产经营的经济效益有着十分重要的影响。产品的生产过程主要是人的劳动过程，即作为生产过程要素的劳动者利用劳动工具，按照一定的方法和步骤直接地或间接地作用于劳动对象，使之成为有用产品的过程。在某些条件下，有些工业产品的生产还要借助于自然力的作用，如铸件的自然时效、油漆干燥、酿酒发酵等。因此，生产过程是劳动过程和自然过程的结合。

（二）生产过程的组成

由于不同工业的产品结构和工艺特点不同，生产过程的形式也不完全一样，按照产品所经历的各生产阶段的工艺性质和所担负的任务不同，产品的生产过程可分为以下四个过程。

1. 生产技术准备过程

生产技术准备过程是指产品在投入生产前进行一系列的准备工作，如产品设计、工艺准备、调整劳动组织和设备布置等。

2. 基本生产过程

基本生产过程是把劳动对象变成企业基本产品的过程，它是企业生产过程最主要的组成部分。如机器制造企业中的铸造、锻造、机械加工和装配；纺织企业的纺纱、织布。它们都代表着本企业的专业方向。

3. 辅助生产过程

辅助生产过程是指保证基本生产过程正常进行所需的各种辅助产品的生产过程或劳务活动，如动力生产供应、夹具模具制造、设备维修等。

4. 生产服务过程

生产服务过程是指为基本生产和辅助生产所进行的各种生产服务活动过程，如原材料、半成品等物资的供应、运输、保管、试验与检验等。

上述各组成部分既互相区别，又互相联系。其中基本生产过程居主导地位，是企业生产过程中不可缺少的部分，它可按照工艺加工性质划分为若干相互联系的工艺阶段。工艺阶段又可划分为许多人相互联系的工序。工序是组成生产过程的基本环节，是指一个或几个工人在一个工作地上对同一个（或几个）劳动对象连续进行生产活动。

三、合理组织生产过程的基本要求

组织生产过程就是要对各个生产阶段和各工序的工作进行合理安排，使它们的工作能有效地协调进行。组织生产过程的目的是要使产品在生产过程中行程最短、时间最省、耗费最小、效益最高。要达到这个目的，必须遵循下列基本要求。

1. 生产过程的连续性

连续性是指产品在生产过程各阶段、各工序之间的流动，在时间上是紧密衔接的、连续的，也就是说，产品在生产过程中始终处于运动状态，如加工、检验、运输等，不发生或很少发生不必要的停顿和等待时间。

2. 生产过程的比例性（协调性）

比例性是指生产过程各阶段、各工序之间在生产能力上要保持适当的比例关系，即各个生产环节的工人人数、机器设备、生产面积和生产能力都必须互相协调、互相适应。

3. 生产过程的平行性

平行性包括两方面的含义：一是指一个产品的各个零部件尽可能地平行生产，即尽可能同时生产或同时完工；二是指一批相同零件，同时在各个工艺阶段上加工，即零件在工序间采用平行移动方式。平行性的好处在于可以缩短生产周期，并为生产过程的连续性创造了条件。

4. 生产过程的均衡性（节奏性）

均衡性是指企业及各个生产环节在相等的一段时间内生产相等或递增数量的产品，各工序的负荷充分并相对稳定，不出现时松时紧、前松后紧的现象。

5. 生产过程的适应性

适应性是指生产过程为了适应市场不断变化而不断改变产品品种时，能以最少的投资和最短的时间适应这种改变的能力。

四、生产类型的划分

在组织企业的生产过程中必须注意不同企业的不同特点，其中最重要的特点就是生产类型。为了研究各企业的不同特点及其规律性，需要我们按照一定的标志来划分生产类型。影响企业生产类型的因素是多方面的，如产品的品种、数量，生产的重复性和专业化程度等。这些因素之间是相互联系而又相互制约的，并且集中反映在工作地的专业化程度上，因而工作地的专业化程度是划分生产类型的标质。但在实际操作中，工作地的专业化程度很难做出具体区分，我们把工作地负担的工序数目作为划分生产类型的具体指标和标准。根据这个标准，工业制造企业的生产类型一般分为以下三种（参见表 5-1）。

表 5-1　生产类型的划分标准

工作地的生产类型	固定在工作地上的工序数目
大量生产	1～2
大批生产	2～10
中批生产	10～20
小批生产	20～40
单位生产	40 以上

1. 大量生产

大量生产的特点是品种少、产量大，工作地经常重复地进行固定的同一种工作，即一道或少数几道工序，专业化程度很高。

大量生产具有生产稳定、效率高、成本低和管理工作简单等优点，但也存在着投资大、适应性和灵活性差等缺点，因此，大量生产类型的企业，其产品的更新换代较困难。

2. 成批生产

成批生产的特点是品种从几种到若干种，加工对象周期性地更换，它的专业化程度随批量的大小而变化。按照进行工作的种数，成批生产还可以再分为大批生产、中批生产和小批生产。

成批生产随着批量的由大到小，它的专业化程度也发生变化，成本由低到高，效率由高到低。大批生产与大量生产具有相近的特点。

3. 单件生产

单件生产的特点是工作地没有固定的工作，产品品种不稳定，即每种产品的产量很少，工作地的专业化程度很低。

单件小批生产，由于产品不重复或不定期重复，作业准备改变频繁，造成生产能力利用率降低，生产稳定性差、连续性差、效率低、成本高，管理工作复杂，所以要努力做好作业准备，组织与计划工作和进度的调整工作。

从以上分析我们可以看出，不同的生产类型，对于提高劳动生产率和产品质量、降低原材料消耗和产品成本都有着不同的影响。一般来说，大量生产可以采用高效率的设备和专用工具，经济效益最好，成批生产次之，单件生产最差。但不同的生产类型，适应品种变化的能力也不同，一般来说，单件生产品种多、通用设备多、适应能力强，成批生产次之，大量生产最差。

由于科学技术的进步和经济的发展，社会对产品品种的要求越来越多，而每一品种的数量却不大，这种多品种、小批量生产是今后的发展方向。因此，要求将社会需要的多品种小批量生产同能给企业带来更好经济效益的大量、大批生产统一起来，把单件、小批生产改变成大批、大量生产，这是企业技术工作和管理工作的一项重要任务。

将单件、小批生产转化为大批、大量生产主要有以下措施：

（1）积极发展生产专业化与协作，减少企业承担的产品和零部件种数，增加同种零部件的产量；

（2）改进产品设计，加强标准化工作，扩大产品系列化、零部件通用化和标准化的范围；

（3）提高工艺工作水平，推行成组技术，以增加零部件的生产批量；

（4）采用数控机床、程序控制机床、加工中心等先进设备，建立柔性制造系统；

（5）组织同类型零件集中生产，加强生产计划工作，合理搭配品种，减少同期生产的品种数，扩大批量。

 相关链接

成 组 技 术

成组技术是建立在以相似性为基础的合理组织生产技术准备和生产过程的管理方法。

成组技术是逐步发展起来的。在早期，人们将同类型零件集中生产，称之为"成组加工"，就是今天成组技术的雏形。随着零件分类工作的开展、分类系统的不断完善，以及成组技术与电子计算机的应用相结合，发现它不仅对扩大零件的生产批量，采用成组工艺和成组工艺装备，提高劳动生产率有重要意义，而且可以改进产品设计工作，提高标准化、通用化、系列化水平。

成组技术扩大了零件的生产批量，这就为单件小批生产企业使用先进的工艺方法、高效率的设备以及成组生产单元和成组流水线等先进的生产组织形式创造了条件。

成组技术的应用，也可以使产品和零部件的设计、工艺方案和工艺文件的制订，各种工艺装备的设计和制造等生产技术准备工作量大减轻，时间大大缩短。因此，它又是经济合理地完成生产技术准备工作的组织方法。

第二节　车间平面布置

车间平面布置就是正确确定车间各组成部分的相互位置和车间基本生产部分的设备、通道的相互位置。

一、车间设备布置的要求

车间设备布置要尽量按工艺顺序布置设备，尽量使加工对象在加工过程中运输路线最短，尽量减少往返交叉运输。

车间设备布置要注意运输的方便，充分发挥运输工具的作用。

车间设备布置要便于合理布置工作地，保证安全生产，尽可能为工人创造良好的工作环境。

车间设备布置要尽量为工人实行多机床看管创造条件。要注意保护机床精度，如将高精度机床布置在不受振动的地方。

二、车间设备布置的原则

1. 工艺原则

工艺原则也称工艺专业化，它是按工艺性质相同的特点来布置机器设备的一种方式，也就是把同类型的机器设备集中在一个小组、工段或车间里。如车工小组、铣工小组。在这种情况下，如果某种零件的加工路线是粗车、精车、铣键槽、磨端面、插齿、淬火和磨齿等七道工序，那么，这种零件便要经过七个工艺原则组成的小组才能完成。

这种形式的优点是：

（1）能够适应多品种单件小批生产的要求、产品或工艺变更，不需要移动机器设备；

（2）相同的设备和同工种的工人在一个生产单位里，便于交流经验、管好设备；

（3）便于调整组内计划，重新分配任务；

由于产品要经过许多的生产单位才能完成加工，而在每一工序上都会有停留等待的时间，加之各生产单位之间都有一定的距离，因此，这种方式存在以下缺点：

（1）运输路线长，而且往返交叉，必然会延长产品生产周期；

（2）由于工序之间距离较大，不可能按件运输，而只能成批地运送，因而增加了运输量；

（3）由于在制品增多，占用的生产面积必然增大，同时占用的流动资金也多；

（4）生产管理、质量管理工作比较复杂。

2. 对象原则

对象原则也称产品专业化，它是按照产品（部件、零件）的不同来布置的。在产品专业化的生产单位中布置了生产该种零件所需要的大部分或全部机器设备，工艺过程是封闭的。如汽车制造厂的底盘车间把制造底盘的各种机器设备布置在一个车间内，在这个车间便可独自生产出底盘。

对象原则布置方式的优点有：

（1）可以大大缩短运输路线，缩短生产周期；

（2）可以减少在制品，节约流动资金，减少生产面积；

（3）可以大大简化生产管理和质量管理工作。

对象原则布置方式的缺点是：

（1）当产品品种或工艺改变时，这种布置形式就可能要随之而改变，因而适应性差；

（2）各台设备的负荷，在本单位内往往难以平衡，不能充分利用；

工艺原则适用于单件小批生产，对象原则适用于大批大量生产。

3. 混合原则

混合原则即在一个生产单位同时采用上述两种原则。如在按对象原则建立的车间中把某些设备（如热处理和负荷较低的重要设备）划分出去另外组成生产单位，这样既有利于充分利用设备，也便于管理。

三、车间设备排列的方式

布置车间设备时有以下三种排列方式。

1. 纵向排列

纵向排列即机床的纵轴（长轴）平行于车间的主要通道，并根据车间开间的宽度和机床大小决定排数。

2. 横向排列

这是机床纵轴垂直于车间主要通道的排列方式。这种方式可以较好地利用车间面积，多机床管理也较方便。但往往需要设置横向通道，运输不如纵向排列方便。

3. 斜向排列

斜向排列即机床的纵轴与车间的主要通道倾斜成一定的角度，一般目的是为了节省生产面积，斜角为 15°～20°。转塔车床、拉床、镗床、自动车床等可采用这种形式。

四、车间平面布置的方法

在车间平面布置时，根据以上要求、原则和方式进行布置。主要方法有样板或模型布置法，即将车间的各组成部分和各设备、通道等按一定比例做成模型，在车间平面上试行布置，直到完全满意为止。另外，还有物料运量比较法，这是一种主要考虑各设备之间运输量的方法，将相互间运输量大的设备尽可能排列在相邻位置。

第三节 生产过程的时间组织

生产周期是指产品从原材料投入生产到制成成品、验收入库为止整个生产过程所经过的日历时间。生产过程在时间上组织得好坏表现为生产周期的长短。所以说生产过程的时间组织也就是生产周期的合理安排。

生产过程的时间组织主要是研究劳动对象在工序间的移动方式。劳动对象在工序间的移动方式是指零件从一个工作地到另一个工作地之间的运送形式。如果某种产品只生产一件，那么就只能在一道工序加工完之后，再把零件送到下一个工作地去进行下一道工序加工；如果同时加工一批相同零件，那么就可以采用三种不同的移动方式。

一、顺序移动方式

一批零件在上道工序全部加工完成以后才送到下道工序去进行加工。这种方式的特点是：一批零件连续加工，设备不停顿，成批顺序，便于组织。但其缺点是生产过程的时间最长。这种移动方式参见图 5-1。

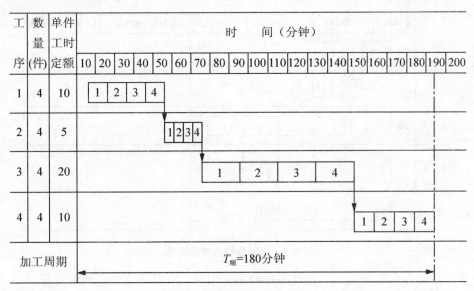

图 5-1 顺序移动方式示意图

在每批零件的顺序移动方式下，加工时间长度与每批零件在顺序移动方式下的加工周期，按下列公式来计算：

$$T_{顺}=n\sum_{i=1}^{m}t_i$$

式中：n 为每批零件个数；

t_1、t_2······t_m 为在各道工序上的单件加工时间；

m 为工序数目。

【例5-1】 每批零件个数 $n=4$，每个零件在各道工序上的加工时间分别为：$t_1=10$分钟，$t_2=5$分钟，$t_3=20$分钟，$t_4=10$分钟，则该批零件在顺序移动方式下的加工周期为：

$$T_{顺}=4\times（10+5+20+10）=180（分钟）$$

二、平行移动方式

平行移动方式是指每个零件（或运输批量）在前道工序加工完毕后，就立即转到下道工序去加工，这样就形成一批零件中的各个零件同时在各道工序上平行进行加工，因此工艺周期最短，但在生产率高或单件加工时间短的工序上，设备有停顿现象。当工序时间相等或成整倍数时就比较理想，通过调整可实现连续生产。平行移动方式参见图 5-2。

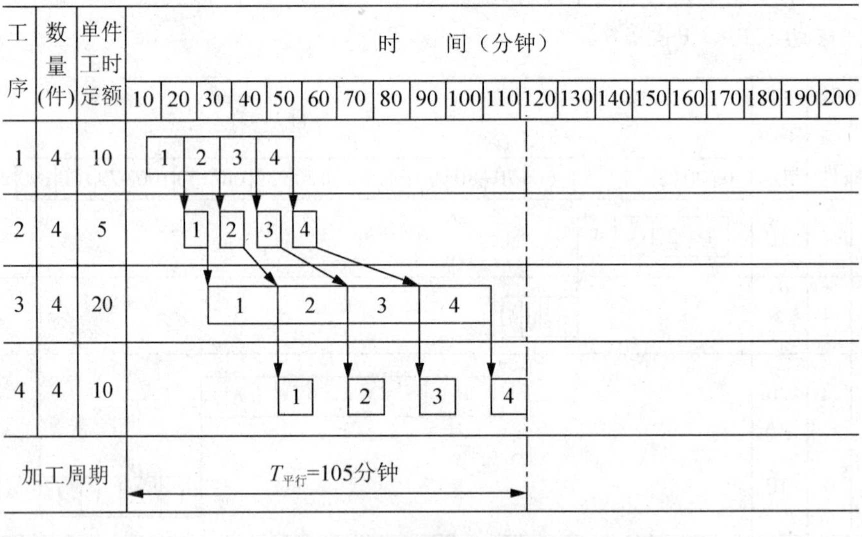

工序	数量(件)	单件工时定额	时间（分钟）																		
			10	20	30	40	50	60	70	80	90	100	110	120	130	140	150	160	170	180	190	200
1	4	10	1 2 3 4																			
2	4	5		1 2 3 4																		
3	4	20		1 2 3 4																		
4	4	10		1 2 3 4																		
加工周期			$T_{平行}=105$分钟																			

图 5-2 平行移动方式示意图

在平行移动方式的条件下，每批零件的加工周期，可以按下列公式来计算：

$$T_{平行}=\sum_{i=1}^{m}t_i+t_{主}(n-1)$$

式中：$t_主$ 为最长工序的单件加工时间。

例 5-1 在平行移动方式下，$T_{平行}$值为：

$$T_{平行} = \sum_{i=1}^{m} t_i + t_主(n-1)$$
$$= (10+5+20+10) + 20 \times (4-1)$$
$$= 45 + 60 = 105（分钟）$$

由此可见，由于所有的工序几乎都是完全平行完成的，所以，在这种移动方式条件下，每批零件的整个加工过程时间最短。

但是，由于必须使各道工序时间长短相等或成整倍数才能保证工作地不发生停顿，所以在实际工作中除流水线生产以外就很少可能采用平行移动方式。一般用于零件的需求非常紧迫，如一些军工产品、政治性任务时可采用这种方式。

三、平行顺序移动方式

这是平行方式和顺序方式的结合运用。每批零件在一道工序上连续加工没有停顿，零件在各道工序的加工尽量做到平行。这种移动方式吸收了顺序移动方式和平行移动方式的优点，又把平行移动方式工作地出现的零碎间断时间集中起来，便于充分利用。平行顺序移动方式参见图 5-3。

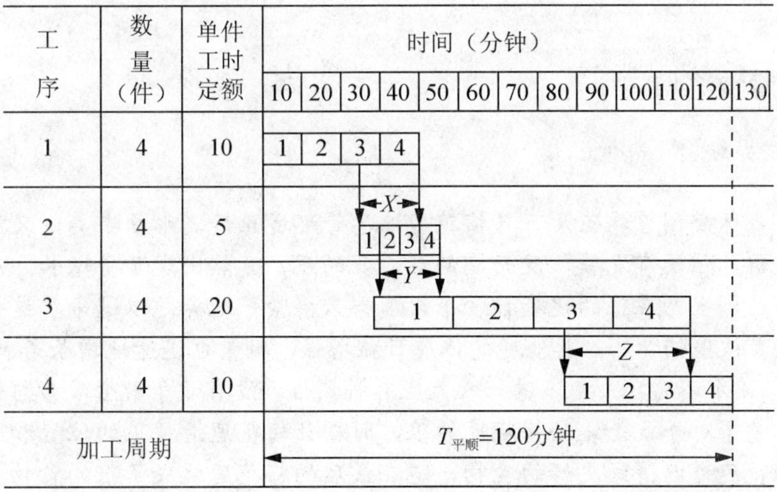

工序	数量（件）	单件工时定额	时间（分钟）											
			10	20	30	40	50	60	70	80	90	100	110	120	130
1	4	10	1 2 3 4											
2	4	5			←X→ 1 2 3 4									
3	4	20				←Y→ 1	2	3	4					
4	4	10							←Z→ 1 2 3 4					
加工周期			← $T_{平顺}$=120分钟 →											

图 5-3　平行顺序移动方式示意图

平行顺序移动方式加工周期$T_{平滑}$的计算公式为：

$$T_{平滑} = n\sum_{i=1}^{m} t_i - (n-1)\sum_{i=1}^{m-1} t_{si}$$

式中：t_{si}为相邻两道工序间较短工序的单件加工时间。

例 5-1 中，在平行顺序移动方式下，$T_{平滑}$的值为：

$$T_{平滑} = n\sum_{i=1}^{m} t_i - (n-1)\sum_{i=1}^{m-1} t_{si}$$

$$=180-（4-1）\times（5+5+10）$$

$$=120（分钟）$$

平行顺序移动方式加工周期的另一个计算公式为：

$$T_{平滑} = n\sum_{i=1}^{m} t_i + (n-1)（\sum t_l - \sum t_s）$$

式中：$\sum t_l$为一批加工对象加工过程中所有较大工序的时间总和；

$\sum t_s$为一批加工对象加工过程中所有较小工序的时间总和。

注意，这里所说的较大工序和较小工序是用某一工序与前后工序相比较得来的。即三个工序相比较，如果前后工序的单件时间都长些，就叫做较大工序。如果前后工序的单件时间都短些，则叫做较小工序。其余的叫做普通工序，在该公式中不用计算。

 经典管理案例

竞　争

国外一家森林公园曾养殖几百只梅花鹿，尽管环境幽静，水草丰美，又没有天敌，而几年以后，鹿群非但没有发展，反而病的病、死的死，竟然出现了负增长。后来他们买回几只狼放置在公园里，在狼的追赶捕食下，鹿群只得紧张地奔跑以逃命。这样一来，除了那些老弱病残者被狼捕食外，其他鹿的体质日益增强，数量也迅速地增长着。

【解析】　流水不腐，户枢不蠹。人天生有种惰性，没有竞争就会故步自封，躺在功劳簿上睡大觉。竞争对手就是追赶梅花鹿的狼，时刻让梅花鹿清楚狼的位置和同伴的位置。跑在前面的梅花鹿可以得到更好的食物，跑在最后的梅花鹿就成了狼的食物。企业也应按照市场规则给予跑在前头的"头鹿"员工以丰厚的奖励。

第四节　生产任务分配及排序方法

现代化企业的生产过程不但要求有秩序的、有条理的、有节奏的持续进行，而且还要求以最小的消耗和最高的效率去获取最大的收益。本节所介绍的生产任务的分配方法及加工顺序的安排问题都是分析在生产车间如何提高效率、降低成本、缩短生产周期的。

一、生产任务分配的匈牙利法

在实际的生产管理工作中常会遇到这样的问题，就是如何根据生产作业计划将不同任务在不同工人（或班组）之间分配，使完成任务总的消耗时间或费用最小。解决这类问题的简便而有效的方法是匈牙利法，它是由匈牙利数学家考尼格所提出的。我们通过一个例子来说明该方法的解题步骤。

【例5-2】有四项任务A、B、C、D，分别由甲、乙、丙、丁4个人去完成，规定每个人承担其中一项任务，不同的人完成同一任务所花时间不同（参见表5-2），求如何分配，使完成这4项任务的总时间最小。

表 5-2　生产任务工时统计表　　　　　　　　　　　　单位：小时

人＼任务	A	B	C	D
甲	11	8	10	7
乙	6	5	3	8
丙	4	8	10	9
丁	11	10	5	7

匈牙利法求解此问题的步骤是：

（1）按表5-2列出矩阵。

$$\begin{pmatrix} 11 & 8 & 10 & 7 \\ 6 & 5 & 3 & 8 \\ 4 & 8 & 10 & 9 \\ 11 & 10 & 5 & 7 \end{pmatrix}$$

（2）将矩阵作行、列约简。

首先进行行约简。在矩阵的每一行中选取最小元素，然后将该行的各元素都减去此数，得到以下矩阵。

$$\begin{pmatrix} 4 & 1 & 3 & 0 \\ 3 & 2 & 0 & 5 \\ 0 & 4 & 6 & 5 \\ 6 & 5 & 0 & 2 \end{pmatrix}$$

行约简是比较一名工人担任不同任务时所花的时间，各行中减去最小值后的时间表示该工人担任其他任务时所多花费的时间，每行中的"0"表示该工人承担这项任务最有利。

然后将经过行约简后的矩阵中没有"0"的列再进行列约简，即从该列中选出最小元素，并将其他元素减去此数，得到新矩阵。

$$\begin{pmatrix} 4 & 0 & 3 & 0 \\ 3 & 1 & 0 & 5 \\ 0 & 3 & 6 & 5 \\ 6 & 4 & 0 & 2 \end{pmatrix}$$

列约简是比较一项任务由不同的工人承担所花时间，各列中减去最小值后的时间表示任务由其他工人担任时所多花费的时间，每列中的"0"表示这项任务由该工人承担最有利。

（3）检验是否已得到最优分配方案。

作零的覆盖线，即对有"0"的行和列，划上一条覆盖线，能覆盖所有零元素的最少覆盖线数称为维数，当覆盖线的维数等于矩阵阶数时，可知已得到最优分配方案，若维数小于阶数，再作调整。例5-2可用三条覆盖线覆盖住所有零元素，维数是3，矩阵的阶数是4，维数不等于阶数，因此矩阵还必须调整。

$$\begin{pmatrix} 4 & 0 & 3 & 0 \\ 3 & 1 & 0 & 5 \\ 0 & 3 & 6 & 5 \\ 6 & 4 & 0 & 2 \end{pmatrix}$$

（4）矩阵的调整。

在上述矩阵中，有三种元素，一种是无线覆盖元素，另一种是单线覆盖元素，还有一种是双线覆盖元素。在无线覆盖元素中找出最小值，本例为"1"，将无线覆盖的元素都减去"1"，而双线覆盖的元素都加上"1"，单线覆盖的元素不变。这样得到新矩阵：

$$\begin{pmatrix} 4 & 0 & 4 & 0 \\ 2 & 0 & 0 & 4 \\ 0 & 3 & 7 & 5 \\ 5 & 3 & 0 & 1 \end{pmatrix}$$

（5）再检验。

作覆盖线，方法与步骤3相同。现在的最少覆盖线数为4，与矩阵阶数相等，可知已能进行最优分配。

$$\begin{pmatrix} 4 & 0 & 4 & 0 \\ 2 & 0 & 0 & 4 \\ 0 & 3 & 7 & 5 \\ 5 & 3 & 0 & 1 \end{pmatrix}$$

（6）确定最优分配方案。

进行具体分配时，可以对只有一个零元素的列（行）先分配（记√），分配后，划去与该元素同行（列）的其他零元素（记×号），这样依次做完各列（行），得到分配结果。如果矩阵能通过直接观察找到位于不同行不同列的零元素，那么就可以直接确定分配方案。

$$\begin{pmatrix} 4 & 0\times & 4 & 0\surd \\ 2 & 0\surd & 0\times & 4 \\ 0\surd & 3 & 7 & 5 \\ 5 & 3 & 0\surd & 1 \end{pmatrix}$$

最优分配方案：甲—D，乙—B，丙—A，丁—C。

总消耗工时为：$Z=7+5+4+5=21$（小时）

二、加工顺序安排

加工顺序安排又称作业排序，是指在一定约束条件下，为使总的加工时间最短的一种安排加工先后顺序的优化方法。科学地安排加工顺序有利于充分利用设备和人力，缩短生产周期，减少生产过程的在制品占用量，提高经济效益。

（一）单台设备的排序问题

当几个零件在单台设备上加工时，不论对加工对象的顺序作如何安排，其加工总时间为一个固定值，所以这个问题的优化目标是使平均等待和加工时间为最小值，或最大交货延期量为最小。

1. 优化目标：平均等待和加工时间为最小值

平均等待和加工时间的计算公式为：

$$T_{平均} = \frac{\sum 各种零件等待和加工时间}{零件数}$$

为了使$T_{平均}$最小，必须按零件所需加工时间的长短，从短到长顺序安排加工，这种排序称为最小作业时间顺序规则，即"SPT"（Shortest Processing Time）规则。

【例5-3】 现有某车间需加工L_1、L_2、L_3、L_4、L_5 5个零件，各零件加工所需时间参见表5-3，试安排这5个零件的加工顺序，使平均等待加工时间最短。

表 5-3　零件加工时间与预定交货期

零件编号	L_1	L_2	L_3	L_4	L_5
加工时间（日）	3	4	1	2	5
预定交货期（日）	10	14	8	7	5

根据"SPT"规则，为了使平均等待和加工时间最短，零件的排列顺序应按每个零件所需加工时间的长短，从短到长顺序加工，即零件的加工顺序为：

$$L_3 \rightarrow L_4 \rightarrow L \rightarrow L_2 \rightarrow L_5$$

其$T_{平均}$为：

$$T_{平均} = \frac{1 + (1+2) + (1+2+3) + (1+2+3+4) + (1+2+3+4+5)}{5}$$

$$= 7（日）$$

2. 优化目标：最大交货延期量为最小

为了使最大交货延期量为最小，则应按交货期的先后次序安排加工顺序，称为最早交货期规则，即"EDD"（Earliest Due Date）规则。

例 5-3 中，若"EDD"规则排序，则为了使最大交货延期量为最小，零件的加工顺序应为：

$$L_5 \rightarrow L_4 \rightarrow L_3 \rightarrow L_1 \rightarrow L_2$$

其交货延期量参见表 5-4。

表 5-4　交货延期量

零件加工顺序	L_5	L_4	L_3	L_1	L_2
加工时间（日）	5	2	1	3	4
完工日期	5	7	8	11	15
预定交货期（日）	5	7	8	10	14
交货延期量（日）	0	0	0	1	1

由表 5-4 可知，采用"EDD"规则排序，此例的最大延期量为1。

（二）两台设备的流水型排序问题

当零件需经过两台或两台以上的设备加工时，通常有两种情况：第一种是流水型排序问题，即加工对象的工艺顺序都相同；第二种是非流水型排序问题，即各加工对象的工艺顺序不相同或不完全相同，在这种情况下，排序的方案数目很多，难以一一列举，下面主要研究流水型排序问题。

两台设备的流水型排序问题可用约翰逊-贝尔曼规则求解，其求解步骤如下。

（1）在加工时间表中先找出最短加工时间。

（2）如果最短加工时间属于第一工序，则该零件应安排在最先加工；如果属于第二工序，则该零件应排在最后加工。

（3）除去上面已选定的加工零件，其余零件再重复（1）、（2）两个步骤，直至全部零件加工顺序排定为止。

如果 A、B 两台设备上零件的加工时间最小值相等，则可任意选取。

【例5-4】 设有4种零件在A、B两台设备上加工，A为车床，B为铣床，加工工艺为先由车床粗车，再由铣床精铣。零件加工时间参见表5-5。试安排这4种零件的加工顺序，使总体加工时间最短。

表 5-5 零件的加工时间

零件编号		L_1	L_2	L_3	L_4
加工时间（h）	t_{Ai}	18	7	6	14
	t_{Bi}	5	12	10	8

用约翰逊-贝尔曼规则求解上述问题的排序过程参见表5-6。

表 5-6 零件加工顺序安排表

加工顺序安排	零件号	L_1	L_2	L_3	L_4
□ □ □ L_1	t_{Ai}	18	7	6	14
	t_{Bi}	⑤	12	10	8
L_3 □ □ L_1	t_{Ai}		7	⑥	14
	t_{Bi}		12	10	8
L_3 L_2 □ L_1	t_{Ai}		⑦		14
	t_{Bi}		12		8
L_3 L_2 L_4 L_1	t_{Ai}				14
	t_{Bi}				⑧

注：t_{Ai}——第 i 个零件在 A 设备上的加工时间；

　　t_{Bi}——第 i 个零件在 B 设备上的加工时间；

　　⑤——加工时间表中的最短加工时间。

按照$L_3 \rightarrow L_2 \rightarrow L_4 \rightarrow L_1$顺序加工的示意图参见图5-4。

由图5-5得最优加工顺序的加工总时间为50小时。

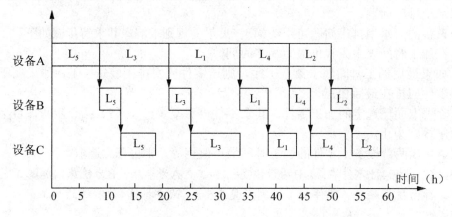

图5-4　4种零件在两台设备上的最优加工顺序示意图

（三）三台设备流水型排序问题

几种零件在3台设备上加工的顺序可用一种特殊的解法来确定。这种特殊解法是当符合下列两条件之一时：

$$\min t_{Ai} \geqslant \max t_{Bi}, \quad \min t_{Ci} \geqslant \max t_{Bi}$$

可将3台设备用2台假想的设备G和H来代替，零件在2台假想设备上的加工时间用下式换算：

$$t_{Gi} = t_{Ai} + t_{Bi}, \quad t_{Hi} = t_{Bi} + t_{Ci}$$

【例5-5】　5个零件在3台设备上的加工时间参见表5-7。

表5-7　5种零件在3台设备上的加工工时

零件编号		L_1	L_2	L_3	L_4	L_5
加工时间（h）	t_{Ai}	10	8	15	11	7
	t_{Bi}	6	3	2	4	2
	t_{Ci}	5	5	10	6	8

从表5-7中可看出，3台设备的零件加工时间符合将3台设备变换为2台设备的条件之一。加工时间的换算参见表5-8。

表 5-8 假想设备加工工时

零件编号		L₁	L₂	L₃	L₄	L₅
加工时间（h）	t_{Gi}	16	11	17	15	9
	t_{Hi}	11	8	12	10	10

按照约翰逊-贝尔曼规则，确定出的零件加工顺序是：

$$L_5 \rightarrow L_3 \rightarrow L_1 \rightarrow L_4 \rightarrow L_2$$

加工情况参见图5-5，由图5-5得，最优加工顺序的加工周期为59小时。

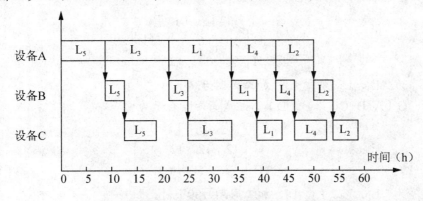

图 5-5　5 种零件在 3 台设备上的最优加工顺序示意图

以上是介绍 3 台设备上加工的零件符合特殊情况时的解法，但当其不符合特殊情况时，我们可参照下面多种零件在多台设备上的排序问题的解法来求解。

（四）多种零件在多台设备上加工排序

多种零件在多台设备上加工的排序方案有多种求解方法，但计算工作量都很大，而坎贝尔-杜达克-史密斯法是一种简便的近似最优的排序方法。这种方法实质上就是合并工序，组合成多种两台假想设备，然后用约翰逊-贝尔曼规则确定排序方案，再进行比较选优。

【例5-6】 现有4个零件（L₁、L₂、L₃、L₄）在4台机床（A、B、C、D）上的加工，加工时间用矩阵表示如下：

$$
\begin{array}{c}
\quad\ \ L_1\ \ L_2\ \ L_3\ \ L_4 \\
\begin{array}{c} A \\ B \\ C \\ D \end{array}
\left[\begin{array}{cccc}
5 & 2 & 3 & 4 \\
5 & 4 & 1 & 7 \\
2 & 6 & 8 & 2 \\
7 & 5 & 4 & 6
\end{array}\right]
\end{array}
$$

矩阵中各元素分别表示各种零件在各种机床上的加工时间。

机床的不同分组方案有三种：

方案一：G（A）、H（B+C+D）。组成新矩阵为：

$$\begin{array}{c} \\ G \\ H \end{array} \begin{array}{cccc} L_1 & L_2 & L_3 & L_4 \\ \end{array} \begin{bmatrix} 5 & 2 & 3 & 4 \\ 14 & 15 & 13 & 15 \end{bmatrix}$$

根据约翰逊-贝尔曼规则，得到加工顺序为 L_2、L_3、L_4、L_1，加工周期为37小时。

方案二：G（A+B），H（C+D）。组成新矩阵为：

$$\begin{array}{c} \\ G \\ H \end{array} \begin{array}{cccc} L_1 & L_2 & L_3 & L_4 \\ \end{array} \begin{bmatrix} 10 & 6 & 4 & 11 \\ 9 & 11 & 12 & 8 \end{bmatrix}$$

优选顺序为：L_3、L_2、L_1、L_4，加工周期为36小时。

方案三：G（A+B+C），H（D）。组成新矩阵表示为

$$\begin{array}{c} \\ G \\ H \end{array} \begin{array}{cccc} L_2 & L_3 & L_4 & L_1 \\ \end{array} \begin{bmatrix} 12 & 12 & 12 & 13 \\ 7 & 5 & 4 & 6 \end{bmatrix}$$

优选顺序为：L_1、L_4、L_2、L_3，加工周期为39小时。

从上述三个方案中选出最优排序方案为：L_3、L_2、L_1、L_4。

经典管理案例

锻　炼

一个人在高山之巅的鹰巢里抓到了一只幼鹰，他把幼鹰带回家，养在鸡笼里。这只幼鹰和鸡一起啄食、嬉闹和休息，它以为自己是一只鸡。这只鹰渐渐长大，羽翼丰满了，主人想把它训练成猎鹰，可是由于终日和鸡混在一起，它已经变得和鸡完全一样根本没有飞的愿望了。主人试了各种办法都毫无效果，最后把它带到山顶上，一把将它扔了出去。这只鹰像块石头似的直掉下去，慌乱之中它拼命地扑打翅膀，就这样它终于飞了起来！

【解析】　每个人都希望用自己的能力来证明自身价值，企业的员工也不例外。给他们更大的空间去施展自己的才华是对他们最大的尊重和支持。不要害怕他们失败，给予适当的扶持和指点，放开你手中的"雄鹰"，让他们翱翔于更宽阔的天空。员工的成长将为企业的工作带来更大的贡献。他们的成长将促使企业更进一步。

第五节 现代生产管理方式

一、制造资源计划

制造资源计划（Manufacturing Resources Planning）是在物料需求计划（Material Requirements Planning，简称MRP）的基础上发展起来的。MRP根据产品的层次结构和期量标准，由产品的出产日期按反工艺顺序倒排，从而把主生产计划细化为零部件的生产进度计划，原材料、外构件的采购计划；而后通过编制能力需求计划，进行能力与负荷的平衡，确保计划的可行性，再加上车间日程计划与生产作业的监控，MRP就发展成为闭环的MRP。随着系统的扩大和功能的扩充，把生产、库存、采购、销售、财务、成本等子系统都联系起来，闭环的MRP就进一步发展成为制造资源计划。制造资源计划与物料需求计划的英文缩写都是MRP，为了区别两者，也称制造资源计划为MRPⅡ。这样，MRP的发展经历了初期的MRP、闭环的MRP、MRPⅡ三阶段。

1. 初期的 MRP

初期的MRP处理流程，其出发点是根据生产计划的要求及有关文件资料，自动地计划出构成这些产品的部件、零件、原材料等的相应需求量；根据产品的交货期及期量标准等有关资料，倒推出各部件（或组件）、零件的投入进度和外购日程。初期的MRP因没有考虑生产企业现有生产能力和采购条件约束，计算出的物料需求的时间可能由于设备、原料或工时等原因无法生产，因此被称为基本的MRP或开环式MRP。

2. 闭环的 MRP

在初期MRP的基础上，引入了生产能力的计划与保证、生产作业计划与控制、信息反馈等功能，形成闭环的MRP。由于形成了计划—执行—反馈的生产管理循环，可以有效地对生产过程进行计划和控制。

3. 制造资源计划（MRPⅡ）

在闭环的MRP的基础上进一步拓展，把经营、财务与生产管理子系统结合起来，形成了制造资源计划，简称MRPⅡ。美国生产与库存管理学会认为，MRPⅡ是解决现代化生产管理的有效方法，但要取得成功，必须具备三个前提条件：（1）必须获得各层次管理人员的全力支持；（2）对全体职工进行教育；（3）关键在于纪律、教育、理解和沟通。

二、企业资源计划

企业资源计划的英文是Enterprise Resource Planning，简称ERP。它是MRPⅡ的进一步发展，它扩展了MRPⅡ的功能，其核心思想是供应链管理，它跳出了传统企业边界，从供应链范围去优化企业的资源，是基于网络经济时代的新一代信息系统。它对于改善企业业务流程、提高企业核心竞争力的作用是显而易见的。

MRPⅡ基本局限于企业内部资源的配置和管理，而ERP扩展到企业外部，实现完整的面向供应链各个环节的有效管理。ERP较之MRPII在适应生产方式上由单一生产方式向混合型生产方式发展，满足企业多元化经营需求，体现了精益生产、并行工程、敏捷生产的思想。

ERP是在20世纪80年代初开始出现的。从90年代开始，以SAP、Oracle为代表的国际著名ERP产品进入中国，并迅速扩展。接着，国内也相继出现了一些早期ERP产品，如开思ERP、魔方ERP、利玛ERP、奥玛ERP、天志ERP、和佳ERP及博科ERP等。

目前，较多的生产企业中使用的ERP主要包括生产控制功能模块、物流管理模块、财务管理模块和人力资源管理模块四个部分。

1. 生产控制模块

生产控制模块是ERP的核心模块，它将分散的生产流程有机结合，加快生产速度，减少生产过程材料、半成品的积压和浪费。生产控制模块的主要内容有：主生产计划MPS、物料需求计划、能力需求计划、生产现场控制、制造标准等。

2. 物流管理模块

物流管理模块是实现生产运转的重要条件和保证，它包括分销管理、库存控制、采购管理三个部分。分销管理主要实现客户信息管理和服务、销售订单管理、销售情况分析和统计。库存控制主要实现准确反映库存现状，根据生产实际需要有效控制和调节库存，即保证生产正常进行，又千方百计减少物料库存，降低资金占用。采购管理主要根据实际需要，选择最佳供应商，确定最合理的采购量和储备量，保证及时准确地供应物料。

3. 财务管理模块

财务管理模块是信息的归纳者，在ERP中十分重要。财务管理模块主要包括会计核算和财务管理两部分。会计核算主要记录、核算、反映和分析资金在企业经济活动中的变动过程和结果。财务管理主要是对会计核算的结果进行分析，做出新的预测、管理和控制。

4. 人力资源管理模块

人力资源管理模块主要包括人力资源规划的辅助决策、招聘管理、工时管理、工资管理、差旅核算等，它在 ERP 中发挥的作用十分重要。

上述四个模块在 ERP 中是相互紧密联系的，它们之间有相应的网络接口，实现互动，有效整合企业内外部的各种资源，更好地满足市场需求，提高企业核心竞争力。

三、准时生产方式

准时生产方式起源于日本丰田汽车公司。它的基本思想是："只在需要的时刻，生产需要的数量"，这也就是 Just In Time（简称 JIT）一词的含义。在此思想引导下，丰田汽车公司开发了包括"看板"在内的一系列具体方法，并逐渐形成了一套独具特色的生产管理体系。

1. 准时生产方式的目标

准时生产方式的目标是彻底消除无效劳动和浪费。丰田汽车公司提出"制造工厂的利润寓于制造方法之中"。这就是说，要彻底消除制造过程中的无效劳动和浪费，努力降低成本，提高质量，取得高的利润。他们将无效劳动和消费分为以下几种：制造过剩的零部件的无效劳动和浪费；空闲待工的浪费；无效的搬运劳动；动作方面的无效劳动；生产不合格品的无效劳动和浪费。

为了消除上述无效劳动和浪费，就要不断追求最优的生产系统设计和最佳的操作状态。"设计一个生产系统，能高效地生产100%优良产品，并且在需要的时间、按需要的数量、生产所需要的工件"，这是对准时生产方式目标最简单的概括。

准时生产方式是拉动式的，即后道工序需要多少，就要前道工序生产多少。而 MRP II 情况下的生产系统是推动式的。

2. 准时生产方式采用的基本方法

准时生产方式的核心是适时适量生产，为此，其采取了以下方法。

（1）生产同步化。即工序间不设仓库，前一道工序加工结束后，即转到下一工序去，各工序几乎平行进行。产品被一件一件连续生产出来。生产同步化通过"后工序领取"的方法实现。

（2）生产均衡化。即总装配线向前工序领取零部件时，应是均衡地使用各种零部件，混合生产各种产品。

（3）采用"看板"这种极其重要的管理工具。

丰田公司的看板管理

看板，又称传票卡，是传递信息的工具，它可以是卡片，也可以是信号或告示牌。看板及使用规则构成了看板管理系统。

看板分为两种，即移动看板和生产看板。移动看板在上道工序的出口处与下道工序的入口处之间往返运动。生产看板在工作地的出口处之间往返运动。当下道工序需要补充零件时，移动看板就被送到上道工序出口处相应的容器上，当移动看板与上道工序出口处容器上的生产看板对上号时，生产看板就被取下，放入生产看板盒骨，而放满零件的容器连同移动看板一起送往下道工序的入口处。上道工序的工人则在入口处取出零件加工，加工完毕后将生产看板挂在容器上，送往工作地出口处。

每个移动看板只对应一种零件，挂在一种容器上。移动看板通常包括零件号、看板号、供方工作地号、需方工作地号等信息。

生产看板通常包括要生产的零件号、看板号、供方工作地号、需方工作地号、所需物料清单、所需工具等信息。

通过看板传送生产指令，通过控制看板数量控制在制品数量，如此就能实现适时适量生产。

四、精益生产

精益生产（Lean Production，简称LP）方式是适用于现代制造企业的组织管理方法。这种生产方式是以整体优化的观点科学、合理地组织与配置企业拥有的生产要素，消除生产过程中一切不产生附加价值的劳动和资源，以人为中心，以"简化"为手段，以"尽善尽美"为最终目标，达到增强企业适应市场的应变能力，取得更高的经济效益。

精益生产的特征包括以下几个方面。

（1）以销售部门作为企业生产过程的起点。

（2）产品开发采用并行工程方法，确保质量、成本和用户要求，缩短产品开发周期。

（3）按销售合同组织多品种小批量生产。

（4）生产过程变上道工序推动下道工序生产，为以下道工序要求拉动上道工序生产。

（5）以"人"为中心，充分调动人的积极性，普遍推行多机操作、多工序管理，提高劳动生产率。

（6）追求无废品、零库存等，降低产品成本。

（7）消除一切影响工作的"松弛点"，以最佳工作环境、最佳工作条件和最佳工作态度，从事最佳工作，从而全面追求"尽善尽美"，适应市场多元化要求，用户需要什么则生产什么、需要多少则生产多少，达到以尽可能少的投入获取尽可能多的产出。

五、敏捷制造

1. 敏捷制造的特征

20世纪80年代以来，随着市场变化越来越快，竞争日益激烈，人们不得不重新认识制造业的作用。敏捷制造（Agile Manufacturing，简称AM）就是在这种背景下提出来的。敏捷制造的指导思想是"灵活性"，其优势在于通过提高灵活性，增强企业的应变能力和竞争能力。

2. 敏捷制造的功能

（1）借助信息技术，把企业内部与外部供应商、客户有机地联为整体，快速响应市场需求，迅速设计和制造全新的产品。

（2）不断改进老产品，用以满足顾客不断提高的要求，延长产品寿命。

（3）采用先进制造技术和高度柔性化设备，做到完全按订单生产，着眼获得长期经济效益。

（4）改变金字塔式的多级管理，采用多变的动态组织结构，即把企业内部优势和其他企业的各种优势力量集合到一起，使每个项目都选用将产生最大竞争优势的管理工具，赢得竞争。

（5）最大限度地调动和发挥人的主动性、创造性，把它作为强有力的竞争武器。

 经典管理案例

什么是ERP

ERP（Enterprise Resource Planning）即企业资源计划，是指建立在信息技术基础上，以系统化的管理思想，为企业决策层及员工提供决策运行手段的管理平台。

一天中午，丈夫在外给家里打电话："亲爱的老婆，晚上我想带几个同事回家吃饭可以吗？"（订货意向）

妻子："当然可以，来几个人，几点来，想吃什么菜？"

丈夫："6个人，我们7点左右回来，准备些酒、烤鸭、番茄炒蛋、凉菜、蛋花汤……你看可吗？"（商务沟通）

妻子："没问题，我会准备好的。"（订单确认）

妻子记录下需要做的菜单（MPS计划），具体要准备的东西：鸭、酒、番茄、鸡蛋、调料……（BOM物料清单），发现需要：1只鸭蛋、5瓶酒、4个鸡蛋……（BOM展开），炒蛋需要6个鸡蛋，蛋花汤需要4个鸡蛋（共用物料）。

妻子打开冰箱一看（库房），只剩下2个鸡蛋（缺料）。

妻子来到自由市场，妻子："请问鸡蛋怎么卖？"（采购询价）

小贩："1个1元，半打5元，1打9.5元。"

妻子："我只需要8个，但这次买1打。"（经济批量采购）

妻子："这有一个坏的，换一个。"（验收、退料、换料）

回到家中，妻子准备洗菜、切菜、炒菜……（工艺线路），厨房中有燃气灶、微波炉、电饭煲……（工作中心）。

妻子发现拔鸭毛最费时间（瓶颈工序，关键工艺路线），用微波炉自己做烤鸭可能来不及（产能不足），于是阅览室在楼下的餐厅里买现成的（产品委外）。

下午4点，接到儿子的电话："妈妈，晚上几个同学想来家里吃饭，你帮忙准备一下。"（紧急订单）

"好的，你们想吃什么，爸爸晚上也有客人，你愿意和他们一起吃吗？"

"菜你看着办吧，但一定要有番茄炒鸡蛋，我们不和大人一起吃，6:30左右回来。"（不能并单处理）

"好的，肯定让你们满意。"（订单确定）

"鸡蛋又不够了，打电话叫小店送来。"（紧急采购）

6:30，一切准备就绪，可烤鸭还没送来，妻子急忙打电话询问："我是李太太，怎么我订的烤鸭还不送来？"（采购委外单跟催）

"不好意思，送货的人已经走了，可能是堵车吧，马上就会到的。"

门铃响了。

"李太太，这是您要的烤鸭，请在单上签一个字。"（验收、入库、转应付账款）

6:45，女儿的电话："妈妈，我想现在带几个朋友回家吃饭可以吗？"（呵呵，又是紧急订购意向，要求现货）

"不行呀，女儿，今天妈已经需要准备两桌饭了，时间实在是来不及，真的非常抱歉，下次早点说，一定给你们准备好。"（哈哈，这就是ERP的使用局限，要有稳定的外部环境，要有一个起码的提前期）。

送走了所有的客人，疲惫的妻子坐在沙发上对丈夫说："亲爱的，现在咱们家请客的频率非常高，应该要买些厨房用品了（设备采购），最好能再雇个小保姆（连人力资源系统也有缺口了）。

丈夫："家里你做主，需要什么你就去办吧。"（通过审核）

妻子："还有，最近家里的花销太大，用你的私房钱来补贴一下，好吗？"（最后就是应收货款的催要）

现在还有人不理解ERP吗？记住，每一个合格的家庭主妇都是生产厂长的有力竞争者。

经典管理案例

恰逢其时的管理方式

近年来，美国数万家公司纷纷推行一种叫做"恰逢其时"的管理方式。这种管理方式的大体内容是：在电脑的辅助下，大刀阔斧地简化生产过程，减少零件库存。在从原材料进厂到成品上市的整个过程中，每一个环节要十分紧密地衔接，杜绝"停工待料"和"停料待工"现象，有效地提高生产效率。在通用汽车公司生产"土星牌"汽车的生产车间新安装了101扇自动门。这些门平时是关闭着的，人力打不开，只有到了该门所管辖的那道工序需要某种零件的时候才会自动打开，把零件送进去。

譬如在流水线上缓缓运行着的汽车到了需要装配坐椅的时候，另一家生产坐椅的公司从电脑主机上收到送货指令，随即用卡车把坐椅运到通用汽车公司的工厂里来。这时候，靠近装配坐椅工段的那道门自动打开，坐椅被直接送上装配线，这就叫"恰逢其时"。

这种管理方式的好处是减少仓储费用，缩短了从仓库到装配线的运输时间和距离，从而可以降低生产成本。此外，这样也能促使装配线不出任何事故，保证准确无误，迫使生产部门提高工作质量和产品质量。

推行这种新的管理方式的关键是提高工人的素质，把工人培养成掌握多种技能的多面手，为此，已经或准备实行这项管理制度的美国企业都不惜花费巨款培训职工。通用汽车公司规定，每个工人每年都要抽出5%的工作日参加培训班，学习各种专业技能。

根据以上信息，试分析：

（1）通用汽车公司的这种简化生产过程、减少零件库存的管理方式的目的是什么？

（2）同时追求杜绝"停工待料"和"停料待工"的目标是否有风险，什么情况下出现。

（3）所谓"恰逢其时"的管理方式的实施需要具备何种条件？

第六章　生产现场管理

 **学习目标**

1. 了解什么是生产现场，什么是生产现场管理。
2. 掌握定置管理、"5S"管理和目视管理的基本原理和方法。
3. 熟悉定置管理中人与物、物与场所及信息媒介与定置的关系。

第一节　生产现场管理概述

一、生产现场的含义

现场是直接从事生产、经营、工作、试验的作业场所。企业现场是指企业进行生产经营活动的特定场所，包括生产现场、经营现场、办公现场、生活现场等。企业现场按照与生产活动的关系又可分为生产现场和非生产现场，其中，生产现场按分工关系又可分为基本生产现场和辅助生产现场。如机械加工、纺织等从事产品生产活动的作业场所为基本生产现场；维修、动力等从事辅助生产活动的作业场所为辅助生产现场。

生产现场是企业各种生产要素有机组合的活动场所，这些要素包括劳动者、劳动手段、劳动对象、生产方法、生产环境和生产信息等生产要素，简称"人、机、料、法、环、信"。

二、生产现场管理

所谓生产现场管理，就是运用科学的管理原理、管理方法和管理手段，对生产现场的各种生产要素进行合理的配置和优化组合，以保证生产系统目标的顺利实现。

生产现场管理是企业管理的主要组成部分，它直接影响企业的生产效率和经济效益。创造良好的生产环境和生产秩序是企业实现产出优质产品、安全运行、按期交货、降低生产费用的主要保证。

三、生产现场管理的意义

1. 现场管理水平体现企业的管理水平

生产现场是各种生产要素的集合，现场管理也是对现场各种生产要素的管理和各项管理功能的验证。现场管理范围涉及企业的方方面面，也是一个庞大的系统工程，一个企业管理好不好关键是看现场管理好不好，在一个现场管理混乱的企业里很难生产出高质量的产品。在市场经济条件下，现场就是市场，现场就是企业的形象。只有强化现场管理，提高工艺水平，才能生产出优质产品，不断提高经济效益。

2. 加强现场管理，减少安全事故的发生

事故发生的最重要的间接因素就是现场管理因素，由于现场管理存在缺陷才造成人的行为失控和现场的隐患，从而导致伤人、设备、火灾等事故发生。加强现场管理就会促进各项基础管理工作的提高，避免或减少因管理不当或失误造成的事故，达到实现安全生产的目的。

3. 现场管理是安全文明生产的要求

要实现企业文明生产，就要求企业必须加强现场管理，要求员工"从我做起"、"从身边做起"，通过对生产作业现场"脏、乱、差"的治理，对不安全、不文明的规劝，对各项基础管理工作的加强，不仅增强职工的责任感、荣辱感，也必然极大地优化企业安全生产的大环境。如安全通道是否保持畅通，工件材料是否摆放整齐；设备、设施保养是否完好；库房人员管理是否符合防火标准。通过现场管理可加强对员工进行安全文明生产的再教育。

四、加强现场管理的措施

（1）提高各级领导特别是企业领导对现场管理的认识，牢固树立搞好企业管理，特别是要搞好现场管理的思想。

（2）制定现场管理目标。企业在制订中、长期计划时，要同时制定现场管理的目标，要经过几年的努力，在原有的基础上使现场管理普遍上一个新水平。

（3）制定行业现场管理要求和细则。各行业应根据本行业的特点制定适合本行业需要和便于实施的行业现场管理要求和细则。如机械行业可根据加工类型生产的特点，以工艺管理、定置管理为重点提出要求；化工行业可根据容器、管道连续化生产的特点，以岗位规范化、标准化为重点提出指导性的要求。

（4）制定现场管理达标规划。各企业应根据现场管理标准和要求，制定相应的达标规划，加强督促、指导交流工作。

通过生产现场管理能够形成良好的生产现场。生产现场管理的方法主要有定置管理、5S管理和目视管理。

 经典管理案例

指　导

有一回，日本歌舞伎大师勘弥扮演古代一位徒步旅行的百姓，他要在上场之前故意解开自己的鞋带，试图表现这个百姓长途旅行的疲态。正巧那天有位记者到后台采访，看见了这一幕。等演完戏后，记者问勘弥："你为什么不当时指教学生呢，他们并没有松散自己的鞋带呀。"勘弥回答说："要教导学生演戏的技能，机会多的是，在今天的场合，最重要的是要让他们保持热情。"

【解析】　提高员工素质和能力是提高管理水准的有效方式。学习有利于提高团队执行力，便于增强团队凝聚力。手把手的现场指导可以及时纠正员工的错误，是提高员工素质的重要形式之一。但是指导必须注重技巧，就像勘弥大师那样要保护员工的热情。管理者必须避免教训式指导，应当语重心长的激励员工提高自身业务素质。除了现场指导外，还可以综合运用培训、交流会、内部刊物、业务竞赛等多种形式，激发员工不断地提高自身素质和业务水平，形成一个积极向上的学习型团队。

第二节　定　置　管　理

一、定置管理的含义

定置管理是以生产现场为主要对象，研究分析人、物、场所的状况，以及它们之间的关系，并通过整理、整顿、改善生产现场条件，促进人、机器、原材料、制度、环境有机结合的一种方法。

定置管理就是通过整理，把生产过程中不需要的东西清除掉，不断改善生产现场条件，科学地利用场所，向空间要效益；通过整顿，促进人与物的有效结合，使生产中需要的东西随手可得，向时间要效益，从而实现生产现场管理规范化与科学化。

定置管理的范围包括生产现场、库房、办公室、工具柜（箱）、资料柜和文件柜等。

二、定置管理的基本原理

（一）人与物的结合状态

在生产活动中，构成生产工序的要素有材料、半成品、机械设备、工夹模具、操作人员、工艺方法和生产环境等。归纳起来就是人、物、场所和信息等因素。其中最基本的是人与物的因素，只有人与物的合理结合才能使生产有效地进行。

人与物的结合可归纳为以下四种基本状态。

1．A 状态

A 状态即人与物处于能够立即结合并发挥效能的状态。如操作工人使用的各种工具，由于摆放地点合理而且固定，当操作者需要时能立即拿到或者做到得心应手。

2．B 状态

B 状态即人与物处于寻找状态或尚不能很好发挥效能的状态。如一个操作者想加工一个零件，需使用某种工具，但由于现场杂乱或忘记了该工具放在何处，结果浪费了时间；或由于半成品堆放不合理，散放在地上，当加工时每次都需要弯腰一个一个地拣起来，既浪费了工时，又增加了劳动强度。

3．C 状态

C 状态即人与物处于关系松散状态，已不需要结合的状态。如本加工工序已完成需要转入下工序再加工或转入检验工序的物品。

4．D 状态

D 状态即人与物失去联系的状态。这种状态下物品与生产无关系，不需要人去同该物结合。如生产现场中存在的已经报废的设备、工具、模具，生产中产生的垃圾、废品、切屑，以及同生产现场无关的工人生活用品等。这些物品放在生产现场，必将占用作业面积，而且影响操作者的工作效率及安全。

定置管理就是要根据生产活动的目的要求，通过相应的设计、改进和控制、整理、整顿，改善B状态，使之达到A状态，减少C状态，消除D状态，把有价值的物品移到需要的地方，把不需要的、无价值的物品从现场消除掉。因此，从某种意义上来讲，定置管理也是"5S"活动的深入发展。

（二）物与场所的关系

人与物结合的同时还需要处理好物与场所的关系，因为物与场所的有效结合是实现人与物合理结合的基础。

1. 场所的状态

实现场所与物的合理结合，首先要使场所本身处于良好的状态。场所本身的布置可以有A状态、B状态、C状态三种状态。

（1）A状态。

A状态是良好状态。即场所具有良好的工作环境，作业面积、通风设施、恒温设施、光照、噪音和粉尘等符合人的生理状况与生产需要，整个场所达到安全生产的要求。

（2）B状态。

B状态是改善状态，即场所需要不断改善工作环境，场所的布局不尽合理或只满足人的生理要求或只满足生产要求，或两者都未能完全满足。

（3）C状态。

C状态是需要彻底改造状态，即场所需要彻底改造，场所既不能满足生产要求、安全要求，又不能满足人的生理要求。

2. 场所的划分

在生产过程中，根据对象物流运动的规律性，便于人与物的结合和充分利用场所的原则，科学地确定对象物在场所的位置。

（1）固定位置。

固定位置即场所固定、物品存放位置固定、物品的信息媒介固定。用"三固定"的技法来实现人、物、场所一体化。此种定置方法适用于对象物在物流运动中进行周期性重复运动，即物品用后回归原地，仍固定在场所某特定位置。主要是那些用作加工手段的物品，如工具、工艺装备、工位器具、运输机械、机床附件等物品。这些物品可以多次参加生产过程，周期性地往返运动，对这类物品就采用规定一个较大范围的区域的办法来定置。

（2）自由位置。

自由位置即物品在一定范围内自由放置，并以完善信息、媒介和信息、处理的方法来实现人与物的结合。这种方法应用于物流系统中不回归、不重复的对象物。可提高场所的利用率。如原材料、毛坯、零部件、产成品。这些物品的特点是按照工艺流程不停地从上一工序向下一工序流动，一直到最后出厂。对这些物品的存放应根据充分利用空间、便于收发、便于点数等规则来确定具体的存放地点。

（三）信息媒介与定置的关系

根据信息在定置管理中所起的作用，信息媒介可分为引导信息和确认信息两类。

1. 引导信息

引导信息可以告诉人们"该物在何处"，便于人与物结合。如车间里的各种物品的台账就是一种引导信息。在台账中每种物品都有自己的编号，可以引导到该物的库、区、架、位。定置平面设置图也是一种引导信息，它形象地指示存放物的处所或区域的位置。

2. 确认信息

确认信息是为了避免物品混放和场所误置所需的信息。如各种区域的标志线、标志牌和彩色标志，它告知"这里就是该场所"。有了合格品存放区和废品存放区的不同标志，就可避免混放质量事故。指示物品的信息又称物品标志，如物品的卡片，上面写有物品的名称、规格、数量、质量等，告诉人们"此物就是该物"的信息，是物品的核实信息。

三、定置管理的内容

定置管理的内容较为复杂，在工厂中可粗略地分为工厂区域定置、生产现场区域定置和可移动物件定置等。

1. 工厂区域定置

工厂区域定置包括生产区和生活区。生产区包括总厂、分厂（车间）、库房定置。如总厂定置包括分厂、车间界线划分，大件报废物摆放，改造厂房拆除物临时存放，垃圾区、车辆存停等。分厂车间定置包括工段、工位、机器设备、工作台、工具箱、更衣箱等。库房定置包括货架、箱柜、贮存容器等。生活区定置包括道路建设、福利设施、园林修造、环境美化等。

2. 生产现场区域定置

生产现场区域定置包括毛坯区、半成品区、成品区、返修区、废品区、易燃易爆污染物停放区等。

3. 可移动物定置

可移动物定置包括劳动对象物定置（如原材料、半成品、在制品等）；工卡、量具的定置（如工具、量具、胎具、容器、工艺文件、图纸等）；废弃物的定置（如废品、杂物等）。

四、定置管理的基本程序

1. 方法研究

方法研究是定置管理开展程序的起点，它是对生产现场现有加工方法、机器设备情况、工艺流程等全过程进行详细分析研究，确定其方法在技术水平上的先进性、在经济上的合理性，分析是否需要和可能采取更先进的工艺手段及加工方法，进行改造、更新，从而确定工艺路线与搬运路线，使定置管理达到科学化、规范化和标准化。

2. 人、物结合状态分析

这是开展定置管理的第二个阶段，也是定置管理中最关键的一环。

3. 物流、信息流分析

这是开展定置管理的第三步。在生产现场中需要定置的物品无论是毛坯、半成品、成品，还是工装、工具、辅具等都随着生产的进行而按照一定的规律流动着，它们所处的状态也在不断地变化，这种定置物规律的流动与状态变化称之为物流。随着物流的变化，生产现场也存在着大量的信息，如表示物品存放地点的路标，表示所取之物标签，定置管理中表示定置情况的定置图，表示不同状态物品标牌，为定置摆放物品而划出的特殊区域等，都是生产现场中的信息。

4. 定置管理的设计

这是推行定置管理的第四个阶段。首先是定置图的设计，其次是信息的标准化工作。在工厂推行定置管理过程中一般应有工厂定置图、分厂或车间定置图、区域定置图和工具箱定置图等。其中，分厂或车间定置图是最重要的。

5. 定置实施

按照定置的设计具体内容进行定置管理。即对生产现场的材料、机械、操作者、方法进行科学的整理、整顿，将所有的物品定位，按图定置，使人、物、场所三者结合状态达到最佳程度。

6. 定置考核

这是定置管理最后一个阶段。为了巩固已取得的成果，发现存在的问题，不断地完善定置管理，就得坚持定期检查与考核工作。一个企业的定置管理开展得好与坏是以定置率为衡量标准的。定置率的计算公式是：

定置率＝实际定置的物品个数（件数）/应该定置的物品个数（件数）×100%

【例 6-1】 检查某分厂的三个定置区域，其中合格区（绿色标牌区）摆放 15 种零件，有 1 种没定置；待检区（蓝色标牌区）摆放 20 种零件，有 2 种没定置；返修区（红色标牌区）摆放 3 种零件，有 1 种没定置，那么该场所的定置率则是：

定置率＝［（15＋20＋3）－（1＋2＋1）］/（15＋20＋3）×100%＝89%

五、定置图的绘制

定置图是将生产现场的定置管理用标准化的形式反映出来的一种方法，它运用形象的图示描述生产现场人、物、场所的关系。物品放置区域用各种符号代替设备、零部件、工位器具、工具箱等定置物品。因此，在设计定置图时应注意以下几点。

1. 对场所、工序、工位、机台等进行定置诊断

根据人机工程学确定是否符合人的心理需要、生理需要与满足产品质量的需要，做到最大的灵活性和协调性，最大的操作方便和最小的不愉快，以及切实的安全和防护保障，充分利用空间与时间。

2. 定置图设计按统一标准

如各车间、仓库必须绘制定置管理图，图纸可镶在镜框内，悬置明显处；工具箱内的定置管理应按上放轻、下放重，中间放常用工具的要求，用图纸绘制定置图，贴于门内侧，做到所有的物品摆放整齐，与图、标记相符；图纸尺寸全厂要统一。

3. 定置图的设计

定置图的绘制应尽量按生产组织划分区域。如一个车间中有几个较大的生产工段，即可在定置图上标出几个相应的区域。设计定置图应先以设备作为整个定置图的参照物，然后依次画出加工零件等其余定置物的位置。

4. 定置图完成后可进行信息标准化工作

如合格区域可用绿色标牌表示，返修区域用红色标牌表示，待处理区域用黄色标牌表示，待检区域用蓝色标牌表示，废品区域用白色标牌表示。这些信息符号标志牌的颜色含义即为绿色通（合格）、红色停（返修）、黄色缓行（需办理会签或审批手续）、蓝色未检查、白色不能用（废品）。

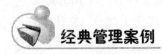经典管理案例

表　率

　　春秋晋国有一名叫李离的狱官，他在审理一件案子时，由于听从了下属的一面之词，致使一个人冤死。真相大白后，李离准备以死赎罪，晋文公说："官有贵贱，罚有轻重，况且这件案子主要错在下面的办事人员，又不是你的罪过。"李离说："我平常没有跟下面的人说我们一起来当这个官，拿的俸禄也没有与下面的人一起分享。现在犯了错误，如果将责任推到下面的办事人员身上，我又怎么做得出来"。他拒绝听从晋文公的劝说，伏剑而死。

　　【解析】　　正人先正己，做事先做人。管理者要想管好下属必须以身作则。示范的力量是惊人的。不但要像先人李离那样勇于替下属承担责任，而且要事事为先、严格要求自己，做到"己所不欲，勿施于人"。一旦通过表率在员工中树立起威望，将会上下同心，大大提高团队的整体战斗力。得人心者得天下，做下属敬佩的领导将使管理事半功倍。

第三节　"5S"管理

一、"5S"管理的起源及发展

　　"5S"管理源于日本，指的是在生产现场，对材料、设备人员等生产要素开展相应的整理、整顿、清扫、清洁、素养等活动，为其他的管理活动奠定良好的基础，这是日本产品品质得以迅猛提高行销全球的成功之处。

　　因为整理（Seir）、整顿（Seiton）、清扫（Seiso）、清洁（Seiketsu）、素养（Shitsuke）的日语外来词汇的罗马文拼写的第一个字母都为"S"，所以日本人又称之为"5S"。

　　日本式企业将"5S"运动作为管理工作的基础，推行各种品质的管理手法。第二次世界大战后，其产品品质得以迅速地提升，奠定了经济大国的地位，而在丰田公司的倡导推行下，"5S"对于塑造企业的形象、降低成本、准时交货、安全生产、高度的标准化、创造令人心旷神怡的工作场所、现场改善等方面发挥了巨大作用，逐渐被各国的管理界所认识。随着世界经济的发展，"5S"已经成为工厂管理的一股新潮流。

　　根据企业进一步发展的需要，有的公司在原来"5S"的基础上又增加了节约（Save）

及安全（Safety）这两个要素，形成了"7S"；也有的企业加上习惯化（Shiukanka）、服务（Service）及坚持（Shikoku），形成了"10S"。但是万变不离其宗，所谓"7S"、"10S"都是从"5S"里衍生出来的。

二、"5S"管理的内容

1. 整理

整理的主要做法就是区分必需品和非必需品，现场不放置非必需品。经常使用的物品归类放在作业区；偶尔使用或不经常使用的物品放在车间集中处或存入仓库。整理的目的在于改善和增大作业面积，提高职工工作情绪。

2. 整顿

整顿的主要做法是对现场有用的物品进行科学设计、合理定置，每个物品都能固定摆放在相应的位置，并做到过目知数，用完物品及时归回原处。整顿的目的在于减少寻物时间，提高工作效率。整顿的关键是将现场有用物品定置、定量。有物必有区，有区必挂牌，按区存放，按图定置，图物相符。

3. 清扫

清扫的主要做法是每个人把自己管辖的现场清扫干净，并对设备及工位器具进行维护保养，查处异常，消除跑、冒、滴、漏。清扫的目的在于保护清洁、明快、舒畅的工作环境。清扫的关键点是自己的范围自己打扫，不能靠增加清洁工来完成。

4. 清洁

清洁是对整理、整顿、清扫的坚持与深入，同时包括对现场卫生的根治。清洁的关键点是坚持和保持。

5. 素养

没有良好的素养，再好的现场管理也难以保持。所以提高人的素养关系"5S"管理的成效。"5S"活动的全过程要贯彻自我管理的原则，靠每位职工自己动手创建一个整齐、清洁、方便、安全的工作环境。在维护自己劳动成果的同时，养成遵章守纪的好习惯，这样就容易保持和坚持下去。

整理、整顿、清扫、清洁的对象是"场地"、"物品"。素养的对象则是人，而"人"是企业最重要的资源，我们可以从"企业"的"企"字中分析人在企业中的重要性。所谓"企"字，是由"人"和"止"组成，"人"走了企业也就停"止"，所以在企业经营中，人的问题处置的好，人心稳定，企业就兴旺发达。"5S"管理与企业改善的关系参见表6-1。

表6-1 "5S"与企业改善的关系

"5S"	对象	意义	目的	实施检查方法	使用工具	目标
整理	物品空间	1.区分要与不要的东西 2.丢弃或处理不要的东西 3.保管要的东西	1.有效利用空间 2.消除死角	1.分类 2.红牌作战 3.定点照相	1.照相机、录影机 2.定点照相 3.红色标识	创造一个"清清爽爽"的工作场所
整顿	时间空间	1.物有定位 2.空间标识 3.易于归位	1.缩短换线时间 2.提高工作效率	1.定位、定品、定量 2.看板管理 3.目标管理	1.各类看板 2.照相机 3.录影机	创造一个"井然有序"的工作场所
清扫	设备空间	1.扫除异常现象 2.实施设备自主保养	1.维持责任区的整洁 2.降低机器设备故障率	1.责任区域 2.定检管理	1.定检表 2.照相机 3.录影机	创造一个"零故障"的工作场所
清洁	环境	永远保持前"3S"的结果	1.提高产品品位 2.提升公司形象	1.美化作战 2.三要（要常用、要干净、要整齐）	照相机、录影机	创造一个"干干净净"的工作场所
素养	人员	养成人员守纪律、守标准的习惯	1.消除管理上的突发状况 2.养成人员的自主管理	1.礼仪活动 2."5S"实施展览 3."5S"表扬大会 4.教育训练	1.照相机、录影机 2.点检表 3.评核表	创造一个"自主管理"的工作场所

在"5S"活动中，我们应不厌其烦地教育员工做好整理、整顿、清扫工作，其目的不只是希望他们将东西摆好、设备擦干净，最主要的是通过细琐单调的动作中，潜移默化，改变他们的思想，使他们养成良好的习惯，进而能依照规定的事项（厂纪、厂规、各种规章制度、标准化作业规程）来行动，变成一个有高尚情操的优秀员工。

总之，"5S"活动是一种人性的素质的提高、道德修养的提升，最终目的在于"教育"新"人"。

三、"5S"的功能

1. 提升企业形象

企业具有整齐清洁的工作环境可以使顾客有信心，从而提升企业形象。

2. 提升员工归属感

人人变得有素养，员工从身边小事的变化上获得成就感；对自己的工作易付出爱心与耐心。

3. 提升效率

物品摆放有序，员工不用花时间寻找，易于培养员工好的工作情绪。

4. 保障品质

员工上下形成做事讲究的风气，品质自然有保障了，机器设备的故障减少。

5. 减少浪费

场所的浪费减少，设备、工具的浪费减少。

四、如何推行"5S"

企业在推行"5S"管理时，应按以下步骤：（1）成立推行组织；（2）制定激励措施；（3）制定实施规划；（4）形成书面制度；（5）展开宣传造势；（6）进行教育训练；（7）全面实施"5S"；（8）实行区域责任制；（9）组织检查；（10）采用红牌子作战等方法进行督促。

所谓红牌子作战，是指在检查中不符合"5S"管理要求的场所贴上醒目的红牌子以待该部门人员改进。各部门的目标就是尽量减少"红牌"的发生机会。

经典管理案例

授　权

有一个国王老呆在王宫里，感到很无聊，为了解闷，他叫人牵了一只猴子来给自己做伴。因为猴子天性聪明，很快就得到国王的喜爱。这只猴子到王宫后，国王给了它很多好吃的东西，猴子渐渐地长胖了，国王周围的人都很尊重它。国王对这只猴子更是十分相信和宠爱，甚至连自己的宝剑都让猴子拿着。

在王宫的附近，有一个供人游乐的树林。当春天来临的时候，这个树林简直美极了，成群结队的蜜蜂嗡嗡地咏叹着爱神的光荣，争芳斗艳的鲜花用香气把林子弄得芳香扑鼻。国王被那里的美景所吸引，带着他的正宫娘娘到林子里去。他把所有的随从都留在树林的外边，只留下猴子给自己做伴。

国王在树林里好奇地游了一遍，感到有点疲倦，就对猴子说："我想在这座花房里睡一会儿。如果有什么人想伤害我，你就要竭尽全力来保护我。"说完这几句话，国王就睡着了。

一只蜜蜂闻到花香飞了来，落在国王头上。猴子一看就火了，心想："这个倒霉的家伙竟敢在我的眼前螫国王！"于是，它就开始阻挡。但是这只蜜蜂被赶走了，又有一只飞到国王身上。猴子大怒，抽出宝剑就照着蜜蜂砍下去，结果把国王的脑袋给砍了下来。

同国王睡在一起的正宫娘娘吓了一跳，爬起来大声喊起来："哎呀！你这个傻猴子，你究竟干了什么事儿呀！"

猴子把事情的经过原原本本地说了一遍，聚集在那里的人们把它骂了一顿，将它带走了。

【解析】 这则寓言对管理的启示是深刻的，"国王"作为管理者的悲剧在于：一是将保护的权利授给了无法承担保护责任的"猴子"；二是在对"猴子"授权后没有进行有效的监督与约束，不仅将宝剑交给了"猴子"，就连一直尽职尽责保护自己的随从也被支开，正是这种不科学的授权最终导致了悲剧发生——国王的脑袋被猴子砍了下来。

企业的管理者不可能事必躬亲，对属下进行授权是必要的。但是，怎样授权才是科学的、有效的呢？

首要的一条就是将权力授予能够胜任工作的人。建议管理者对下属进行完整的评价。如果管理者发现有的职员对自己的工作了解很深，并且远远超出管理者原来的预料，这些人就有可能具备担负重要工作任务的才能和智慧。如果管理者对员工的分析正确无误，那么选择能够胜任工作的人这一步就比较容易做好。但有一点也要记住，那就是管理者要尽量避免把所有的工作都交给一个人去做。

其次是对接受授权的员工进行监督和控制。没有制约的权力是不可想象的。仅有授权而不实施反馈控制会招致许多的麻烦，最可能出现的问题是下属会滥用他获得的权力。因此，在进行任务分派时就应当明确控制机制。首先要对任务完成的具体情况达成一致，而后确定进度日期，在这些时间里下属要汇报工作的进展情况和遇到的困难。控制机制还可以通过定期抽查得以补充，以确保下属没有滥用权力。但是，要注意物极必反，如果控制过度，则等于剥夺了下属的权力，授权所带来的许多激励就会丧失。

请记住，不要授权给"猴子"！

第四节　目视管理

一、目视管理的含义

目视管理是利用形象直观而又色彩适宜的各种视觉感知信息来组织现场生产活动，达到提高劳动生产率的一种管理手段，也是一种利用视觉来进行管理的科学方法。

目视管理是一种以公开化和视觉显示为特征的管理方式。综合运用管理学、生理学、心理学和社会学等多学科的研究成果。企业推行目视管理的目的是：以视觉信号为基本手段，以公开化为基本原则，尽可能地将管理者的要求和意图让大家都看得见，借以推动看得见的管理、自主管理、自我控制。目视管理实施得如何在很大程度上反映了一个企业的现场管理水平。无论是在现场，还是在办公室，目视管理均大有用武之地。

在日常活动中，我们通过"五感"（视觉、嗅觉、听觉、触觉和味觉）来感知事物的。其中，最常用的是"视觉"。因此，在企业管理中，强调各种管理状态、管理方法清晰明了，达到"一目了然"，从而容易理解、易于遵守，让员工自主性地完全理解、接受、执行各项工作，这将会给管理带来极大的好处。如交通用的红绿灯，红灯停、绿灯行。

国内某些企业在目视管理方面已经取得了较大的进步，不仅在工作现场开始较多地应用，而且在产品上也实施了目视管理，为客户带来方便。如电脑上有许多形状各异的接口，有圆的、扁的、长的、方的，其目的就是防止插错。现在有的电脑其接口不仅形状各异，并且各接口是不同的颜色，各连接线的插头也有相应的颜色。这样只要看颜色插线，又快又准。"效率高、不易错"正是很多情况下目视管理所带来的结果。

二、目视管理的特点及要点

1. 目视管理的特点

（1）以视觉信号显示为基本手段，大家都能够看得见。

（2）要以公开化、透明化的基本原则，尽可能地将管理者的要求和意图让大家看得见，借以推动自主管理或叫自主控制。

（3）现场的操作人员可以通过目视的方式将自己的建议、成果、感想展示出来，与领导、同事以及工友们进行相互交流。

所以说目视管理是一种以公开化和视觉显示为特征的管理方式，也可称为看得见的管理或一目了然的管理。这种管理的方式可以贯穿于各种管理的领域当中。

2. 目视管理的要点

（1）无论是谁都能判明是好是坏（异常）。

（2）能迅速判断，精度高。

（3）判断结果不会因人而异。

三、目视管理的作用

1. 迅速快捷地传递信息

目视管理根据人类的生理特征，充分利用信号灯、标示牌、符号、颜色等方式发出各种视觉信号，鲜明准确地刺激人们的神经末梢，快速地传递信息。

2. 形象直观地将潜在的问题和异常现象都显现出来

目视管理借助红牌、看板、信号灯、警示线等工具，显示生产现场的运行状态是处于正常状态还是异常状态。对于异常状态可以及早发现，早做处理。目视管理中各种工具的使用方法应简单明了，不管是新进的员工，还是新的操作手，都可以与其他的员工一样一看就知道、就懂、就明白问题在哪里。目视管理是一个在管理上具有非常独特作用的好办法。

3. 促进企业文化的建立和形成

目视管理通过对员工合理化建议展示，优秀人物和先进事迹表彰，宣传企业宗旨方向、远景规划等各种健康向上的内容，使所有的员工形成一种非常强烈的凝聚力和向心力，这些都是建立优秀企业文化的一种良好开端。

四、目视管理的类别

目视管理需要借助一定的工具，按照这些工具的不同，目视管理可划分为以下类别。

1. 红牌

红牌适宜于"5S"中的整理，是改善的基础起点，用来区分日常生产活动中的非必需品，挂红牌的活动又称为红牌作战。

2. 看板

看板是指在生产现场用来表示使用的物品、放置场所等基本状况的告示板。在看板上需标明使用物品的具体位置在哪里，做什么，数量多少，谁负责，甚至是由谁来管理等重要的项目，要让人一看就明白。

3. 信号灯

信号灯用于提示生产现场的操作者、管理者生产设备是否在正常开动或作业，发生了什么异常状况等内容。常用的有发音信号灯、异常信号灯、运转指示灯、进度指示灯等。

4. 操作流程图

操作流程图是指描述生产中重点工序、作业顺序的简明指示书，也称步骤图，用于指导生产作业。在一般的车间内，特别是工序比较复杂的车间，在看板管理上一定要有个操作流程图。

5. 反面教材

反面教材让生产现场的每个人了解、明白不良现象和后果。它一般放在显著的位置，让人们一眼就可以看到。

6. 提醒板

提醒板用于防止遗漏。健忘是人的本性，不可能杜绝，只有通过一些自主管理的方法来最大限度地尽量减少遗漏或遗忘。如有的车间内的进出口处有一块板子，上面写明今天有多少产品，要在何时送到何处，或者什么产品一定要在何时生产完毕。一般来说，提醒板上用纵轴表示时间，横轴表示日期，纵轴的时间间隔通常为 1 个小时，一天用 8 个小时来区分，每一小时就是每一个时间段记录正常、不良或者是次品的情况，让作业者自己记录。提醒板 1 个月统计 1 次，在每个月的例会中总结，与上个月进行比较，看是否有进步，并确定下个月的目录，这是提醒板的另一个作用。

7. 区域线

生产的现场，对原材料、半成品、成品、通道等区域用醒目的线条区分划出，保持生产现场的良好生产秩序。

8. 警示线

警示线是指在仓库或其他物品放置处用来表示最大库存量或最小库存量。

9. 告示板

告示板是一种及时管理的道具，也就是公告，或是一种让大家都知道的信息传递方式，如通知今天下午两点钟开会，告示板就是书写这些内容。

10. 生产管理板

生产管理板是揭示生产线的生产状况、进度的表示板，记录生产实绩、设备开动率、异常原因等。

五、目视管理的实施方法

目视管理本身并不是一套系统的管理体系或方法，因此也没有什么必须遵循的步骤。如果说一定要列出推行的方法，那么通过多学多做，树立样板区，然后在企业全面展开是可取的。

目视管理的实施可以先易后难，先从初级水准开始，逐步过渡到高级水准。作为使问题"显露化"的道具，目视管理有非常大的效果。但是，仅仅使用颜色，不依具体情况就在"便于使用"上下工夫是没有多大的意义的。因此，发挥全员的智慧，下工夫使大家都能用、都好用是实施目视管理的要点所在。

 案例分析

管理人员的基础课程

数月前，一家大型制造公司的总裁做出了两大决定：第一，他宣布公司将开始向各大专院校招聘有潜质的大学生，不管是工商专业的还是非工商专业的都可报名（以前该公司只招收工商专业的毕业生）；第二，他通知培训部，对招收的新职工进行基础管理课程的培训。他补充解释说："我女儿去年大学毕业后直接来我的公司工作。自从进公司以来，她已接受了一系列管理培训，然而她所学到的仅是些工具和方法，诸如决策、领导沟通技能、时间管理以及如何面对压力环境等。仅这些培训课程怎么能使她成为一名有效的管理人员。她所需要的是一些基础课程，能使她熟悉一般的管理领域，然后，她能参加些专门的培训课程来补充她的基础知识。"

　　培训部的主任已开始筹备公司内部的基础培训课程。他在公司中征求了许多人的意见，然而他发现所有的人都只强调自身领域的重要性。销售部门的人希望人人都熟悉销售管理；生产部门则认为新职工首先应熟悉生产计划、设备布局；搞人事的又强调要学习沟通技能和群体行为；有两位高层管理人员甚至强调应学习全面计划和控制学说。

　　显然，结果是众说纷纭、莫衷一是。培训主任认为这些意见都有道理，但仍旧太专业化了，缺少一个基础管理课程来把它们综合起来。因此，他决定在公司外物色合适的人选。他要既能满足总裁的要求，又能平衡各专业领域的需要。

　　根据以上信息，试回答：

　　（1）你认为该培训课程应该怎么办？

　　（2）如果你是该培训部主任聘请的管理顾问，请你草拟一份管理基础课程的提纲。

第七章　安全生产管理

 学习目标

1. 掌握安全生产管理的具体内容。
2. 熟悉安全生产的规章制度。
3. 掌握安全生产管理的文化建设。
4. 了解国内外企业的安全生产管理模式。

第一节　安全生产管理概述

安全生产管理是企业管理的一个重要组成部分。事故是人们在有目的的行动过程中，突然出现的违反人的意志的、致使该行动暂时或永远停止的事件。企业生产过程中发生的伤亡事故，一方面给受伤害者本人及其亲友带来痛苦和不幸，也给企业生产带来巨大的损失。因此，安全寓于生产之中，安全与生产密不可分。安全性是企业生产系统的主要特性之一，企业的安全状况是整个企业综合管理水平的反映。

一、安全生产管理的含义

（一）安全的含义

安全是指生产系统中人员免遭不可承受危险的伤害。

安全条件在生产过程中，不发生人员伤亡、职业病或设备、设施损害或环境危害的条件。安全状况是指不因人、机、环境的相互作用而导致系统失效、人员伤害或其他损失。

（二）本质安全

本质安全是指设备、设施或技术工艺含有内在的能够从根本上防止发生事故的功能，具体包括以下两方面的内容。

1. 失误-安全功能

失误-安全功能是指操作者即使操作失误，也不会发生事故或伤害，或者说设备、设施和技术工艺本身具有自动防止人的不安全行为的功能。

2. 故障-安全功能

故障-安全功能是指设备、设施或技术工艺发生故障或损坏时，还能暂时维持正常工作或自动转变为安全状态。

上述两种安全功能应该是设备、设施和技术工艺本身固有的，即在它们的规划设计阶段就被纳入其中，而不是事后补偿的。

本质安全是安全生产管理预防为主的根本体现，也是安全生产管理的最高境界。实际上由于技术、资金和人们对事故的认识等原因，到目前还很难做到本质安全。

（三）安全生产与劳动保护

安全生产是为了使生产过程在符合物质条件和工作秩序下进行，防止发生人身伤亡和财产损失等生产事故，消除或控制危险有害因素，保障人身安全与健康，设备和设施免受损坏，环境免遭破坏的总称。

劳动保护是指保护劳动者在生产过程中的安全与健康。很明显，劳动保护的对象是从事生产的劳动者。更广泛地说，劳动保护是依靠科学技术和管理，采取技术措施和管理措施，消除生产过程中危及人身安全和健康的不良环境、不安全设备和设施、不安全环境、不安全场所和不安全行为，防止伤亡事故和职业危害，保障劳动者在生产过程中的安全与健康的总称。劳动保护是站在政府的立场上，强调为劳动者提供人身安全与身心健康的保障。

（四）安全生产管理

安全生产管理是管理的重要组成部分，是安全科学的一个分支。所谓安全生产管理，就是针对人们生产过程的安全问题，运用有效的资源，发挥人们的智慧，通过人们的努力，进行有关决策、计划、组织和控制等活动，实现生产过程中人与机器设备、物料、环境的和谐，达到安全生产的目标。

安全生产管理的目标是：减少和控制危害，减少和控制事故，尽量避免生产过程中由于事故所造成的人身伤害、财产损失、环境污染以及其他损失。安全生产管理包括安全生产法制管理、行政管理、监督检查、工艺技术管理、设备设施管理、作业环境和条件管理等。

安全生产管理的基本对象是企业的员工，涉及企业中的所有人员、设备设施、物料、环境、财务和信息等各个方面。安全生产管理内容包括：安全生产管理机构和安全生产管理人员、安全生产责任制、安全生产管理规章制度、安全生产策划、安全培训教育和安全生产档案等。

二、安全生产管理的作用

1. 做好安全生产管理工作是实现"以人为本"的要求

落实国家"安全发展，以人为本"的要求，必须首先要尊重、保障所有员工的生命，确保员工在工作中的职业健康与安全。随着社会的进步、经济的发展和人民生活水平的不断提高，人们对安全的认知度也越来越高，关注安全、关爱生命的理念也越来越深入，必然对企业安全生产管理提出更高的要求。只有实现了安全生产、安全发展，广大员工的生命、财产安全得到了保证，员工才能安居乐业，企业才能稳定、社会才能和谐。

2. 安全生产运营可以节省直接成本和间接成本

安全生产管理工作不到位，发生生产安全事故，必然给企业增加管理成本，因此，做好安全生产管理工作符合企业追求利润最大化的本质。应该认识到优异的业绩对企业来说非常重要，如果受到伤害的员工数目减少了，员工的士气就可以得到提升。企业的设备和设施损害减少了，绩效和施工周期就可以得到提高。

一个企业要实现良性的和持续的发展，安全生产工作就不可忽视，不论是从建立企业的健康、安全形象，还是从保护员工的生命财产安全着想，企业安全生产管理工作的重要性和必要性都是显而易见的。

3. 通过管理手段控制事故是最有效、最经济的方式

虽然控制事故最直接的手段是通过技术手段解决问题，但经济条件和现有的技术水平使这类方法受到很大程度的制约。当前，大多数企业之间设备安全水平的差异有限，而事故率却大小有异，主要的问题就是安全生产管理水平存在较大的差异。

三、安全生产管理的内容

企业安全生产管理的基本内容是：依据国家法律、法规、标准和方针政策，依据有关职业安全健康的国际公约、条约，建立健全企业安全生产管理机构；落实以安全生产责任制为核心的各项安全生产管理制度；采取各种措施，完善安全条件；组织安全生产宣传教育和安全技术技能训练；开展安全生产检查；尤其是强化现场安全控制；做好事故预防和事故处理，并不断持续改进，逐步完善企业的职业安全健康管理体系，提升企业职业安全健康管理的业绩。

1. 建立健全安全生产管理机构

企业安全生产管理必须要有与之相适应的组织体系。企业要实现安全生产，国家的方针政策、法律法规以及各项安全技术措施固然重要，但必须要有相应的组织和人员去贯彻、执行，方针政策才能得以落实。

建立健全以下安全管理的专门机构，实现分级管理、分系统管理与综合管理相结合，实现专业管理与群众管理相结合。这些机构包括：安全生产委员会、劳动保护监督监察委员会、医务劳动鉴定委员会、防火安全委员会、安全技术处（科）、工业卫生处（科）、消防队、气体防护站、车间安全员、班组安全员、工会劳动保护监督检查员、工会劳保监督检查委员会和工会小组劳动保护检查员等。

2. 健全安全生产规章制度

搞好企业安全生产，预防企业职工伤亡事故和职业危害，降低设备损坏，根本问题还是要靠制度管理，不能靠人治，需靠企业的安全生产规章制度。

企业的安全生产规章制度是实现企业安全生产的重要管理手段。它是从管理上将员工思想和行为统一规范起来，把企业的生产经营活动与安全工作紧密结合起来，使国家的安全生产方针政策，使国家有关法律法规和各项标准落实到企业的整个生产经营活动的各个环节上，最大限度地降低人、机、物、环境的损害。

3. 安全生产条件

安全生产条件是指生产经营单位在安全生产中的设施、设备、场所、环境等"硬件"方面的条件，这些条件是与安全生产责任制度相配套的。完善的安全生产条件是指：工作场所方面符合安全生产要求；生产设备符合安全生产要求；特殊的作业场所符合安全生产要求。完善企业安全生产条件是企业安全生产管理的重要内容，也是预防生产安全事故和职业病的有效对策。

 **相关案例**

"节约"的皮具厂

张某与王某合伙投资建设一个旅行用皮包生产厂，但资金不足。因当时市场上该品种皮包的销路很好，为抓住商机，尽快获取经济利益，二人经商议后，决定砍掉计划用于购买通风设备的资金，先投产再说。结果在生产过程中，因生产车间通风不好，苯的含量严重超标，发生严重的苯中毒事故。

《安全生产法》第18条正是针对这种情况做出明确规定："生产经营单位应当具备的安全生产条件所必需的资金投入，由生产经营单位的决策机构、主要负责人或者个人经营的投资人予以保证，并对由于安全生产所必需的资金投入不足导致的后果承担责任。"

这起事故充分说明，要保证安全生产，必须有一定的物质条件和技术措施加以支持，这就要求生产经营单位对安全生产方面必须有相应的资金投入。

4. 安全生产宣传教育

企业安全生产宣传教育制度就是企业通过宣传教育手段帮助企业员工了解、掌握安全知识、安全技术、安全技能，树立正确的安全价值观、安全行为准则，提高员工安全意识水平，建设企业安全文化的安全生产管理制度。

对企业员工开展安全生产的宣传教育，增强企业领导人、管理人员和全体员工搞好安全工作的责任感和自觉性，提高员工的安全技术素质，使广大的员工掌握安全生产知识，提高安全操作水平，发挥自控自防的自我保护作用，有效地防止事故发生。

5. 安全生产检查

安全生产检查是企业宣传安全生产方针，及时发现隐患，消除不安全因素，交流安全生产经验，推动安全工作的一种有效的安全管理方法。

安全生产检查要根据企业生产特点，对生产过程中的安全进行经常性的、突击性的或者专业性的检查。检查内容包括生产工艺、生产流程、设备设施、规章制度、操作行为以及员工思想意识等方面。安全生产检查常概括为查思想、查制度、查设备、查教育、查操作行为、查劳保用品使用、查伤亡事故的处理等。因为在生产过程中，机器设备、防护设施、工艺流程、生产环境、劳动条件、使用工具、人员的安全意识以及操作行为等都会受到种种因素的影响而出现各种不安全的危险因素。这些危险因素就是安全生产的种种隐患。

如不及时予以消除，就有可能引发事故，甚至引发重大伤亡事故。因此，必须要经常开展安全生产检查活动，对生产过程中安全状况的各种变化和可能引起事故的各种隐患及时采取整改措施，以避免重大伤亡事故的发生。

6. 生产现场安全生产管理

现场安全管理是指企业按照政府有关法律、法规、标准和企业有关制度以直接消除生产过程中出现的人的不安全行为和物的不安全状态为目的一种最基层的、具体的安全管理活动。现场安全管理是企业安全管理活动的核心，是其他各层次安全管理活动得以实施和落实的保证。

企业现场安全管理是日常性、经常性的安全管理，这表现在只要生产仍在进行，这种现场安全管理活动便不能停止。安全管理上的一切决策、指令、组织协调的成果均要落实到这个层次上来，并求得结果。也就是说，这一层次上的管理活动不是自发产生的，而是与上层次的管理指令密切相关。

把生产现场的安全生产管理工作作为核心来抓，是因为在安全管理中班组一线员工（操作者）都担负着一定的工序加工任务，而操作者的技能和工作质量是影响产品质量的直接因素，因而一线员工在认真执行本岗位的安全操作规程外应坚持"安全第一，预防为主"。在自我控制的基础上，不断提高思想和改进方法，力争做到安全、优质、高效、低耗。

7. 事故预防和事故处理

事故是指由于物质的或自然的原因而发生，并导致人员死亡、伤害、疾病或财产损失的偶然性、突发性事件。绝大多数事故是可以预防和避免的，许多事故存在着一定的人为因素。因此，企业要采取相应的工程技术措施、教育措施、管理措施和经济措施预防事故的发生，也可以说，以上六个方面的管理措施都是为了预防事故的发生。

事故处理就是要做好事故调查、事故分析、撰写事故报告工作。其目的是掌握事故情况，找出事故发生的原因，分清事故责任，制定改进措施以及完成国家法律规定的其他任务，以此找到事故发生的规律，防止类似事故的发生，达到减少和预防事故的目的。

相关案例

小疏忽酿成森林大火

发生在1987年5月6日的大兴安岭特大森林火灾事故就是由一个烟头引起的。

当时，无情的烈焰越烧越旺，火势乘着大风，铺天盖地席卷而去，顷刻间，林海浓烟滚滚，遮天蔽日，一条条"火龙"到处乱窜，一棵棵燃烧的巨树像一支支点燃的蜡烛。5月7日，大火在一夜之间将百年老树烧成木炭，甚至将贮木场几万方木材化为灰烬。

祖国的"绿色宝库"在熊熊燃烧，大兴安岭地区人民面临着一场空前的劫难。大火牵动了亿万人的心。国务院总理一天之内6次询问火情，灾情。

5月13日，国务院现场办公会议在火场废墟中召开。5万多军民云集大兴安岭火场，打响了一场气壮山河的灭火战斗。

28天过去了，最后一处火点被扑灭。然而大火造成的劫难令人震惊。

大火过后，101万公顷地面惨遭火劫，85万立方米木场存材被焚毁，6万多人无家可归。从塔河到古莲的几百公里铁路沿线被大火洗劫一空，2488台各种设备，总长1340米的67座桥涵，483公里的通讯线路，284公里长的输变电线路，325万公斤粮食，61.4万平方米房屋，193人的生命（受伤者不知其数），在大火中遭受劫难。大兴安岭森林资源的1/19从地球上消失，这场森林大火成为中华人民共和国成立以来毁林面积最大、伤亡人员最多、损失最为惨重的一次大灾难，举世震惊。

第二节　企业安全生产规章制度

一、企业安全生产规章制度概述

（一）安全生产规章制度的含义

安全生产规章制度是保证劳动者的安全和健康，保证生产经营活动顺利进行的手段。企业应根据国家安全生产法律法规的要求，结合本企业的实际，建立健全安全生产规章制度。

（二）安全生产规章制度的内容

企业的安全生产管理制度可按安全管理所面向的对象来分类。通常把企业的安全生产管理制度划分为以下三类。

1. 安全生产管理制度

安全生产管理制度包括：安全生产管理总则、安全生产责任制、安全生产教育制度、安全生产检查制度、安全生产奖惩制度、安全技术措施管理制度、安全生产设施管理制度、各类事故管理、特殊区域内施工审批制度、劳动防护用品发放管理制度、基本建设项目和技术改造项目的"三同时"（即主体工程与劳动卫生安全工程同时设计、同时施工、同时投产）审查验收管理制度。

2. 安全技术管理制度

安全技术管理制度包括：生产工艺规程（安全技术规程）、各种生产设备（设施）的安全技术标准，特种设备安全管理制度、易燃易爆有毒有害物品安全生产管理制度。

3. 职业健康管理制度

职业健康管理制度包括：女工保护制度、未成年工保护制度、控制加班加点管理制度、防暑降温管理制度、防寒保暖管理制度、有毒有害作业场所环境监测制度、从事有毒有害作业人员体检制度、保健食品发放管理制度、防止职业中毒管理制度和职业病管理制度等。

4. 安全操作规程

安全操作规程包括两大类：（1）各种生产设备的安全操作规程，这类制度主要包括生产设备的安全操作规程规定了正确操作设备的程序、方法，只要按规程规定操作就可以防止操作中发生因操作不当而导致的设备损坏事故和伤亡事故；（2）各岗位的安全操作规程，这些规程明确了各岗位生产工作全过程各工序的正确的安全操作方法，只要按规程规定操作就可以防止操作中因不安全行为导致的伤亡事故。

这两类安全操作规程的根本内容是一样的，只是侧重点不同。设备安全操作规程注重生产设备的操作，也即"物的安全"；而岗位安全操作规程则是侧重于人的行为，也即"人的安全"。

二、企业安全生产责任制

（一）安全生产责任制的内涵

在企业安全生产规章制度中，安全生产责任制是中心内容。安全生产责任制是根据我国的安全生产方针"安全第一，预防为主"和安全生产法规建立的各级领导、职能部门、工程技术人员、岗位操作人员在劳动生产过程中对安全生产层层负责的制度。安全生产责任制是企业中最基本的一项安全制度，也是企业安全生产、劳动保护管理制度的核心。

安全生产责任制主要包括三个方面：一是企业各级负责生产和经营的人员，在完成生产或经营任务的同时，对保证职工安全和健康负有重要的责任；二是各职能部门的人员，对自己业务范围内有关的安全生产负有相应的责任；三是所有的工人对自己范围内的安全生产负责。

（二）完善配套机制　落实安全生产责任制

1. 完善安全生产考核制

要建立健全安全生产考核机制，在完善安全生产责任制的基础上制定实施考核管理办法，在考核中结果和过程必须要做到公开、公正、公平，确实发挥作用。

2. 完善安全生产奖罚机制

市场经济条件下，要做好安全工作离不开经济杠杆的调节作用。完善奖罚机制，要突出重奖重罚的原则，通过奖罚机制进一步调动领导和职工搞好安全生产的积极性和主动性，从而自觉地去搞好安全生产。

3. 完善事故举报机制

随着国务院《关于特大安全生产事故行政责任追究的规定》的实施，建立完善事故举报机制至关重要。发挥监督功能，充分发挥制度、群众、舆论三者的监督作用，有效地扼制隐瞒事故现象的发生。

4. 完善责任追究制度

国务院《关于特大安全生产事故行政责任追究的规定》是有效控制重大事故发生的法规依据。

5. 完善监督检查机制

在落实责任追究过程中，抓好监督检查这个环节十分重要，凡是发生的各类事故都要对责任人进行严格的追究。

三、安全生产教育制度

安全生产教育是企业贯彻"安全第一，预防为主"的安全生产方针，是实现安全生产管理工作规范化、程序化、科学化最重要的基础工作。

（一）安全生产教育的内容

安全生产教育的内容一般分为思想教育、法规教育和安全技术教育三个方面。

1. 思想教育

思想教育主要是正面宣传安全生产的重要性，选取典型事故进行分析，从事故的政治影响、经济损失、个人受害后果几个方面进行教育。

2. 法规教育

法规教育主要是学习上级有关文件、条例，本企业已有的具体规定、制度和纪律条文。

3. 安全技术教育

安全技术教育包括生产技术、一般安全技术的教育和专业安全技术的训练。安全技术教育的内容主要是企业安全技术知识、职业健康知识和消防知识和一些特殊工种进行的专门安全知识和技能训练。

（二）安全生产教育的主要形式

安全生产教育的主要形式有三级教育、特殊工种教育和经常性的安全宣传教育等形式。

三级教育即在工业企业所有的伤亡事故中，由于新工人缺乏安全知识而产生的事故发生率一般为 50% 左右，所以对新工人、来厂实习人员和调动工作的工人要实行厂级、车间、班组三级教育。

经常性的安全宣传教育即结合企业的具体情况，采取各种形式，如安全活动日、安全交底会、事故现场会、宣传海报等方式进行宣传。

（三）安全生产教育的原则

为了使安全生产教育培训取得良好的效果，在确定安全生产教育培训内容后应遵循以下原则。

1. 科学性与系统完整性原则

（1）保证安全生产法规教育培训内容的科学性和系统完整性，除了注意概念的科学理解外，还必须反对顾此失彼、一知半解和"各取所需"。必须提倡辩证地理解安全生产法规条款中互相制约的关系。

（2）采取科学的、系统完整的法规教育培训体系，统筹规划，相互协调，避免漏洞，以保证科学、系统、完整地理解安全生产法规的条款和精神实质。

2. 教育性原则

（1）充分挖掘安全生产法规及其具体条款的教育性，使接受安全教育培训的职工受到深刻的教育，使他们充分领会精神，养成安全生产法规所指引的思想感情和行为习惯，坚定维护和实施安全法规的信念。

（2）在利用事故案例进行教育时也要适当注意分寸和效果，避免为介绍而介绍的倾向，避免有意无意地过分夸大事故后果的严重性。

3. 普及性原则

（1）安全教育培训工作必须面向企业全体人员。

（2）安全教育培训工作必须通过一切可以利用的渠道和宣传媒体，扩大宣传面，其中主要包括报纸、书刊、广播、电影、电视、教学、培训、宣讲、竞赛、演习和文艺演出等。

（3）利用一切可以利用的形式，其中包括新闻报道、电影电视、广播曲艺和教材讲义等。

4. 通俗性原则

安全规章制度的条款文字应力求通俗易懂，要放弃广大职工不易理解的词语，改用更明白易懂的词语。对每一项重要的安全生产法规都应编写出通俗的讲解材料，对名词要做出解释和注释，广为发行宣传。

5. 直观性原则

安全生产法规既然是人们的行为规范，就可以体现在人们的具体行为中，这就为安全生产教育培训的直观性原则提供了基础。直观性原则可通过以下几个方面体现。

（1）结合典型事故案例进行安全生产宣传教育。通过事故案例说明安全生产法规的实质性内容，让员工理解安全生产法规的精神实质。

（2）利用形象化信息工具，如电影、电视、广播、录音和录像等，将安全生产法规形象、生动地表现出来。

6. 理论联系实际原则

安全宣传教育工作本身负有预防违章肇事行为的使命，而只有理论联系实际才能收到更大的效果。这就需要针对人们存在的实际问题（其中包括对安全法规的怀疑、不信任或漠不关心等）开展安全宣传教育工作。联系现实生活中的具体事故案例，可以使接受宣传教育的人获得真切的认识和感受。在生产过程中，人是最积极、最活跃的因素，强化安全宣传教育就可以使人们掌握客观规律，就可能去限制它的不利一面，利用它的有利一面，充分发挥人的主观能动性，把各类事故消灭在萌芽状态。

7. 按需施教原则

由于生产经营单位各类人员所从事的工作不同，所要求的安全知识、技能也不相同。因此，员工安全教育培训应充分考虑他们各自的特点，做到因材施教。同时，应针对员工的不同文化水平、不同的工种岗位、不同的要求以及其他的差异区别对待。

8. 培训方式和方法多样性原则

培训内容主要按员工培训需求来确定，而培训内容不同，培训方式和培训方法也应有所不同。如一线作业人员的安全操作技能的培训采用模拟训练法或示范教学法比较合适，领导和管理人员的安全知识培训主要用案例分析研究法、课堂讲授法的效果较好。

四、企业安全生产检查制度

（一）安全生产检查概述

安全检查是企业宣传安全生产方针，及时发现隐患，消除不安全因素，交流安全生产经验，推动安全工作的一种有效的安全管理方法。

安全生产检查是安全生产职能部门必须履行的职责，也是监督、指导、及时消除事故隐患、杜绝不安全因素的方法途径和有力措施。企业要根据生产特点，对生产过程中的安全进行经常性的、突击性的或者专业性的检查。

在生产过程中，机器设备、防护设施、工艺流程、生产环境、劳动条件、使用工具、人员的安全意识以及操作行为等都会受到种种因素的影响而出现各种不安全的危险因素。这些危险因素就是安全生产的种种隐患。如不及时予以消除，就有可能引发事故，甚至引发重大伤亡事故。因此，必须要经常地开展安全生产检查活动，对生产过程中安全状况的各种变化和可能引起事故的各种隐患及时采取整改措施，以避免重大伤亡事故的发生。

（二）安全生产检查的目的

1. 及时发现和纠正不安全行为

人的操作有很大的自由性，常常受心理因素和生理因素的影响，尤其是繁重、毒害、单调重复的作业最易违反规定，按照省力、简便、快速的办法去操作，即使是危险作业，在安全生产一段后，麻痹大意、疏忽侥幸的思想也会增长，形成自由操作。安全生产检查就是要通过监察、监督、调查、了解和查证，及早发现不安全行为，并通过提醒、说服、劝告、批评、警告，直至处分、调离等，消除不安全行为，提高工艺操作的可靠性。

2. 及时发现不安全状态，改善劳动条件，提高本质安全程度

设备由于腐蚀、老化、磨损、龟裂等原因易发生故障；作业环境温度、湿度、整洁等也因时而异；建筑物、设施的损坏、渗漏、倾斜等，物料变化、能量流动等也会产生各种各样的问题。安全生产检查就是要及时发现并排除隐患，或采取临时辅助措施。对于危险和毒害严重的劳动条件提出改造计划，督促实现。

3. 及时发现和弥补管理缺陷

计划管理、生产管理、技术管理和安全管理等的缺陷都能影响安全生产。安全检查就是要直接查找或通过具体问题发现管理缺陷，并及时纠正弥补。

4. 发现潜在危险，预设防范措施

按照事故逻辑思维，观察、研究、分析能否发生重大事故，发生重大事故的条件，可能波及的范围及遭受的损失和伤亡，制定防范措施和应急对策。这是从系统、全局出发的安全检查，具有重要的宏观指导意义。

5. 及时发现并推广安全先进经验

安全生产检查既是为了检查问题，又可以通过实地调查研究、比较分析发现安全生产典型，推广先进经验，以点带面，开创安全工作新局面。

6. 结合实际，宣传贯彻安全生产方针政策和法规制度

安全生产检查的过程就是宣传、讲解、运用安全生产方针、政策、法规、制度的过程，由于结合实际，容易深入人心，收到实效。

 **相关链接**

大连市电梯坠落事故

2007年3月12日，大连市最高建筑世贸大厦电梯发生事故，19人受伤。收治19名在世贸大厦电梯事故中受伤的患者，其中5人伤势严重，主要为脊柱、关节损伤和腰椎骨折。

大连世贸大厦发生的这起电梯突然下滑事故在电梯事故中俗称"蹲底"，是电梯在运行过程中最常见的安全事故之一，超载往往是引发此类事故的重要原因。该电梯核定承载量为1350公斤，允许载客20人。这次乘了26人，这种现象叫超载运行。

超载是电梯运行的重大隐患。因此为避免超载引发事故，电梯在设计时都设置有超载开关，一旦超员电梯会自行发出警报，并自动停止运行。但是这次电梯并没有发出任何的警报，也没有停止运行。本该在超载运行时做出警告并自动停止运行的安全系统怎么失灵了呢？质检人员对发生事故的电梯进行检查时找到了答案。就是电梯轿箱按钮盒后面那块通讯信号传输板，它的这个位置上已经布满了锈迹，由于锈迹有可能造成电梯信号传输的一种短路，使之信号混乱、超载（报警装置）失灵。

这样关键的部件怎么会生锈呢？原来在这次事故发生之前一个月世贸大厦曾经发生过一起火灾，消防人员及时扑灭了大火，挽救了大厦，但正是这场水与火的考验给大厦电梯系统的安全运行埋下了隐患。水通过9楼的楼梯和（电梯）井道流到下面，对这个电梯造成了一定的损坏，被水淹了，导致这个开关的失灵。

大连世贸大厦使用的电梯是由大连星玛电梯有限公司生产并负责维修保养的，他们在火灾之后曾对电梯进行过维修保养。

水灾以后电梯维护单位应该把所有的电梯元件中有问题的应该全部进行检查、换掉，换成可以保证安全运行的新的元件才能运行，特别是电脑板这类传输元件和信号汇总元件都应该是换成新的、没有问题的，检查无误的才能运行。但维护单位没有做到。如果要及时更换这些部件就可以避免这起事故的发生。

电梯维护单位不仅没有更换受损部件，也没有按规定在火灾发生之后向质检部门申请对维修过的电梯进行安全检测。按照我国《电梯监督检验规程》第3条的规定，电梯遇到可能影响其安全技术性能的灾害后，应当由特种设备检验机构对电梯进行检验后才能恢复使用。大火中消防用水浸湿了电梯，被侵蚀的系统部件没有得到更换，致使生锈的通讯信号传输板带着隐患运行，最终导致超载报警系统失灵，酿成了惨剧。

（三）安全生产检查的形式

安全生产检查的主要形式包括：岗位日常安全检查，安全生产管理人员日常巡查，定期综合性安全生产检查，专业性安全检查、不定期检查。此外，还包括季节性安全检查、隐患整改跟踪检查等形式。

1. 岗位日常安全检查制度

岗位日常安全检查制度是以职工为主体的检查形式，不仅是进行安全检查，而且是职工结合生产实际接受安全教育的好机会。它要求每个岗位的操作人员在每天操作前对本岗位或者将要进行的工作进行自检，并做简要记录，确认安全可靠后才进行操作的制度。

2. 安全生产管理人员日常巡查制度

安全生产管理人员日常巡查制度是指生产作业现场的安全生产专（兼）职管理人员每天都进行的检查，这是安全生产监督检查的重要方式。安全生产不仅是岗位操作人员的职责，同时更是安全生产管理人员的职责。通过日常的安全巡查可以让安全管理人员了解具体的生产状况，发现事故隐患，这个制度必须坚持执行。

3. 定期综合性安全生产检查制度

定期综合性安全生产检查制度是对安全工作进行全面检查以便能发现问题，研究解决安全管理上存在的问题，把整改具体措施落实到位，总结安全管理工作，进行安全教育。定期综合性安全生产检查制度是企业安全检查制度的重要组成部分。通过定期对设备、工艺等环节的检查，安全生产管理部门能够及时发现存在的安全隐患，并采取有效手段消除隐患，确保生产安全进行。

4. 专业性安全检查

专业性安全检查一般分为专业安全检查和专题安全调查两种。它是对某一项危险性大的安全专业和某一个安全生产薄弱环节进行专门检查和专题单项调查。调查比检查工作进行得要详细，内容要全面，时间较长，并且做出分析报告，其目的都是为了及时查清隐患和问题的现状、原因和危险性，提出预防和整改的建议，督促消除和解决，保证安全生产。

5. 不定期检查

不定期检查是指不在规定时间内，检查前不通知受检单位或部门而进行的检查。不定期检查一般由上级部门组织进行，带有突击性，可以发现受检查单位或部门安全生产的持续性程度，以弥补定期检查的不足。不定期检查主要作为主管部门对下属单位或部门进行安全生产检查的辅助方法。

 **相关链接**

建筑安全生产检查表

盟市：　　　　　　工程项目：

施工企业				工程面积（m²）		开工日期	
内容	序号	检查项目		检查情况			评价意见
执法行动	1	安监手续与施工许可					
	2	安全生产许可证是否有效					
	3	"三类人员"持有效证件上岗					
	4	特殊工种持有效证件上岗					
	5	上级下达隐患整改情况					
	6	其他建筑违法非法行动					
治理行动	1	脚手架、模板、深基坑、建筑起重机械方案、论证、落实					
	2	隐患排查治理开展情况					
	3	安全生产责任制和管理制度制定					
	4	现场违规、违章、违纪行动					
	5	安全质量标准化工作进展					
	6	施工现场消防安全管理制度的落实情况					
	7	建筑安全生产应急救援预案的制定、演练及有关物资、设备配备和维护情况					
	8	建筑安全生产事故查处情况					
教育行动	1	作业人员安全教育数量内容					
	2	特种作业人员教育					
	3	三级安全教育					
	4	现场安全教育落实					

检查组成员签字：　　　　　　　　　　　　　　检查日期：

五、企业安全生产伤亡事故管理制度

　　安全生产伤亡事故的原因是事故管理制度的起点，也是事故管理工作的核心，没有调查清楚事故的原因是不可能处理好事故的。事故责任人的处理就是事故原因调查分析的直接结果，人的不安全行为是事故的主要原因，所以强化对安全生产事故责任人的处理也是事故管理制度的重点。整改措施是在调查事故原因的基础上采取的管理和技术措施，是防止同类型事故再次发生的根本保障。每次事故的处理都有一定的程序，调查事故原因、处理责任人、落实整改措施属于初步的防治措施。而吸取事故教训，从思想上真正重视安全生产的重要性，为长远的安全生产工作制定合理的管理制度才是事故管理的最终目的。

安全生产伤亡事故的管理制度主要包括：安全生产伤亡事故的调查制度；安全生产伤亡事故责任的追究制度；安全生产伤亡事故整改措施的落实保障制度；安全生产伤亡事故和典型案例的教育制度。另外，还需要建立伤亡事故和未遂事故的报告统计制度、事故预防经费的保障机制等。

 **相关案例**

赤膊上阵险丢命

我是重庆能源集团打通一矿机电二队电工，现在又到了一年一度的仲夏时节，每当看到有员工赤膊上阵，处理各种设备事故时，我总会善意地提醒他们一定穿好工作服和绝缘靴，因为我常常想起自己12年前赤膊上阵险些丢命的事情。

12年前7月的一天，天气特别热，我穿着背心、短裤在值班。师傅进来吩咐我："1号压风机的接触器烧了，马上去库房领个新的，我们一起去更换，记住，穿上工作服和绝缘靴。"

天这么热，穿一身厚厚的工作服，既麻烦又难受。按电工操作规程要求，作业时必须两人以上，一人工作，一人监护，并穿戴好劳动保护用品。但我想，换个接触器这么件小事，我一个人就行了。没叫师傅，我直接到了现场。

电气柜安置在墙角，6台电机密密麻麻地摆放着，要更换的接触器在柜角，由于空间狭小，给更换工作带来困难。我小心翼翼地猫着身子进去。机房像个热气腾腾的蒸笼，我弓着身子特别难受。损坏的接触器好不容易拆了下来，我已是汗流浃背。

师傅穿戴整齐地来了，"你光胳膊光腿不要命了？"师傅命令我马上出来。我说："不碍事，这热死人的天，看你的穿着就难受！你歇会儿，我马上就好。"说完，我又蹲了下去。突然"啪"的一声，我只觉得全身一麻，就什么也不知道了。事后，我才知道是我的裸臂触碰到旁边的带电物件上。师傅赶紧拉下电闸，救了我一命。

从此，无论是冬天还是夏天，在做任何电工工作时，我都穿着工作服、绝缘靴，将自己武装得严严实实。

【解析】 按电工操作规程要求，作业时必须两人以上，一人工作，一人监护，并穿戴好劳动保护用品。这名电工不仅不穿戴劳动防护用品，而且还违章自己一个人处理机电事故，真是胆大。假如不是师傅出手及时，他可能就没有命了。现在正是酷暑期间，处理机电设备事故时，请严格按规章制度穿戴好劳动防护用品，不要贪凉快。

六、企业安全生产奖惩制度

员工是安全工作的主体，领导干部和安全管理人员不仅要把员工当成管理的对象，还要当成管理的动力，要善于研究员工的心理特点。在管理制度的制定和实施上，更多地考虑员工的承受程度，要通过对员工的关心、关爱和教育的方式引导员工遵章守纪。奖励对于安全生产做出各种贡献的行为，要善于倾听员工的心声，尽可能为员工创造一个良好舒适的工作环境。对于违章的员工，采取教育为主、惩罚为辅的方式，利用亲情教育方式帮助员工杜绝违章。这样能提高员工的工作积极性，自觉遵守规章制度。

对于不断发展变化的安全生产的新形势，安全生产奖惩制度也要不断的创新，以适应新形势。创新的安全生产奖惩制度制定和实施应分为硬化、优化、固化三个阶段。

1. 硬化阶段

在新的安全生产奖惩制度实施时，不能完全对其能否在工作中产生多大的作用做精确的评估，所以在发布后要硬化到企业的安全生产行为中去，此时应对员工多提醒，使其能体验制度的优劣。

2. 优化阶段

在新的安全生产奖惩制度实施一段时间后要对其进行优化完善，这需要制度的所有参与者集体完成，此时应对提出合理建议的人员给以合理的奖励，有利于提高大家的积极性。

3. 固化阶段

新的安全生产奖惩制度在最终完成后将其贯彻执行，深化到员工的安全生产行为习惯中去。执行力是制度的保障，明确有力的执行是必不可少的。

第三节　企业安全文化建设

在安全生产的实践中，对于预防事故的发生，仅有安全技术手段和安全管理手段是不够的。目前的科技手段还达不到物的本质安全化，设施设备的危险不能根本避免，因此需要用安全管理的手段予以补充。安全管理虽然有一定的作用，但是安全管理的有效性依赖于对被管理者的监督和反馈。由管理者无论在何时、何事、何处都密切监督每一位员工或公民是否遵章守纪，就人力物力来说几乎是一件不可能的事，这就必然带来安全管理上的疏漏。被管理者为了某些利益或好处，如省时、省力、多挣钱等，会在缺乏管理监督的情况下无视安全规章制度，"冒险"采取不安全行为。然而并不是每一次不安全行为都会导致事故的发生，这会进一步强化这种不安全行为，并可能"传染"给其他的人。不安全行为是事故发生的重要原因，大量不安全行为的结果必然是发生事故。安全文化手段的运用正是为了弥补安全管理手段不能彻底改变人的不安全行为的先天不足。

一、企业安全文化的含义

（一）文化的概念

"文化"一词有多种理解，广义的文化是人类在社会历史进程中所创造的物质财富和精神财富的总和。这一定义将文化扩展到除自然以外的人类社会的全部，但没给出对文化的明确定义。因为它把人类社会所创造的任何事物（包括精神和物质）都纳入了文化的范畴，而文化的含义应多属于精神的范畴。由人类创造或改造的物质与文化密切相关，可把这些物质看做是文化的"载体"，即任何一件由人所创造或制作的物品无不承载着制造（作）者的价值观、审美观、艺术或技艺修养等文化的含义。人们在日常生活和工作中使用"文化"时，一般并不是指广义的文化，而是特指人类精神方面的事物，如文学、艺术、教育等，常说的"从事文化工作"的文化即为这种含义。这种"文化"是一种狭义的文化，比这种狭义"文化"更狭义的"文化"，仅指知识水平或运用语言文字的能力，如"提高文化水平"、"学习文化"等。

（二）安全文化的概念

安全文化的概念最先由国际核安全咨询组（INSAG）于1986年针对核电站的安全问题提出。1991年出版的（INSAG-4）报告即《安全文化》给出了安全文化的定义：安全文化是存在于单位和个人中的种种素质和态度的总和。文化是人类精神财富和物质财富的总称，安全文化和其他的文化一样是人类文明的产物。

由于对"文化"有多种理解，因此对"安全文化"也有多种表述。相对于广义的文化，我国有人将"安全文化"定义为："人类在生产生活实践过程中，为保障身心健康安全而创造的一切安全物质财富和安全精神财富的总和"。安全文化的首创者——国际核安全咨询组给出了相对狭义的定义："安全文化是存在于单位和个人中的种种素质和态度的总和。"

英国健康安全委员会核设施安全咨询委员会（HSCASNI）对 INSAG 的定义进行修正认为："一个单位的安全文化是个人和集体的价值观、态度、能力和行为方式的综合产物，它决定于健康安全管理上的承诺、工作作风和精通程度。"这两种定义把安全文化限定在精神和素质修养等方面。从理论上研究和探讨广义的安全文化是应该的，但对于促进实际安全工作而言应使用狭义安全文化的概念。我们认为：企业安全文化是人们为了安全生活和安全生产所创造的文化，是安全价值观和安全行为准则的总和。企业安全文化渗透于企业管理的各个方面，对形成和加强企业核心竞争力具有重要意义。

（三）安全文化的内涵

安全文化是企业管理技术的灵魂科学，它发挥文化的功能来进行安全管理，是安全管理发展的新阶段。从管理科学的角度而言，安全文化注重通过提高人的思想观念和精神素质来实现管理目标。安全文化融汇企业的现代经营理念、管理方式、价值观念、群体意识和道德规范等多层次内容，主要从以下几方面进行理解。

1. 精神文化

安全文化首先是企业的一种精神文化，也可称为一种观念文化，主要是指企业要培养和体现员工群体意志、激励员工奋发向上的企业精神。精神文化着眼于造就人的品格与提高人的素质，通过各种形式的思想教育、道德建设、榜样示范等，在企业成员中建立起正确的价值观、人生观，以促使企业全体成员形成良好的职业道德；同时，也促使企业成员形成良好的道德素质和科学的思维方法以及工作观念。

2. 物质文化

安全文化是企业的一种物质文化。物质文化是利用物质条件，为企业所有人员创造有利于调动工作与生活的积极性，有利于提高效率与安全的工作环境，在这些物质条件的建设与管理中必须体现安全的要求。物质文化对人的感觉、心理产生一种影响，使人受情景的约束，自觉地遵守安全的特定要求，规范自己的言行，达到企业生产安全的目的。

3. 管理文化

企业安全文化中的管理文化包含以下三种文化。

（1）制度文化。

制度文化按照现代管理科学的原则，用优化的管理方法规范、约束企业全体成员的行为，以提高企业的管理效益和生产安全，实现企业的奋斗目标。企业要建立起一整套针对思想教育、安全管理、生活管理、劳务人员和管理人员等的规章制度，使所有人员的工作、生活行为有章可循，使考核、督促有据可依。制度的建立不仅能成为全体成员的行为准则，而且应是激励成员前进的动力。这些制度应该具有法规性，需不折不扣地执行；应该具有针对性，紧扣管理对象、工作范围；应该具有可操作性，定性定量相宜，并要具有连贯性，易于贯彻执行。

（2）目标文化。

目标文化应体现企业的发展内涵及企业特色。企业应对自己的安全生产管理能力有一个客观的评价，要根据自身的客观资源、所处的社会环境确定企业的定位目标及发展战略。目标文化对外宣示了企业对外做出的承诺，以树立起良好的信誉形象，获得社会的认可与支持；对内则产生一股强大的号召力、凝聚力。

（3）行为文化。

安全文化也是企业的一种行为文化，包括全体成员要具有明确的行为规范，各级领导干部具有优良的工作作风，能够较好地发挥先锋模范作用，每个人员具备良好的素质等。行为文化是企业全体成员的安全意识在实际行动中的体现，它促进企业成员积极地参与企业的安全管理活动，把理想、信念、认识转化为实际的行动，为实现企业的安全目标而努力。

二、企业安全文化的功能

企业安全文化的作用是通过对人的观念、道德、伦理、态度、情感和品行等深层次的人文因素的强化，利用领导、教育、宣传、奖惩和创建群体氛围等手段，不断提高人的安全素质，改进其安全意识和行为，从而使人们从被动地服从安全管理制度，转变成自觉主动地按安全要求采取行动，即从"要我遵章守法"转变成"我要遵章守法"。

1. 教育功能

企业的安全文化是企业根据安全工作的客观实际与自身要求而进行设计的一种文化，它符合企业的思想、文化、经济等基础条件，适合企业的地域、时域的需求；它传递着企业关于安全的目标、方针以及实施计划等信息，宣传了安全管理的成效。既具有相对的系统性和完整性，又具有教育性，以促进全体成员产生心理的制约力量，自我约束、自我管理、自我提高。

2. 规范功能

企业安全文化实质上是有形的和无形的制度文化。有形的是国家的法律条文、企业的规章制度、约束机制、管理办法和环境设施状况。一方面，企业在生产经营活动中不得不制定出规章制度、约束机制，对企业、职工群体的思想、行为以及环境设施进行安全性的规范、约束。另一方面，对违反有形安全文化的进行教育、惩处、鞭笞，这种"硬约束"在企业、员工群体中形成自觉的行为约束力量。无形的安全文化是企业、员工群体的理念、认识和职业道德，它能使有形的安全文化被双方所认同、遵循，同样形成一种自觉的约束力量，这种有效的"软约束"可削弱规章制度等"硬约束"对员工群体心理的冲撞，削弱其心理抵抗力，从而规范企业环境设施状况和职工群体的思想、行为，使企业生产关系达到统一、和谐，取得默契，维护和确保企业、职工群体的共同利益。安全文化在此意义上具有有形和无形的规范约束功能。

3. 导向功能

企业的安全文化以其内容的针对性、表达方式的渗透性、参与对象的广泛性和作用效果的持久性形成企业的安全文化环境与氛围，使全体成员耳濡目染，起着直接的与潜移默化的导向作用，从而影响每个成员的思想品德、工作观念的正确形成，无形地约束企业全体成员的行为。

4. 辐射功能

企业安全文化是一扇窗口，透过它可以展示一个企业生产经营规范化、科学化的管理水平，以及企业、员工群体优秀的整体素质。它从一个侧面显示企业高尚的精神风范，树立良好的企业形象，能引发员工群体的自豪感、责任感，促进生产力向前发展，提高企业的市场竞争力、社会的知名度和美誉度，辐射并影响其他的企业、行业推行企业形象战略。

三、企业安全文化的构成要素

安全文化是一个完整的体系，这个体系由若干相互联系又有独特作用的要素组成。构成安全文化的主要要素包括安全文化环境、安全价值观和安全文化网络。

（一）安全文化环境

安全文化环境是指安全生产所面临的自然环境和社会环境。由于在生产和生活中必须使用各种自然资源，而有些物质或者能量本身就是具有一定的危险性，但是人类又必须使用或者面对这些危险的物质或能量，这就是目前安全生产工作所面对的外界环境，可以说在相当长的时期内这个问题都是存在的，是不能回避。一方面，随着科学技术水平的提高，人类认识自然的能力不断增强，虽然原来不能解决的安全问题得到了解决，但不可否认的是随着新技术、新工艺、新能源和新材料的广泛运用，新的安全问题会层出不穷。另一方面，部分企业的安全设备设施的建设相对滞后，已经积累了不少的安全问题，所以在相当长的时期内，安全文化中的自然环境仍然是威胁人类安全和健康的主要敌人。

安全文化的社会环境是指整个社会、社区以及广大公众对安全和健康的要求。随着人民生活水平的提高，人们的安全观念在逐渐提高，这对于安全生产管理部门和企业是一个机遇，如何合理引导广大人民群众对安全和健康的要求，逐步建设一个良好的、和谐的安全文化不仅是每个劳动者的要求，更是安全生产工作者的重要使命。当然，我们也要看到部分企业，甚至是一些劳动者本人对有关部门在安全文化建设方面的工作出现了较低的响应度，所以安全生产管理职能部门和企业必须成为安全文化的主要倡导者和推广者，随着安全文化建设的深化，安全文化的社会环境有了积极的转变后，广大的企业以及普通劳动者才开始主动地参与安全文化的建设，这也是安全文化社会环境的滞后性所带来的必然结果。

（二）安全价值观是安全文化的核心

安全价值观是人类在长期的生产和生活过程中逐渐积累起来的对安全的基本思想和信念。安全价值观是在安全生产的战略目标、安全生产目标的执行方式等活动中确立的，也是长期的安全生产实践经验的历史积累。安全价值观决定了安全生产管理的基本性质和方向，构成了社会所有成员的安全行为准则，也是生产、生活过程中所追求的对安全的理想境界。

（三）安全文化网络

安全文化网络包括安全生产过程中体现出来的先进人物和开展的仪式活动。两者都是从安全价值观中派生、引申出来的，其作用就是维护、传播和强化安全价值观。

1. 安全生产过程中体现出来的先进人物

先进人物是安全文化建设中应该重视的对象。因为安全生产的先进人物不仅是安全价值观的人格化体现，同时更是安全形象的象征。通过树立安全生产中的先进人物可以让企业的其他成员明白其实要做到安全是不难的，只要自己按照各种安全准则开展工作，成为安全生产的先进人物也是一个容易的事情。安全生产的先进人物是安全文化的缩影，并为组织其他的成员规定了工作的标准和规范。对安全生产的先进人物进行表彰和奖励也就成为一种生动、形象、具体可行的激励方式。所以，安全生产中的先进人物为组织提供了一种持续的影响，为安全生产提供了精神凝聚力。

2. 安全生产中的典礼、仪式和活动

这是指围绕着安全文化的主旨而开展的一系列仪式和活动。因为安全生产的仪式和典礼一定要包括一些具体的形式，这些具体的形式从不同的角度表现了安全文化的价值观，最终目的也是营造一个完整的安全文化氛围。安全生产的典礼和仪式不仅包括严肃的典礼，同时还包括娱乐性活动。严肃的典礼是在特殊庆祝或重大纪念活动中所使用的，通过组织庆祝安全生产工作中的先进人物或重大纪念性事件来宣传安全生产工作的观念，这样的典礼和仪式为安全文化的推广提供了难以忘怀的体验。娱乐性活动则能够松弛人们紧张的精神，让大家在笑声中把安全价值观传递到每个人的心中。安全生产中的典礼、仪式和活动可以指导人们的日常工作和生活，每一种礼仪的背后都体现出安全文化的信念，起到一种潜移默化的安全文化警示作用。

第四节　企业安全管理模式

一、企业安全管理模式概述

企业安全管理模式是在新的经济运行机制下提出来的，其思想是：无论是人身伤亡事故，还是财产损失事故；无论是交通事故，还是生产事故，甚至火灾或治安案件，都对人类造成危害和损害。这些人们不期望的现象，无论从根源、过程和后果都有共同的特点和规律，企业对其进行防范和控制也都有共同的对策和手段。因此，把企业的生产安全、交通安全、消防、治安和环保等专业进行综合管理，建立相应的安全管理模式，对于提高企业的管理效率和降低管理成本有着重要的作用。

（一）安全管理模式的概念

安全管理模式就是优化的安全管理系统，具有满意的工作绩效，并在现有技术经济条件下使生产系统的事故损失低于当时可接受的水平。安全管理有效性的关键在于控制人的不安全行为和物的不安全状态，以保护生产系统的组织性、秩序性。

（二）安全管理模式的内涵

1. 先进的安全管理理念是现代安全管理模式的前提

企业要始终把人本管理作为安全工作的灵魂和主线，推行人性化安全管理，切实做好管理理念的宣传。

2. 突出安全教育培训实效性是现代安全管理模式的关键

（1）坚持新员工的上岗培训教育。可采用各种方法加强员工日常的安全培训，使员工的安全行为有人监督、安全学习有人指导、安全疑难有人解答。

（2）坚持关键岗位、重点岗位的优先培训。

（3）坚持全体员工的经常性培训。

3. 建立健全安全管理制度是现代安全管理模式的根本

坚持"以人为本"的安全管理理念，必须通过建立健全先进的安全制度约束员工的不规范行为，通过完善激励机制调动广大员工的安全主动性和积极性，实现真正意义上的"以人为本"。

4. 强化科学的现场监管是现代安全管理模式的重点

安全现场监管要重点发挥基层管理组织的监管作用，确保基层管理组织将安全生产责任落实到位、技术措施贯彻执行到位、安全监管履职到位。要全面推行现场精细化管理，强化全员、全过程、全天候、全方位的安全监控。

二、企业安全管理模式的形式

一般来说，工业企业安全管理模式主要有以下几种形式。

（一）对象化的安全管理模式

1. 以"人为中心"的企业安全管理模式

作为企业，研究科学、合理、有效的安全生产管理模式是安全管理的基础。以人为中心的管理模式，其基本内涵是把管理的核心对象集中于生产作业人员，即安全管理应该建立在研究人的心理素质和生理素质基础上；以纠正人的不安全行为、控制人的误操作作为安全管理的目标。

2. 以"管理为中心"的企业安全管理模式

一切事故原因皆源于管理缺陷。因此，现今的管理模式既要吸收经典安全管理的精华，又要总结本企业安全生产的经验，更要能够运用现代化安全管理的理论。比较著名的有鞍钢"0123"管理模式、扬子石化公司的"0457"管理模式和抚顺西露天矿的"三化五结合"模式等。

（二）程序化的安全管理模式

1. 事后型的安全管理模式

事后型的安全管理模式是一种被动的管理模式，即在事故或灾难发生后进行亡羊补牢，以避免同类事故再发生的一种管理方式。这种模式遵循以下技术步骤：事故发生—调查原因—分析主要原因—提出整改对策—实施对策—进行评价—新的对策。

2. 预防型的安全管理模式

预防型的安全管理模式是一种主动、积极地预防事故或灾难发生的对策，显然是现代安全管理和减灾对策的重要方法和模式。预防型的安全管理模式基本的技术步骤是：提出安全目标—分析存在的问题—找出主要问题—制订实施方案—落实方案—评价—新的目标。

现代安全管理模式将使安全科学管理得以深化，安全管理的作用和效果不断加强。现代安全管理将逐步实现变传统的纵向单因素安全管理为现代的横向综合安全管理模式；变事故管理为现代的事件分析与隐患管理（变事后型为预防型）模式；变被动的安全管理对象为现代的安全管理动力；变静态安全管理为现代的安全动态管理模式；变过去只顾生产效益的安全辅助管理为现代的效益、环境、安全与卫生的综合效果的管理模式；变被动的、辅助的、滞后的安全管理模式为现代主动的、本质的、超前的安全管理模式；变外迫型安全目标管理为内激型的安全目标管理模式。

三、企业安全管理方法

（一）常规安全管理方法

目前，我国大多数的企业在大量的安全管理实践中总结了很多符合我国企业情况，并且是成功、易于实现的管理方法和管理技术，即常规安全管理方法。主要有安全目标管理、安全监督检查、安全设备设施管理、劳动环境及卫生条件管理、事故管理等管理制度；以及安全生产方针、安全生产工作体制、安全生产五大原则、全面安全管理、现场定置管理、"三点控制"、安全检查制、安全检查表技术等综合管理方法；也包括"5S"活动、"五不动火"管理、审批火票的"五信五不信"、防电气误操作"五步操作管理法"、三点控制、八查八提高活动、安全班组活动、安全班组安全建设等生产现场微观安全管理技术。

1. 安全目标管理方法

安全目标管理方法就是企业在安全制度建设、安全措施改造、安全技术应用和安全教育等方面指定出各个工作阶段的目标，实现目标化的管理。目标管理可以使安全管理更加科学化、系统化，避免盲目性。这种管理方法的目的是使安全管理做到有目标、有计划、有步骤、有措施、有资金、有条件。

2. 现场定置管理方法

为了保障安全生产，通过严格的标准化设计和建设要求规范，实现生产现场的人员活动路线及空间置位管理；使用的工具、设备、材料、工件等的位置规范、定位管理、文明管理。在车间和岗位现场，生产和作业过程的工具、设备、材料和工件等的位置要规范，要符合标准和功效学的要求，要进行科学物流设计。现场定置管理可以创造良好的生产物态环境，使物态环境的隐患得以消除；也可以控制工人作业操作过程的空间行为状态，使行为失误减少和消除。定置管理由车间生产管理人员和班组长组织实施。

3. "5S"活动

"5S"是指整理、整顿、清扫、清洁和素养这五个词的缩写。因为这五个词日语中罗马拼音的第一个字母都是"S"，所以简称为"5S"。开展以整理、整顿、清扫、清洁和素养为内容的活动，称为"5S"活动。

"5S"活动起源于日本，并在日本企业中广泛推行。"5S"活动的对象是现场的"环境"，它对生产现场环境全局进行综合考虑，并制订切实可行的计划与措施，从而达到规范化管理。"5S"活动的核心和精髓是素养，如果没有职工队伍素养的相应提高，"5S"活动就难以开展和坚持下去。

4. 现场"三点控制"方法

现场"三点控制"方法即对生产现场的危险点、危害点、事故多发点进行强化的控制管理，标明其危险或危害的性质、类型、标准定量、注意事项等内容，以警示现场人员，并以车间或岗位为单位，进行有目标、有责任和程序明确的分级控制与分级管理。

5. 防电气误操作"五步操作"管理法

防电气误操作"五步操作"管理法是指周密检查、认真填票、实行双监、模拟操作、口令操作。这种方法既从管理上层层把关，堵塞漏洞，消除思想上的误差，同时又在开动机器时要求作业人员按规范和程序操作，消除行为上的误动。

6. "五不动火"及审批火票的"五信五不信"管理

在企业的生产过程中，由于生产维修、改造等作业需要动火，如果现场存在有易燃、易爆的气体或物质，必须坚持现场"五不动火"的管理原则，即置换不彻底不动火、分析不合格不动火、管道不加盲板不动火、没有安全部门确认不动火、没有防火器材及监火人不动火。

存在易燃、易爆的场所，企业在进行动火审批时，其审批火票要坚持"五信五不信"原则，即相信盲板不相信阀门，相信自己检查不相信别人介绍，相信分析化验数据不相信感觉和嗅觉，相信逐级签字不相信口头同意，相信科学不相信经验主义。

（二）现代安全管理方法

随着现代企业制度的建立和安全科学技术的发展，现代企业将需要发展更为科学、有效的现代安全管理方法和技术。一个具有现代技术的生产企业必然需要与之相适应的现代安全管理科学。目前，现代安全管理是安全管理体系中最活跃、最前沿的研究领域和发展领域。

现代安全管理的方法有事故模型学、安全法制管理、安全目标管理法、无隐患管理法、安全行为抽样技术、安全经济技术与方法、安全评价、安全行为科学、安全管理的微机应用、安全决策、事故判定技术、本质安全技术、危险分析方法、风险分析方法、系统安全分析方法、系统危险分析、故障树分析、PDCA循环法、危险控制技术和安全文化建设等。

1. 故障树分析

故障树分析（FTA）技术是美国贝尔电报公司的电话实验室于1962年开发的，它采用逻辑的方法，形象地进行事故的分析工作。故障树分析的特点是直观、明了，思路清晰，逻辑性强，可以做定性分析，也可以做定量分析，体现了以系统工程方法研究安全问题的系统性、准确性和预测性。

2. "PDCA"循环法

"PDCA"循环又称戴明环，是美国质量管理专家戴明博士首先提出的，最早应用于企业质量管理领域，是全面质量管理所遵循的科学管理程序。如今，"PDCA"循环法早已不限于质量管理，而是普遍应用于几乎所有的管理工作。"PDCA"即Plan（计划）、Do（执行）、Check（检查）和Action（处理）的缩写，"PDCA"循环就是按照这样的顺序进行全面管理，并且循环不止地进行下去的科学程序。

（1）P（Plan）计划，包括方针和目标的确定以及活动计划的制订。

（2）D（Do）执行，就是具体运作，实现计划中的内容。

（3）C（Check）检查，就是要总结执行计划的结果，分清哪些对了，哪些错了，明确效果，找出问题。

（4）A（Action）处理，即对总结检查的结果进行处理，成功的经验加以肯定，并予以标准化，或制定作业指导书，便于以后工作时遵循；对于失败的教训也要总结，以免重现；对于没有解决的问题，应提给下一个"PDCA"循环中去解决。

3. 事故判定技术

事故判定技术是在伤亡事故发生前调查研究系统内的非伤害事故和"即发事故"（险肇事故）来判断不安全状态的技术。

事故判定技术起源于第二次世界大战期间，用于确定军用飞机失事的可能原因。最初用这种技术调查了与使用和操纵飞机设备有关的心理学问题和人机系统问题。研究人员询问了许多的飞行员是否他本人或看到其他的人在该飞机仪器读数、识别探测信号或理解指令时发生过差错。针对调查得到的资料，对飞行员的失误进行分类，采取了一些改进措施，防止发生失误，从而有效地减少了事故。

四、我国企业安全管理模式

（一）"0123"安全管理模式

鞍山钢铁公司于1989年创立了"0123"安全管理模式，概括起来讲就是以事故为"零"为目标，以"一把手"负责为核心的安全生产责任制为保证，以标准化作业、安全标准化班组建设（以下简称"双标"）为基础，以全员教育、全面管理、全线预防（以下简称"三全"）为对策的安全管理模式。在模式中，事故为"零"是指所有的从业人员和安全工作都以不发生伤害事故为目标，开展目标管理；保障自己和他人在生产经营活动中的安全与健康，确保生产经营活动的安全稳步运行。"一把手"负责制为核心的安全生产责任制是指各级党政工团的第一负责人共同对安全生产负第一责任，企业各管理和专业技术部门实行专业管理，分兵把口、齐抓共管，各工作岗位和生产岗位人员，人人负安全生产责任。"双标"是指所有的从业人员都按工作操作标准去工作和作业，班组以个人无违标、岗位无隐患、集体无事故为目的所进行的自主管理、群体防护的标准班组创建活动。"三全"是指利用各种教育手段促使全员不断提高安全意识，掌握安全技能；对生产经营大系统中的人、物料、工艺、设备和环境诸因素进行全面科学管理；对生产经营全过程存在的危险和危害全线控制，形成自我防护、群体防护等多道安全生产防线。

（二）"0457"管理模式

这是由扬子石化公司创建的模式，其内容是：围绕一个安全目标——事故为零；以"四全"——全员、全过程、全方位、全天候为对策；五项安全标准化建设——安全法规系列化、安全管理科学化、教育培训正规化、工艺设备安全化、安全卫生设施现代化为基础；

七大安全管理体系——安全生产责任制落实体系、规章制度体系、教育培训体系、设备维护和整改体系、事故抢救体系、科研防治体系。

（三）"三化五结合"模式

抚顺西露天矿创立了"三化五结合"模式，其内容是：三化——行为规范化、工作程序化、质量标准化；五结合——传统管理与现代管理相结合、反三违与自主保安相结合、奖惩与思想教育相结合、主观作用与技术装备相结合、监督检查与超前防范相结合。

（四）"01467"管理模式

这是燕山石化总结的一种安全管理模式，其内容是：0——重大人身、火灾爆炸、生产、设备交通事故为零的目标；1——第一把手抓安全，是企业安全第一责任者；4——全员、全过程、全方位、全天候的安全管理和监督；6——安全法规标准系列化、安全管理科学化、安全培训实效化、生产工艺设备安全化、安全卫生设施现代化、监督保证体系化；7——规章制度保证体系、事故抢救保证体系、设备维护和隐患整改保证体系、安全科研与防范保证体系、安全检查监督保证体系、安全生产责任制保证体系、安全教育保证体系。

五、德国和美国的安全管理模式

安全管理模式与一个国家的国情和安全监督机制有关。各国对安全生产都非常重视，但是安全监督机制不同，安全管理模式的差异很大。现将德国和美国的安全管理模式作一简要介绍。

（一）德国把员工安全纳入了国家的法制化管理

为了确保员工的生命安全，德国制定了劳动保护法规，由政府部门对各行各业的安全生产、劳动保护、职工伤亡依法行使监察的职能。

全国"精密机械与电力行业协会"实行行业管理。由"协会"制定电力行业的技术标准、规范，各电力企业都要认真贯彻执行。同时，这些标准、规范也是法院判定是否正确遵守行业行为的法定依据。各电力企业依据这些标准、规范制定各生产单位的规程、制度、工作条例，建立正常的企业生产秩序。

在德国员工的保险是强制性的，按照德国法律的规定，员工必须参加社会保险，包括健康保险、退休保险、转业保险以及伤残保险。前三种保险费用由企业与个人各承担一半，员工伤残保险由企业全部承担。

企业发生了员工伤亡事故，是由当地政府有关部门组织调查，有警察局、法院、劳动局以及技术监督公司、保险公司、企业有关人员参加。调查和事故处理的依据是国家的法律和行业的标准、规定。从"法"的角度来看责任，而不是用"行政"的办法来分析和处理事故。

在生产工作中，员工的安全纳入了国家的法制化管理，大大提高了安全监察的力度。企业的各级负责人、各个岗位上的工作人员直接对自己所从事的工作负责，并承担相应的"法律责任"。为此，企业在培训工作中突出了"法制教育"：什么能做，什么不能做；有什么责任，负什么责任。

企业还请咨询公司对企业的各种规程、制度进行评估。评估结论要指出存在什么问题，会出什么事，这些事与企业有无关系，出了事企业会负什么"法律责任"。

可见，在德国职工的安全管理是建立在法制基础上的。

在德国，重大设备事故的调查分析则以资产所有者为主，由包括保险公司、行业协会、技术监督部门、企业负责人以及政府有关部门组成的调查组进行。

在一般设备事故的调查处理上，采取了重对策、轻处罚的原则。主要认为：人难免要犯错误；出了错误，希望员工自己提出来；出了事，大家共同分析原因，制定出防止今后再次发生的措施。如果是不称职者，则调离本岗位。通常认为在一般情况下，如果处罚太重，人们就不敢承担这类工作了。因此，对一般事故责任者的处理是比较"温和的"。

（二）美国企业的安全理念已成为建立安全管理模式的根本

美国的杜邦公司建立的安全理念和安全文化已成为美国安全管理模式的典型代表。杜邦公司有着207年的历史，公司在全球500强大企业中名列前茅，高居化工行业榜首，其安全业绩举世闻名。杜邦已经成为"安全"的代名词，杜邦公司的安全管理已经具备了品牌价值。以下我们以杜邦公司的安全管理为例来了解美国的安全生产管理。

1. 工艺技术

（1）工程师和操作人员都要理解、熟悉工艺原理、原材料性质、设备材质及作用，这样才不会违反操作规程。

（2）制定操作程序安全规定手册，每三年更新一次，这是公司的制度。

（3）加强对工艺过程改变的管理，即要说明改变的要点是什么，是否考虑了安全和环境方面的问题。各级技术负责人要签字才能进行改变。一年内要进行检验，如被认可，方能正式确定下来。

（4）对工艺危险进行分析，每五年进行一次大的过程危险的全面分析。有爆炸可能的工艺，每三年进行一次分析。在分析中对全流程的每一单元都要进行分析，有建议、有预案。

2. 设备技术

（1）设备要定期进行质量检查，保证设备完好。
（2）新设备在使用前要进行安全检查，有检查清单，有技术负责人签字。
（3）定期进行机械的完好性检查。
（4）设备的改造（包括管道的移位）要进行安全评估。

3. 人员

（1）员工必须进行安全培训，包教包会，在操作中必须采用安全的操作法，一般需培训数周。对复杂的工艺要进行安全和技能的培训，时间大约为半年，每年要温习一次。培训有记录，要备案。
（2）对外部承包人员也要进行安全培训，一般为数小时（有针对性的），经许可方可上岗。
（3）对事故要调查和报告，召集有关各方面的人员讨论事故原因，提出建议，经理签字，提出的问题限期解决，并通报其他的部门组织学习。
（4）当人员变动时，要经重新培训后方能上岗。
（5）制定应急情况准备反应。在应急计划手册中，规定了每个人的工作范围、责任及应急指挥者是谁，并规定了无责任人员的集合地点。每年要进行一次演习（包括周围的居民和单位），发现问题进行整改。每个工厂的每个化学危险品流程都有预案，分为厂级、车间级和工段级三种预案，有计算机模型。
（6）定期进行检查，保证所有的措施都完整无误地被执行。
如杜邦公司的每个工厂都有安全办公室，负责制定、修订安全手册和预案，并且每月开一次安全会议。由于在每次发生意外后都采取了措施，因此事故在不断减少，在化学危险品的管理方面号称全球第一。
美国、德国在工作中严格执行各种技术规范、规程和安全措施。这是最适用、最有效的管理办法。

 课后阅读

上海龙门吊倒塌事故

2008年5月30日发生的沪东中华造船（集团）有限公司龙门吊倒塌事故的调查处理情况于2009年2月20日正式公布。经查，这一事故是一起生产安全责任事故。13名相关责任人员

被追究责任，其中沪东中华造船（集团）有限公司总经理被通报批评并被处罚款。沪东中华造船公司被处行政处罚。

据了解，2008年5月30日零时23分，在沪东中华造船（集团）有限公司一船坞区域内，2台龙门吊在吊运过程中发生倒塌事故，造成3人死亡，2人重伤，直接经济损失4766万元。

经事故调查组的调查，这是一起因现场操作协调配合不当、企业安全管理不到位而引发的生产安全责任事故。事故的直接原因是现场指挥与司机操作协调、配合不当。事故间接原因是沪东中华造船（集团）有限公司指挥分工不明、职责不清，未按规定统一指挥；施工组织不合理，没有安排专门人员进行现场的统一协调和严格的安全管理；龙门吊岗位人员配备不足，无专人监护；编制的吊装方案不规范、不齐全，对吊装物外延尺寸过大可能引起的安全问题没有予以充分的重视，也没有采取相应的安全技术措施。

根据《中华人民共和国安全生产法》、《生产安全事故报告和调查处理条例》等法律法规的相关规定，并经上海市政府同意，安全监管部门对此起事故的13名相关责任人员追究相关责任。其中，给予沪东中华造船（集团）有限公司总经理通报批评并处罚款5万元，给予分管副总经理记过处分并处罚款4万元，给予负责安全的总经理助理警告处分并处罚款1万元，第二造船事业部部长被处罚款5000元，给予第二造船事业部副部长兼制造部主任警告处分并处罚款5000元，给予第二造船事业部施工技术科副科长警告处分并处罚款3000元。同时，由上海市安监局依法对沪东中华造船（集团）有限公司予以行政处罚。

 ## 案例分析

玩具厂的灾难

某港商独资工艺玩具厂发生特大火灾事故，死亡84人，伤45人，直接经济损失达260余万元（时价）。

该厂厂房是一栋三层钢筋混凝土建筑。一楼为裁床车间，内用木板和铁栅栏分隔出一个库房。库房内总电闸的保险丝用两根铜丝代替，安装在库房顶部并搭在铁栅栏上的电线没有用套管绝缘，下面堆放了2米高的布料和海绵等易燃物。二楼是手缝和包装车间及办公室，一间厕所改作厨房，内放有两瓶液化气。三楼是车衣车间。

该厂实施封闭式管理。厂房内唯一的上下楼梯平台上还堆放杂物；楼下4个门，2个被封死，1个用铁栅栏与厂房隔开，只有1个供职工上下班进出，还要通过一条0.8米宽的通道打卡；全部窗户外都安装了铁栏杆加铁丝网。

起火原因是库房内电线短路时产生的高温熔珠引燃堆在下面的易燃物所致。起火初期火势不大，有工人试图拧开消火栓用灭火器灭火，但因不会操作未果。在一楼东南角敞开式货物提升机的烟囱效应作用下，火势迅速蔓延至二三楼。一楼的工人全部逃出。正在二楼办公的厂长不组织工人疏散，自顾逃命。二三楼约300多名工人，在无人指挥情况下慌乱逃生。由于要下楼梯、拐弯，再经打卡通道才能逃出厂房。路窄人多，浓烟烈火，致使人员中毒窒息，造成重大伤亡。经调查确认以下事实。

1. 该厂雇用无证电工，长期超负荷用电，电线、电器安装不符合有关安全规定要求。

2. 厂方平时未对工人进行安全防火教育培训；发生火灾时，厂长未指挥工人撤离，自顾逃生。

3. 该厂多处违反消防安全规定。对于消防部门所发"火险整改通知书"，未认真整改，留下重大火灾隐患，以向整治小组个别成员行贿等手段取得整改合格证。该厂所在地镇政府对此完全了解，不但不督促整改，还由镇长授意给整治小组送钱说情。

根据以上信息，试分析：

（1）分析火灾的直接原因、造成重大人员伤亡的主要原因和间接原因；

（2）提出整改措施。

第八章　质　量　管　理

学习目标

1. 掌握质量管理的发展阶段。
2. 全面质量管理的特点和基本观点。
3. 质量管理中常用的七种工具。
4. 直方图和控制图的观察的分析方法。
5. 了解全面质量管理工具的应用方法。

第一节　质量的基本知识

质量是经济发展的战略问题，质量水平的高低反映了一个企业、一个地区乃至一个国家和民族的素质。质量管理是兴国之道、治国之策。人类社会自从有了生产活动，特别是以交换为目的的商品生产活动，便产生了质量的活动。围绕质量形成全过程的所有管理活动都可称为质量管理活动。人类通过劳动增加社会物质财富，不仅表现在数量上，更重要的是表现在质量上。质量是构成社会财富的关键内容。从人们衣、食、住、行到休闲、工作、医疗、环境等无不与质量息息相关。优良的产品和服务质量能给人们带来便利和愉快，给企业带来效益和发展，给国家带来繁荣和强大。而劣质的产品和服务会给人们带来烦恼甚至灾难。

一、质量的概念

在 ISO9000 中"质量"的定义为：一组固有特性满足要求的程度。在这个定义中，产品质量是指产品满足要求的程度、满足顾客要求和法律法规要求的程度。因此，质量对于企业的重要意义可以从满足顾客要求、满足法律法规的重要性程度来加以理解。其中顾客要求是产品存在的前提。

在这个定义中，所指的"固有的"（其反义是"赋予的"）特性是指在某事或某物中本来就有的，尤其是那种永久的特性，包括产品的适用性、可信性、经济性、美观性和安全性等。

1. 适用性

产品的适用性是指产品适合使用的特性，包括使用性能、辅助性能和适应性。

2. 可信性

产品的可信性包括可靠性和可维修性。可靠性是指产品在规定的时间内在规定的使用条件下完成规定功能的能力，它是从时间的角度对产品质量的衡量。可维修性是指产品采用结构化设计方式，使维修工作简单便利。

3. 经济性

产品的经济性是指产品在使用过程中所需投入费用的大小。经济性尽管与使用性能无关，却是消费者所关心的。如空调是一种需要消耗电能的产品，在达到同样的制冷效果下能耗越低给顾客带来的节约就越大；洗衣机则是一种需要大量消耗水的产品，在达到同样洗净比的前提下，用水越少则其经济性越好。

4. 美观性

产品的美观性是指产品的审美特性与目标顾客期望的符合程度。顾客通常不会对一种产品的审美特性提出具体要求，但当产品的外观、款式、颜色不符合顾客的审美要求时，顾客就会排斥这种产品；当产品的外观、款式、颜色符合顾客的审美要求时，顾客就会被这种产品所吸引。如瑞士斯沃琪手表的成功更多地应归功于其对顾客审美需求的准确把握。

5. 安全性

产品的安全性是指产品在存放和使用过程中对使用者的财产和人身不会构成损害的特性。不管产品的使用性能如何、经济性如何，如果产品存在安全隐患，那不仅是消费者所不能接受的，政府有关部门也会出面干涉或处罚生产企业。对于家用电器、汽车、工程机械、机床设备、食品和医药等行业，安全性是一个特别重要的质量指标。

因此，对产品质量的评价判断可以从以上五个方面来综合考虑。当然，对于不同的产品来说，质量的内涵可能有所偏重，有的产品如易耗品不需要考虑可维修性的问题，有的产品如复印纸不需要考虑安全性的问题，有的产品如地下供热管道则无须过多考虑美观性的问题。从企业的角度来看，必须深入识别顾客对产品质量特性的关注重点，避免闭门造车，防止顾客关心的质量特性不足而顾客不重视的质量特性投入过多的情况发生。

质量管理学是一门融硬科学和软科学于一体的边缘性、综合性学科，它依托于技术学科，适用范围广。凡涉及质量的问题，无论是产品质量，还是服务质量、工作质量、过程质量等均适用。近年来，质量管理理论研究取得瞩目的进展，内容日益丰富，实践领域不断扩大。从质量管理体系的国际标准公布以来，质量管理进入了概念统一化、内容规范化、活动国际化时期。

二、质量管理

质量管理是指在质量方面指挥和控制组织的协调的活动。在质量方面的指挥和控制活动通常包括制定质量方针、质量目标及质量策划、质量控制、质量保证和质量改进。

上述定义可从以下几个方面来理解。

（1）质量管理是通过建立质量方针和质量目标，并为实现规定的质量目标进行质量策划，实施质量控制和质量保证，开展质量改进等活动予以实现的。

（2）组织在整个生产和经营过程中，需要对诸如质量、计划、劳动、人事、设备、财务和环境等各个方面进行有序的管理。由于组织的基本任务是向市场提供符合顾客和其他相关方要求的产品，围绕着产品质量形成的全过程实施质量管理是组织的各项管理的主线。

（3）质量管理涉及组织的各个方面，是否有效地实施质量管理关系组织的兴衰。组织的最高管理者应正式发布本组织的质量方针，在确立质量目标的基础上，按照质量管理的基本原则，运用管理的系统方法来建立质量管理体系，为实现质量方针和质量目标配备必要的人力和物质资源，开展各项相关的质量活动，这也是各级管理者的职责。所以，组织应采取激励措施激发全体员工积极参与，充分发挥他们的才干和工作热情，造就人人争做贡献的工作环境，确保质量策划、质量控制、质量保证和质量改进活动顺利地进行。

三、质量管理的发展阶段

质量管理是随着现代工业生产的发展逐步形成、发展和完善起来的。研究质量管理的发展，有助于我们正确认识质量管理的产生、发展的必然性和实现全面质量管理的必要性。质量管理的发展过程大致经历了以下三个阶段。

1. 质量检验阶段

此阶段在 20 世纪初至 40 年代，这是质量管理的早期阶段。在此阶段，质量管理工作逐渐从生产工艺工作中分化出来，形成相对独立的部门和专业队伍。当时，质量检验的手段就是对产品进行事后的检查，防止不合格品流入下道工序或出厂，对产品的质量保证起到了一定的作用。但它存在很大的局限性，不能预防不合格品的发生，而且对那些不便全数检验的产品，如炮弹、感光胶片等，也无法起到事后把关的作用。

2. 统计质量控制阶段

此阶段在 20 世纪 40 年代至 60 年代。第二次世界大战期间，美国军需品的生产数量庞大，产品质量和交货期一时难以适应，经常拖延交货期，而且部分军需品产品质量的检验无法采用事后检验手段。因此美国国防部决定启用休哈特等专家普遍推行统计质量控制（简称 SQC）的方法。此方法提高了采用此项的军工产品的质量和检验的效率，引起人们的普遍关注，二战后在民用产品的生产中也得到了广泛应用。但这一阶段由于过分强调了数理统计方法，没有做好通俗化、普及化、大众化工作，忽视了人的积极作用和组织管理工作，在一定程度上限制了它的普及与推广。

3. 全面质量管理阶段

此阶段为 20 世纪 60 年代初至今。随着生产力的发展、科技的进步，对大型产品及复杂系统的质量要求不断提高，单纯依靠统计质量控制的方法已经不能适应了。美国通用电器公司费根堡和质量管理专家朱兰提出了"全面质量管理"（Total Quality Management，简称 TQM）的新概念，认为质量管理是综合性的管理，要把组织管理、数理统计方法和现代科学技术密切结合起来，建立一整套管理体系，以保证生产出价廉物美、满足消费者需要的产品。

四、全面质量管理的特点和基本观点

国际标准 ISO8402-94《质量管理和质量保证术语》对全面质量管理的定义是：一个组织以质量为中心，以全员参与为基础，目的是通过顾客满意和本组织所有成员及社会受益而达到长期成功的管理途径。

（一）全面质量管理的特点

1. 全面性的质量管理

这里的全面性包括三个方面的内容：一是管理对象的全面性，即全面质量管理的对象是质量，而且是广义的质量，不仅包括产品质量，而且还包括工作质量，影响产品质量的各种因素均为管理的对象；二是管理方法的全面性，即在质量管理过程中要针对不同的情况灵活动用各种现代化管理的方法和手段，将众多的影响因素系统地控制起来，具体包括数理统计、质量设计、反馈控制、计算机管理等技术；三是经济效益的全面性，即企业除保证自身能获得最大的经济效益外，还应从社会和从产品寿命循环全过程的角度考虑经济效益问题。

2. 全员参加的质量管理

企业全体职工根据各自的岗位特点，为提高产品质量、加强质量管理尽各自的职责。加强质量管理不是某个部门的少数几个人的工作，而是许多部门，特别是包括技术部门在内的有关科室和生产车间的共同任务。

3. 全过程的质量管理

不仅要对产品质量制造过程进行质量管理，而且要对产品的市场调查、设计过程、销售直至售后服务等环节进行总体的质量管理。为了实现全过程的质量管理，企业就必须建立企业的质量管理体系，将企业的所有员工和各个部门质量管理活动有机地组织起来，将产品质量产生、形成和实现全过程的各种影响因素和环节都纳入到质量管理的范畴，只有这样才能在日益激烈的市场竞争中及时地满足用户的需求，不断提高企业的竞争实力。

（二）全面质量管理的基本观点

1. 一切为用户服务的观点

首先要树立质量第一、用户第一的思想，明确企业的产品是为用户、消费者服务的，明确下道工序就是用户，上道工序要为下道工序服务。"用户第一"的思想是全面质量管理的最重要的基本思想。

2. 一切以预防为主的观点

全面质量管理强调产品质量是设计制造出来的，而不是检验出来的。因此要求把不合格品消灭在形成过程中，做到防检结合、以防为主，把质量管理的工作重点从"事后把关"转到"事先控制"上来，从注重"结果"发展到注重"原因"，从而控制影响质量的各种因素与原因。

3. 一切用数据说话

就是提倡在质量管理中要深入实际，不仅要知道影响质量的因素，而且要知道各因素对质量影响的程度。凭事实说话，用数据判断问题最真实、最可靠。企业中影响产品质量的因素有很多，要明确哪些是主要因素需要我们收集生产过程中产生的各种数据，应用数理统计的方法对它们进行加工整理，及时发现问题、分析问题和解决问题。

4. 一切按 PDCA 循环办事的观点

在质量管理活动中应当按照PDCA循环的方式开展工作。PDCA循环又称戴明环，它是质量管理的基本方法，实际上也是企业管理各项工作的一般规律。P（Plan）是计划阶段，D（Do）是执行阶段，C（Check）是检查阶段，A（Action）是处理阶段。这四个阶段又可细分为八个工作步骤：第一步是找出存在的质量问题；第二步是分析产生问题的原因；第三步是找出影响质量的主要原因；第四步是针对主要原因，制订措施和计划（前四步属P阶段）；第五步是按照既定的计划付诸实施（属D阶段）；第六步是检查实际执行的结果（属C阶段）；第七步是总结成功的经验，并整理成为标准，坚持巩固；第八步是把遗留问题转到下一个PDCA循环中去，这一阶段是关键阶段（第七步和第八步属A阶段）。只有在前一阶段循环的基础上再进行一个更高水平的PDCA循环，才能达到不断提高质量管理水平和产品质量的目的。

 经典管理故事

沟　通

美国知名主持人林克莱特一天访问一名小朋友："你长大后想要当什么呀？"小朋友天真的回答："我要当飞机的驾驶员！"林克莱特接着问："如果有一天你的飞机飞到太平洋上空所有的引擎都熄火了，你会怎么办？"小朋友想了说："我会先告诉坐在飞机上的人绑好安全带，然后我挂上我的降落伞跳出去。"当现场的观众笑的东倒西歪时，林克莱特继续注视这孩子，想看他是不是自作聪明的家伙。没想到，接着孩子的两行热泪夺眶而出，这才使得林克莱特发觉这孩子的悲悯之情远非笔墨所能形容。于是林克莱特问他说："为什么要这么做？"小孩的答案透露出一个孩子真挚的想法："我要去拿燃料，我还要回来！"。

【解析】　你真的听懂了员工的话了吗？你是不是也习惯性地用自己的权威打断员工的话？我们经常犯这样的错误：在员工还没有来得及讲完自己的事情前，就按照我们的经验大加评论和指挥。反过头来想一下，如果你不是领导，你还会这么做吗？打断员工的话，一方面容易做出片面的决策，另一方面使员工缺乏被尊重的感觉。时间久了，员工将再也没有兴趣向上级反馈真实的信息。反馈信息系统被切断，领导就成了"孤家寡人"，在决策上就成了"睁眼瞎"。与手下保持畅通的信息交流，将会使你的管理如鱼得水，以便及时纠正管理中的错误，制订更加切实可行的方案和制度。

第二节 质量管理原理

在实际从事质量管理工作中，从现场取得的原始数据是不规则的，甚至是杂乱无章的，很难从这些资料中直接观察到质量问题的全部及影响程度。因此，必须对这些资料进行加工、处理、分析，这样才能从大量的数据中透过现象看本质。在质量管理中，就是用统计方法来解决这一问题的。推行全面质量管理要用到一些以数理统计为理论基础的方法。质量管理中涉及的数理统计原理主要有以下三个。

一、抽样过程

质量管理的统计方法，无论是工序控制还是产品质量检验，都是建立在质量数据的收集、整理、分析和利用的基础上。收集质量数据的方法常用的是抽样方法。

收集数据的对象全体叫母体或总体，习惯上用"N"来表示，即母体中样品的数量，它是研究对象的全体。从母体中抽取部分样品叫子样或试样，习惯上由"n"来代表子样的大小，即子样中样品的数量，它是被收集数据的对象。从母体中抽取一部分子样，这个抽取过程叫抽样。通过子样的质量推断母体的质量状况，这种检查的方法叫抽样检查。

二、质量数据的统计规律

1. 数据的分散性

在生产过程中，即使所使用的设备是高精度的，操作是很规范的，但产品的质量特性值还是会产生波动。因此反映产品质量特性的数据也会表现出波动性。如同一批机加工零件的几何尺寸不可能完全相同，同一批材料的力学性能有所差异。这说明所有的质量数据都有一个基本特征，即它们表现为分散性。数据的分散性是由于生产过程条件和材料内部性质发生变化造成的。

按影响产品质量的各种因素在形成产品过程中所起作用特点和影响大小可将其分为两类。一类是随机因素，也叫偶然性因素，是指设备、工具、材料、操作和环境等因素的细微变化和差别。这是经常起作用而又不易察觉、不易测量、不易消除或没有必要消除的因素，如刀具的正常磨损等。由随机因素引起的质量波动称为随机误差或偶然性差异。另一类是系统因素，是指设备、工具、材料、操作和环境等条件发生重大变化。系统因素对质量分散性的影响很大，容易识别和可以避免，如操作安装不当、测量错误等。由系统因素引起的质量变异称为系统误差或条件差异。

2. 数据的集中性

质量管理中，当收集到的数据足够多时就会发现一个现象，即所有的数据都在一定的范围内分散在一个中心值周围，越靠近中心值，数据越多；越偏离中心值，数据越少。这意味数据的分散是有规律的，表现为数据的集中性。

数据的分散性和集中性被称之为数据的"统计规律性"。了解数据的统计规律性并将其应用于数据的分析和处理可以很经济地改善产品质量。

三、质量数据的分布特征

数理统计可以证明，在正常的情况下，产品的质量特性分布呈正态分布，正态分布原理是质量分析和控制方法的主要理论依据。

我们在分析质量数据的分布特征时常用的计算方法如下。

1. 平均值 $\overline{x}$

设 n 个数据为 x_1，x_2，$\cdots$，x_n，则平均值为：

$$\overline{x} = \frac{\sum\limits_{i=1}^{n} x_i}{n}$$

2. 中位数 M_e

把数据按大小顺序排列，中间位置的数称为中位数。但当 n 为偶数时，中位数为两个中间位置数据的平均值。

3. 极差 R

极差等于 n 个数据 x_1，x_2，$\cdots$，x_n 中最大值与最小值之差。

4. 标准偏差 S

用极差 R 反映数据的分散程度，虽然计算简便，但不够精确。因此，对计算精度要求较高时，需要用样本标准偏差来表示数据的分散程度，计算公式为：

$$S = \sqrt{\frac{\sum\limits_{i=1}^{n} (x_i - \overline{x})^2}{n-1}}$$

经典管理故事

袋鼠与笼子

有一天动物园的管理员发现袋鼠从笼子里跑出来了，于是开会讨论，一致认为是笼子的高度过低。所以他们决定将笼子的高度由原来的10米加高到20米。结果第二天他们发现袋鼠还是跑到外面来，所以他们又决定再将高度加高到30米。

没想到隔天居然又看到袋鼠全跑到外面，于是管理员们大为紧张，决定一不做二不休，将笼子的高度加高到100米。一天长颈鹿和几只袋鼠们在闲聊，"你们看，这些人会不会再继续加高你们的笼子"长颈鹿问。"很难说"袋鼠说："如果他们再继续忘记关门的话"。

【解析】 事有"本末"、"轻重"、"缓急"，关门是本，加高笼子是末，舍本而逐末，当然就不得要领了。管理是什么？管理就是先分析事情的主要矛盾和次要矛盾，认清事情的"本末"、"轻重"、"缓急"，然后从重要的方面下手。

第三节 质量管理中常用的统计方法

在质量管理中常用的统计方法有七种，即排列图、因果分析图、分层法、相关图、调查表、直方图和控制图，人们称之为七种工具。本节我们将分别介绍前五种方法，直方图和控制图的内容将在第四节"直方图和控制图"中做重点介绍。

一、排列图

排列图又称主次因素分析图、巴雷特曲线，是20世纪初意大利经济学家巴雷特博士用来分析社会财富分布的一种方法。他发现少数人占有了社会的大部分财富，而大多数人却仅仅占有了少数的财富，即所谓的"关键的少数和次要的多数"的排列关系。后来美国的质量管理专家朱兰将这种方法利用到质量管理中，在多个影响质量的因素中寻找出主要因素，以便确定质量改进关键项目。

排列图由两条纵坐标、一条横坐标、几个矩形和一条曲线组成。左纵坐标表示频数（件数、金额），右纵坐标表示频率（累计百分数），横坐标表示影响质量的各因素或项目，并按影响程度的大小从左到右排列。用直方形的高度表示各因素频数的大小，曲线表示各影响因素大小的累计百分数。通常将影响因素分为三类：A类，累计频率为0～80%，是主要影响因素；B类，累计频率为80%～90%，是次要因素；C类，累计频率为90%～100%，是一般因素。

【例8-1】 某车间加工一种零件，一个月内出现了314个质量缺陷（参见表8-1）。

表8-1 某零件缺陷分类统计表

序 号	原 因	缺 陷 数	质量缺陷百分比（%）	累计百分比（%）
1	尺寸不合格	134	42.7	42.7
2	粗糙度不合格	99	31.5	74.2
3	垂直度超差	60	19.1	93.3
4	其他缺陷	21	6.7	100.0
总计	—	314	—	—

根据统计表，绘出排列图，并分析各原因的主次，结果参见图8-1。

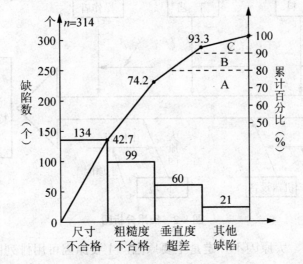

图 8-1 某零件缺陷排列图

由图8-1可见，尺寸不合格和粗糙度不合格这二大因素是造成不合格品的主要影响因素，该车间应针对原因，制定措施，开展质量攻关。

二、因果分析图

因果分析图又称树枝图或鱼刺图，是用来找出某种质量问题的所有可能原因的有效方法。

在生产过程中影响产品质量的原因是多方面的，我们可以通过召开"诸葛亮会"的办法充分发扬民主、集思广益、共同分析。一般大原因从人（Man）、机器（Machine）、材料（Material）、方法（Method）、测量（Measurement）和环境（Envirorment）六个方面分析（即"5M1E"因素），每个大原因又有它产生的具体原因（中、小原因）。把这些所有能想到的原因分门别类地归纳起来画成一张树枝状的因果分析图，就能清楚地表明各个原因之间的关系（参见图8-2）。

绘制因果分析图可按下列步骤进行：

（1）明确要解决的质量问题，将其写在主干箭头的前面；

（2）将影响产品质量的大原因分别标在大枝上；

（3）分析造成大原因的中原因和小原因，标在因果图的中、小枝上；

（4）集中多数人的意见，从众多原因中找出主要原因，由粗到细，寻根究底，直到能具体地采取措施解决问题为止。

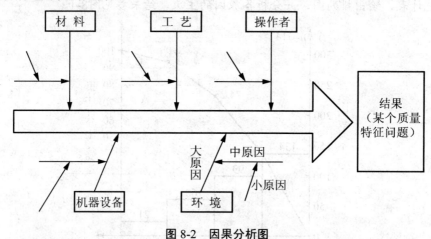

图8-2　因果分析图

在作图时要注意，大原因不一定是主要原因，主要原因可用排列图、投票或其他方法来确定。找出主要原因后要列出对策表，逐一进行解决。

三、分层法

分层法就是把收集来的数据按其来源、性质，根据使用要求和目的进行分类，这样可使数据反映的事实更明显突出，便于找出问题，对症下药。数据分层时，使同一层内的数据波动幅度尽可能小，而使各层之间的差别尽可能大。

分层的标志可以根据目的而定，常用的有：

（1）按人的因素分，可分为新、老工人，男、女工人和不同工龄的工人等；

（2）按工作时间分，可分为早、中、晚班，不同的日期等；

（3）按设备分，可分为新、旧设备，普通、精密设备和不同的型号等；

（4）按原材料分，可分为不同的供货单位、不同的进料时间、不同的材料成分等；

（5）按操作方法分，可分为不同的切削用量、温度、压力等。

分层法可以列表，也可以根据分层的目的选择不同的图形来表示，通常渗透在其他的各种工具中。

四、相关图

相关图又称散布图，是分析两个测定值之间的相互关系的一种图表。在质量管理中常遇到一些变量共处于一个统一体中，它们相互联系、相互制约，存在着不确定性关系，不能由一个变量精确地求出另外一个变量，在这种情况下可收集影响质量特性因素的各对数据，用点子填在以两个变量因素为坐标的坐标图中，以观察判断两个质量特性之间的关系。

作相关图一般是以横坐标 X 代表相关原因，即质量影响因素；纵坐标 Y 代表相关结果，即通常为被分析的质量特性。数据点一般取 30 个以上。相关图的基本形式有六种，分别表明两个变量不同的影响程度和方向（参见图 8-3）。

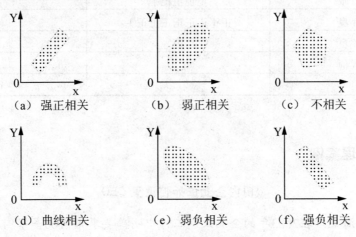

（a）强正相关　　（b）弱正相关　　（c）不相关

（d）曲线相关　　（e）弱负相关　　（f）强负相关

图 8-3　相关图的基本形式

五、调查表

调查表是利用统计图表来进行数据整理和粗略分析影响质量原因的一种方法。调查表的形式不尽相同，一般按所调查的产品质量特性要求而自行设计。使用目的不同，调查表也不同，常用的调查表有缺陷位置调查表、不良品原因调查表、频数分布调查表和不良项目调查表等。表 8-2 所示为某合成树脂型工艺使用的不良项目调查表，表中一目了然地记载了所有产生的不良项目及发生频率。

表 8-2　不良项目调查表

品名：	时间：　　年　　月　　日
工序：最终检验	工厂：
不良种类：表面缺陷	
加工不良	
形状不良等	班组：
	检验员：
检验总数：2530	批号：
备注：全数检查	合同号：

不良种类	检　　验	小　　计
表面缺陷	正正正正正正丁	32
砂　　眼	正正正正丁	22
加工不良	正正正正正正正丁	42
形状不良	正	5
其　　他	正丁	7
	合　　计	108

 经典管理案例

国内企业应如何设置 CEO

据报载，沿海某市在 2003 年的企业改制工作中明确要求市内 60 多家国有大中型企业、上市公司和国有控股公司在企业经营管理层设立 CEO 这一职务，以确保企业经营管理决策与执行的畅通。

CEO（Chief Executive Officer）即首席执行官的英文缩写。通常是董事会中高级管理者。在国外，CEO 的主要职责是对公司所有的重大事务和人事任免进行决策，营造企业文化，并把公司的整体形象推介出去。而在国内，CEO 这个概念最早出现在一些 IT 企业中，后来又在一些上市公司中出现。有人估计，目前国内 CEO 至少在 1 万人以上。

在国外，CEO与传统的董事长、总经理是不同的。董事长是公司董事会的领导，一般不管理公司的具体业务，也不进行个人决策；而CEO是由董事会任命的，是公司的经营执行领导；CEO是作为董事会成员出现的，而总经理不一定是董事会成员。从这个意义上讲，CEO代表着企业，并对企业的经营管理负责。在这样的股权结构下，董事会多由外部人员和独立董事组成，CEO也就应运而生。

我国现行的《公司法》明确规定董事长是企业的法定代表人，并在董事会闭会期间代行董事会部分职权，这就决定董事长必然要介入到公司经营的执行活动中。有资料披露，国内上市公司中有20.9%的董事长兼总经理，这就是典型的中国CEO，这类公司通常实行决策权和执行权的高度统一；有34.3%的国内上市公司董事长不兼任总经理，并且不是每天都要到公司上班，实行的是公司决策权和执行权相对分离的管理模式。此外，有44.8%的上市公司的董事长不兼任总经理，但每天到公司上班。在这种情况下，董事长和总经理都具有CEO的职能，只是在权力运作中董事长要强一些，而总经理要弱一些。

近年来，鉴于CEO的权力过大，许多的国际跨国公司纷纷撤销CEO。有的实行由董事长兼任CEO，但这也存在着难以克服的问题，就是有些公司的董事长并不具备实际股东的背景，而许多企业CEO的收入60%来自股票期权。在这种情况下，一旦这个企业在短时期难以发展壮大，CEO们为了保住自己的利益就会弄虚作假。

有鉴于此，国内企业设不设CEO、需要什么样的CEO值得深思。从目前的情况看，国有企业设CEO弊多利少，这是因为设立CEO职务的许多条件还不具备，如产权关系、公司治理结构都不具备相应的条件。即使以后各项条件都具备了也要界定权力，使权力与责任有机结合。

第四节 直方图和控制图

工序是产品在生产过程中形成质量的基本加工单元，对工序保证产品质量的能力进行分析，可判断该工序是否处于稳定状态、保证产品质量的程度等，分析工序质量的工具较常用的是直方图和控制图。

一、直方图

直方图又称质量分布图，是用于寻找质量随机波动规律，进行工序质量分析和控制的主要方法之一。

（一）直方图的绘制

【例8-2】 某工厂加工轴径为Φ73±0.2的一批零件中，试用直方图法分析加工该批零件的工序质量。

（1）收集数据。现随机实测50件（取样数据应在50个以上），实测单位0.01mm，将取样数据列表（参见表8-3）。

表8-3 取样数据表

73.00	72.90	72.95	73.00	73.05	73.02	73.06	73.08	73.05	73.00
72.98	73.05	72.92	72.94	72.95	73.00	73.05	73.02	73.00	73.00
73.05	73.07	73.05	73.10	72.96	72.95	73.00	73.07	73.02	72.99
72.95	72.96	73.04	73.06	73.09	73.00	72.95	73.00	73.15	73.05
73.12	73.05	72.98	73.01	73.03	72.95	72.94	72.96	72.95	73.00

（2）找出数据中的最大值L和最小值S。

例8-2中，L=73.15，S=72.90。

（3）确定组数K和组距h。

一般50个数据以下，K取5～7组；50～100个数据，K取6～10组。

例8-2中，取K=5。

组距 $h = \dfrac{L-S}{K} = \dfrac{73.15-72.90}{5} = 0.05$

（4）确定分组界限。

各组的界限值可以从第一组开始依次计算。一般第一组的组界可用公式：$S \pm \dfrac{h}{2}$ 来计算（要尽量避免出现数据正好落在界限值上情况）。

例8-2中第一组的下界值为 $S - \dfrac{h}{2} = 72.9 - \dfrac{0.05}{2} = 72.875$，由此可得：

第一组上界值：72.875+0.05=72.925

第二组下界值：72.925

第二组上界值：72.925+0.05=72.975

其余各组以次类推，可得第三组的组界为72.975～73.025；第四组的组界为73.025～73.075；第五组的组界为73.075～73.125；第六组的组界为73.125～73.175。

（5）统计各组中数据出现的次数f_i，并计算各组中心值x_i，中心值是各组数据中间的数值。

$$\text{中心值} \, x_i = \frac{\text{某组下界限值} + \text{某组上界限值}}{2}$$

例8-2中的频数分布表参见表8-4。

表 8-4　直方图频数分布表

组　　号	组　　　界	中　心　值	频数统计	频数 f_i
1	72.875～72.925	72.90	丁	2
2	72.925～72.975	72.95	正正丁	12
3	72.975～73.025	73.00	正正正丁	17
4	73.025～73.075	73.05	正正	14
5	73.075～73.125	73.10	丁	4
6	73.125～73.175	73.15	一	1
合　　计				50

（6）绘制直方图。

根据表8-4中的数字，以分组的组界为横坐标，分组的频数为纵坐标，画出直方图（参见图8-4）。

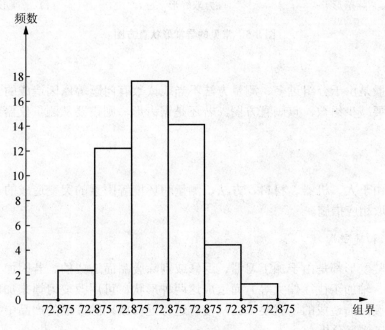

图 8-4　直方图

（二）直方图的观察与分析

工序质量分布的标准形状是正态分布，体现在直方图上应为中间高、两边低，左右基本对称。当直方图的形状属异常形态时就要分析原因，以便采取相应措施。图8-5为各种异常的直方图。

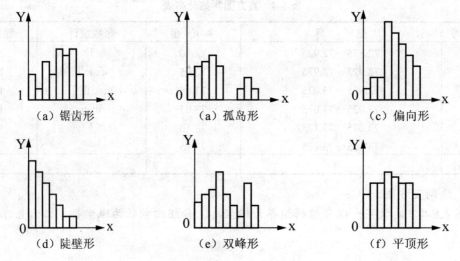

图 8-5　常见的异常形状直方图

1. 锯齿形

锯齿形一般是由于分组过多、测量方法不当或读数有问题等原因造成的。当出现锯齿形直方图时，要减少组数，重画直方图。若还是锯齿形，则需要从测量仪器或读数方面找原因。

2. 孤岛形

孤岛形是由于人、机器、材料、方法、测量和环境等因素的突变造成的。应寻找产生的原因，并采取相应措施。

3. 偏向形和陡壁形

偏向形和陡壁形都是由于加工习惯、返修或剔除废品而造成的。若因加工习惯（如孔加工往往偏小、轴加工往往偏大等）而造成这两种形状，可用改变习惯来加以纠正；若是因返修或剔除废品而造成的，就要重新从没有进行返修或剔除废品的产品中抽取数据，再画直方图对工序进行分析。

4. 双峰形

双峰形一般是由于数据来源于两个不同的生产条件，使得两个不同的分布混在一起，没有预先进行分层造成的。应分析原因，进行分层分析，做出分层直方图，最终目的是使变化了的生产条件重新调整为正常。

5. 平顶形

平顶形一般是由于某种缓慢因素引起的，如操作者疲劳、工具磨损等，应采取相应的措施消除其缓慢影响因素。

（三）直方图与标准比较

把直方图的测量值分布范围与标准范围比较，判定工序能力满足标准要求的程度，一般有以下几种情况（参见图8-6）。

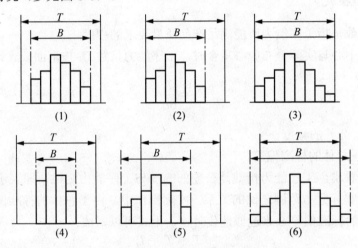

图8-6　直方图与标准比较

（1）实际分布 B 在公差 T 中间，两者有一定的余地，属正常状态。

（2）B 在 T 内，但中心偏向一侧，易超出公差。

（3）B 和 T 重合，分布太宽，两侧毫无余地，易大量超差。

（4）B 在 T 内，但两边余地太大，经济性不好。

（5）B 中心偏离公差中心过大，已出现废品。

（6）实际分布 B 超过公差 T 的界限，工序能力不能满足加工要求。

（四）工序能力指数

1. 工序能力的概念

工序能力是指工序处于控制状态下所具有的保证产品质量的能力。一般情况下，工序能力可以认为是该工序的加工精度。

在工序处于控制状态下，工序质量的波动是由一些偶然因素引起的。因此在不考虑异常波动的条件下，加工质量一般呈正态分布，工序能力可以用 6σ 来表示。根据正态分布理论，质量特性值处于 $[\bar{x}-3\sigma, \bar{x}+3\sigma]$ 范围内的概率值为 0.9973。即工序能保证合格品达到 99.73%，故可认为工序稳定地出产了合格品，所以用 6σ 来表示工序能力，这也是国际的统一规定。

正是由于标准偏差反映了加工质量的波动量，所以实践中人们常用 σ 作为基础来表征工序能力的大小。σ 越小，工序能力越强；σ 越大，工序能力越弱。

2．工序能力指数

工序能力指数是指工序能力所能满足产品质量要求的程度。

（1）当公差中心与实际分布中心重合时，工序能力指数 C_P 按下面公式计算：

$$C_P = \frac{T}{6\sigma}$$

式中：T——公差的幅度；

σ——总体的标准偏差。

从公式可以看出，工序能力指数是公差的幅度与工序能力之比，即表示产品的质量标准要求与质量的实际分布范围之比的关系。实际操作中，由于总体的标准偏差很难确定，因此，可用子样的标准偏差 S 来近似地代替 σ，上式可以写成：

$$C_P = \frac{T}{6\sigma} = \frac{T_U - T_L}{6S}$$

式中：T_U、T_L 分别代表上偏差和下偏差。

（2）当公差中心与实际分布中心不重合时，工序能力指数可按下面公式计算：

$$C_{pk} = (1-K)\frac{T}{6\sigma} = \frac{T-2\varepsilon}{6\sigma}$$

式中：K——相对偏移量，也称偏离度，$K = \frac{2\varepsilon}{T}$。

ε——公差中心对于实际分布中心的绝对偏移量，$\varepsilon = |M - \bar{x}|$。

二、控制图

控制图是用于分析和判断工序是否处于稳定状态所使用的带有控制界限的图。控制图可以判别正常质量波动和异常质量波动，可以分析、预防工序是否处于控制状态，它是质量管理中非常重要而有效的工具。控制图是在 20 世纪 20 年代由美国质量管理专家休哈特首创的，其基本形式参见图 8-7。

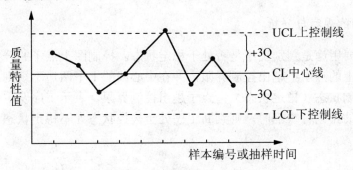

图 8-7　控制图基本形式

（一）控制图的种类及其作用

1. 控制图的种类

质量控制用的数据有计量值和计数值之分，计数值又有计件值和计点值之分，因而，控制图可分为以下两种。

（1）计量值控制图。

计量值控制图包括平均值与极差控制图（$\bar{x}-R$ 控制图）、中位数与极差控制图（$\bar{x}-R$ 控制图）、单值与移动极差控制图（$x-R_s$ 控制图）等。

（2）计数值控制图。

计数值控制图包括计件值控制图和计点值控制图。

① 计件值控制图，包括不合格品率控制图（P 图）、有合格品数控制图（P_n 图）。

② 计点值控制图，包括单位缺陷数控制图（U 图）、缺陷数控制图（C 图）。

2. 控制图的作用

控制图的基本功能是通过采集样本数据、推断工序状态来分析和预防工序失控和产生不良品。控制图的主要作用包括以下两点。

（1）工序分析。

工序分析即分析工序是否处于失控状态。为此，应按照抽样检验理论收集数据，绘制控制图，观察与判断工序状态，这一过程应实现标准化和制度化。

（2）控制工序质量状态。

通过工序分析，发现异常现象，查找原因并采取相应的控制措施。通过消除失控现象，使工序始终处于受控状态，防止产生不良品。

此外，还可以利用控制图为质量评定、产品和工艺设计积累数据。

（二）控制图的观察与分析

控制图的主要用途是判别工序是否处于稳定状态。控制图上点子的分布位置是判别的依据。在控制图上的点子不越出控制界限，并在中心线的上下两边不规则的随机排列，则判断工序处于控制状态（稳定状态）；点子越出控制界限，表示工序发生系统性原因；点子在控制界限内的排列有缺陷时，则判断工序处于失控状态（不稳定状态），主要有以下四类情况。

1. 单侧性排列

出现连续 7 点在中心线的一侧；当多点出现在中心线的某一侧时，其判据为：连续 11 点中有 10 点在同一侧；连续 14 点中有 12 点在同一侧；连续 17 点中有 14 点在同一侧；连续 20 点中有 16 点在同一侧。

2. 趋势性排列

连续 7 点出现上升或下降趋势，则表示工序有某种趋势存在，如刀具磨损、原材料失效等。

3. 周期性排列

点的变动（如上升或下降趋势）状态按一定间隔重复出现时，称为周期性排列。对于周期性排列尚无明确的异常判定基准，只有重新分组，再作控制图。

4. 突发性排列

当突然连续有 2 点或 2 点以上在上方或下方的 2 倍的标准偏差横线以外出现，则判定工序有异常。

 经典管理故事

发　挥

一位著名的企业家在做报告。当听众咨询他最成功的做法时，他拿起粉笔在黑板上画了一个圈，只是并没有画圆满，留下一个缺口。他反问道："这是什么？""零"、"圈"、

"未完成的事业"、"成功"，台下的听众七嘴八舌地答道。他对这些回答未置可否："其实，这只是一个未画完整的句号。你们问我为什么会取得辉煌的业绩，道理很简单：我不会把事情做得很圆满，就像画个句号，一定要留个缺口，让我的下属去填满它。"

【解析】 事必躬亲是对员工智慧的扼杀，往往事与愿违。长此以往，员工容易形成惰性，责任心大大降低，把责任全推给管理者。情况严重者会导致员工产生腻烦心理，即便工作出现错误也不情愿向管理者提出。何况人无完人，个人的智慧毕竟是有限而且片面的。为员工画好蓝图，给员工留下空间，发挥他们的智慧，他们会画的更好。多让员工参与企业的决策事务是对他们的肯定，也是满足员工自我价值实现的精神需要。赋予员工更多的责任和权利，他们会取得让企业意想不到的成绩。

第五节 全面质量管理工具

随着质量运动的迅速铺开，许多人耗费大量的时间和精力在自己的企业内实施质量管理。可是，他们经常失望地发现自己很难知道哪种质量工具和技术最适合哪些具体场合。以下介绍几种质量工具及如何运用它们解决日常业务问题。每种工具的讨论都包括下列内容，即何时用、何时不用、培训、能达到何目的、注意事项和使用程序。

一、鱼缸会议

鱼缸会议是一种组织会议的方式。不同的群体本着合作的精神一起分享各自的观点和信息。因此，让销售部门与客户服务部，或高层管理人员与管理顾问碰头，这种做法一定管用。

（1）何时用：鱼缸会议使某些群体与顾客、供应商和经理等其他与之利益相关的群体加强沟通。

（2）何时不用：如果用这种方法不能明确地分清各群体的职责，就不宜使用。

（3）培训：会议召集人需要接受培训。

（4）能达到何目的：迅速增进了解，扫除误解。

（5）注意事项：这类会议的影响巨大，可能会暴露实情，使内情人和旁观者感到受威胁，因此需要精心组织。

（6）使用程序：把与会者安排成内外两圈。内圈人员在会上比较活跃，外圈人员则从旁观察、倾听，必要时提供信息。会议结束时推荐改进方案，取得外圈人员的赞同。

二、横向思维

横向思维是一种为老问题寻找新解决方案的工具。

（1）何时用：由于老方法、旧思路不再管用或已经不够好，需要寻找新方法、新思路时使用。

（2）何时不用：种种制约使这种全新的思维方式无法发挥作用时不要用。

（3）培训：建议读爱德华写的管理中的横向思维一书。

（4）能达到何目标：开创新思路，激发创意，找出可行的解决方案。

（5）注意事项：需要传统的逻辑思维加以支持。爱德华建议，只有10%的解决问题过程采用横向思维。

（6）使用程序：确定问题。运用幽默、随机排列和对流行观念的挑战来制订横向思维解决方案。对找到的各种想法加以适当的提炼和取舍。

如某工业缝纫线轴制造商的传统市场已经消失，公司不得不另寻出路。对此，公司经理们的本能反应是，从常规思路出发，为产品找新的出路、新的市场或新的销售手段。不过，事态的发展很快表明他们需要一种彻底的解决方案。公司召开了一次集思广益会，对参加者不加任何框框。思路应能用得上现有的技能和经验，但只能把它作为起点。结果，横向思维把他们引向高尔夫球，成为一家成功的高尔夫球制造商。

三、帕雷托分析法

帕雷托分析法强调为80%的问题找出关键的几个致因（通常为20%）。

（1）何时用：凡是一个问题的产生有多个变量因素并需要找出其中最关键的因素时，都可使用这一方法。在一个改进项目的开始阶段尤为有用。

（2）何时不用：如果设置有更完善的系统就没有必要使用此法。

（3）培训：需具备基本的统计知识以备分析之用。

（4）能达到何目标：非常直观地展示出如何确定问题的优先顺序，将资源集中在何处才能取得最佳效益。这种展示让企业各级一看就懂。

（5）注意事项：仔细分析结果总是很重要，不仅靠数据，还要利用常识来找出问题的原因和优先顺序。

（6）使用程序：找出问题和可能的原因。收集有关原因的信息。绘制帕雷托分析图，横坐标表示原因，纵坐标表示问题，以出现次数、频率或造成的成本来表示。找出最关键的几个原因。依据重要性排序，利用改进技术消除产生问题的原因。

如某洗衣机制造商出现质量危机。在一次广泛的可信度测试中，一家大型杂志将其产品排在末位并建议消费者不要购买。该公司具有完善的失误记录，列出的失误种类达 22 种。

但运用帕雷托分析法表明，仅其中的 4 种失误就占了所有记录的 83%。

四、质量功能分布图

质量功能分布图是一种产品和流程设计工具，可以用于把顾客的呼声转化成产品或流程的特点。采用该方法能防止企业仅因为某些观念似乎有效就予以实施。

（1）何时使用：用以设计或重新设计产品或流程，保证提供顾客切实需要的产品特性；专为制造业设计的，但也可用于服务业。

（2）何时不用：如果问题的优先顺序已经分明、流程设计卓有成效或设计团队经验老到，不要采用该方法。

（3）培训：该方法运用特定的惯例，建立相关的矩阵图和计分标准。在这方面有必要进行培训。

（4）能达到何目标：有能力分辨基本的产品与流程特色和所期望的产品与流程特色，这样便可以看清高成本的技术或工程投资在哪方面将有回报。同时，还提供了一个评估产品或流程变化影响的框架准则。

（5）注意事项：花时间通过市场调研来找出顾客的真正需求所在。

（6）使用程序：研究顾客的需求，找出符合顾客需求的流程设计特色。建立一个矩阵图，将顾客的需求与设计特色进行比较（即性能／方案矩阵图）并加以计分。选取 5 个左右分数最高的设计特色，然后再按 3 个层次建立矩阵图：设计特色和关键部件特点、关键部件特点和制造工序、制造工序和生产要求。

如某割草机制造商耗时费资重新设计其畅销割草机的控制性能，却发现顾客对此毫无反应。因此，公司经理人在计划改进另一较老型号的割草机时想要确保所做的改善的确是顾客想要的。研究结果表明，顾客感兴趣的是性能。因此改善马达、驱动链和刀的效率比改善控制性能可以产生大得多的影响。

五、关联树图

关联树图是用带箭头的连线把表示事物因果关系的因素联系起来的图。关联树图法就是利用关联图来分析事物各影响因素之间的复杂关系，从而找到主要问题的方法。

在关联树图中，用"▢"把表达问题和原因的短语框起来，用箭头把这些短语连起来表示它们之间的因果关系，箭头的方向一般是由"手段"指向"目的"，或由"原因"指向"结果"。短语应力求简洁，内容力求确切、易于理解。重要因素和关键问题用双线框表示。

这种图示工具对关联项进行层次分类，是一种不错的思维工具，因为它提供了一种快捷的方法把各种想法总括出来，并在相关的枝权出现时可随即增加细节。

（1）何时使用：使用该图示可以为同一目标寻求多种不同的实现途径。

（2）何时不用：不可用于详细比较各种方案，只用于从总体上探索新的方向。

（3）培训：无须正式培训，但设置一个协调人员会很有帮助。

（4）能达到何目标：该图示能很有逻辑地揭示出该采用什么方法来实现目标，它们要求哪些行动和资源。

（5）注意事项：如果你选用的方法经不起分析，要随时准备回到关联树图上来。

（6）程序：记下正在考虑实施的解决方案，放在图的左侧，箭头则指向右方。在主箭头两侧用分箭头标出各种重大效果。通过集思广益，找出所有可能的效果并添加到图上。计划实施行动以确保该方案行之有效。

如一个发展中的小公司运用这种方法来考虑员工的托儿问题。许多的员工大学一毕业就加入了公司，现在都供养着子女。公司开会讨论各种选择方案。结果，大家都赞成建一个日托中心。但树形图显示，潜在的成本太高，需要满足的地方法规要求太多，很难实行。于是公司选择了托儿津贴计划，让有子女的员工有选择的余地。

六、方案效果分析法

方案效果分析法用于分析手头解决方案可能产生的效果。

（1）何时用：在提议变革时可运用这种方法，它能让你看清各解决方案的效果。

（2）何时不用：你所提议的不是根本性变革的话，不要使用。

（3）培训：无须正式培训，但如加以辅助很有用。

（4）能达到何目标：一种向前看的思维方式并能预见所建议的方案会造成什么影响，避免未能预见的效果。

（5）注意事项：人们对你正在致力的变革前景看淡时，不要阻止他们。他们并非有意发难，也许他们是对的。接受辅导会减少自己受威胁的感觉。

（6）使用程序：记下正在考虑实施的解决方案，放在图的左侧，箭头则指向右方。在主箭头两侧用分箭头标出各种重大效果。通过集思广益，找出所有可能的效果并添加到图上。计划实施行动以确保该方案行之有效。

如某公司决定引入弹性工作时间以减少员工通勤途中损失的时间，同时充分利用资源。随着改用新工作时间的期限临近，协调这一变革的人事部开始担心员工还未弄清新工作时间的意义。为此，公司举行了一系列方案效果分析会使公司的员工能想通各种问题，从而为采用新的工作时间做好更为充分的准备。

经典管理故事

体　制

有七个人住在一起，每天共喝一桶粥，显然粥每天都不够。一开始，他们抓阄决定谁来分粥，每天轮一个。于是乎每周下来，他们只有一天是饱的，就是自己分粥的那一天。后来他们开始推选出一个道德高尚的人出来分粥。强权就会产生腐败，大家开始挖空心思去讨好他、贿赂他，搞得整个小团体乌烟瘴气。然后大家开始组成三人的分粥委员会及四人的评选委员会，互相攻击扯皮下来，粥吃到嘴里全是凉的。最后他们想出来一个方法：轮流分粥，但分粥的人要等其他的人都挑完后拿剩下的最后一碗。为了不让自己吃到最少的，每人都尽量分得平均，就算不平均也只能认了。大家快快乐乐、和和气气，日子越过越好。

【解析】　管理的真谛在"理"不在"管"。管理者的主要职责就是建立一个像"轮流分粥，分者后取"那样合理的游戏规则，让每个员工按照游戏规则自我管理。游戏规则要兼顾集体利益和个人利益，并且要让个人利益与集体整体利益统一起来。责任、权利和利益是管理平台的三根支柱，缺一不可。缺乏责任，企业就会产生腐败，进而衰退；缺乏权利，管理者的执行就变成废纸；缺乏利益，员工就会积极性下降，消极怠工。只有管理者把"责、权、利"的平台搭建好，员工才能"八仙过海，各显其能"。

第九章　人力资源管理

 相关链接

1. 了解人力资源管理的基本含义与内容。
2. 熟知人力资源规划的含义与内容。
3. 掌握工作分析的方法。
4. 掌握人力资源招聘的原则、培训的方法，了解职业生涯规划。
5. 理解绩效与薪酬管理的作用。

第一节　人力资源管理概述

一、人力资源管理的含义

1. 人力资源的含义

所谓人力资源，是与自然资源、物质资源或信息资源相对应的概念，有广义与狭义之分。广义的人力资源是指以人的生命为载体的社会资源，凡是智力正常的人都是人力资源。狭义的人力资源是指智力和体力劳动能力的总称，也可以理解为创造社会物质文化财富的人。换句话说，人的各种能力是人力资源的重要因素，如果管理者能够开发和引导人的这种能力或潜能，就会成为现实的劳动生产力。劳动生产力的质量高低直接影响组织绩效的、好坏而提高组织绩效是管理者的首要目标。

2. 人力资源管理的含义

人力资源管理是指运用现代化的科学方法，对与一定物力相结合的人力进行合理的培训、组织和调配，使人力、物力经常保持最佳比例，同时对人的思想、心理和行为进行恰当的诱导、控制和协调，充分发挥人的主观能动性，使人尽其才、事得其人、人事相宜，以实现组织目标。

二、人力资源管理的内容

1. 制订人力资源计划

根据组织的发展战略和经营计划，评估组织的人力资源现状及发展趋势，收集和分析人力资源供给与需求方面的信息和资料，预测人力资源供给与需求的发展趋势，制订人力资源计划、培训与发展计划等政策与措施。

2. 工作设计和岗位分析

对组织的各个工作和岗位进行分析，确定每一个工作和岗位对员工的具体要求，包括技术及种类、范围与熟悉程度、工作与生活经验、身体健康状况、培训与教育、工作的责任、权利与义务等方面的情况。

3. 人力资源招聘与挑选

根据组织内的岗位需要及工作岗位职责说明书，利用各种方法和手段（如接受推荐、刊登广告、举办人才交流会、到职业介绍所登记等）从组织内部或外部吸引应聘人员，经过资格（如接受教育程度、工作经历、年龄、健康状况等）审查，从应聘人员中初选出一定数量的候选人，再经过严格的考试及试用进行筛选。

4. 员工的职业管理

人力资源管理者使用职前教育与在职培训、工作轮换等方法对员工进行不断的培养。

5. 工作绩效评价

这种工作绩效评价涉及员工的工作表现、工作成果等，要定期进行，并与奖惩挂钩。开展工作绩效评价的目的是调动员工的积极性，检查和改进人力资源管理工作。

6. 员工薪酬与福利管理

人力资源管理部门要从员工的资历、职级、岗位、表现和工作成绩等方面为员工制定相应的、具有吸引力的工资报酬与福利标准和制度，以确保企业中员工队伍的稳定性。

7. 劳资关系

员工一旦被组织聘用，就与组织形成了一种雇佣与被雇佣的关系，员工与资方就有关员工的报酬、福利、工作条件和环境等事宜达成一定的协议，签订劳动合同，并在工作过程中，对于出现的分歧或纠纷进行沟通与协调。

8. 保管员工档案

人力资源管理部门应保管员工入职时的简历、表格以及入职后关于工作主动性、工作表现、工作成绩、工资报酬、职务升降、奖惩、接受培训和教育等方面的书面记录性材料，为员工的职业发展与组织的晋升、选干、调工资、培训等工作提供基本信息。

9. 人力资源费用核算

人力资源管理部门应与财务等部门合作，建立人力资源会计体系，开展人力资源投入成本与产生效益的核算工作。

第二节　人力资源规划

人力资源规划是人力资源管理的重要组成部分，也是组织战略规划的重要内容之一。它处于整个人力资源管理活动的统筹阶段，为整个人力资源管理活动制定目标、原则和方法。有效的人力资源规划工作不但使企业获得合理的人力资源，而且能使企业的人力资源得到有效的利用和开发。

一、人力资源规划的含义

人力资源规划是一个组织科学地预测、分析自己在环境变化中的人力资源供给和需求状况，制定必要的政策和措施，以确保自身在需要的时间和需要的岗位上获得各种需要的人才，并使组织和个人得到长期利益的过程。企业人力资源规划的目标是确保企业在适当的时间和不同的岗位获得适当的人选。

二、人力资源规划的程序

1. 明确企业的战略决策及经营环境

明确企业的战略决策及经营环境是人力资源规划的前提。不同的产品组合、生产技术、生产规模、经营区域对人员会提出不同的要求。而诸如人口、交通、文化教育、法律、人力竞争和择业期望则构成外部人力资源供给的多种制约因素。

2. 了解企业现有人力资源的状况

了解企业现有人力资源的状况是制定人力规划的基础工作。本企业各类人力资源的数量、分布、利用及潜力状况、流动比率都需及时统计。

3. 对企业人力资源需求与供给进行预测

对企业人力资源需求与供给进行预测是人力资源规划中技术性较强的关键工作。全部人力资源开发、管理的计划都必须根据预测决定。

4. 制订人力资源管理的总计划及业务计划

制订人力资源管理的总计划及业务计划是编制人力资源规划过程中比较具体细致的工作，它要求人力资源主管根据人力资源供求预测提出人力资源管理的各项要求，以便相关部门照计划执行。

5. 对人力资源计划进行监督、评价

对人力资源计划的执行过程进行监督、分析，评价计划质量，找出计划的不足，给予适当调整，以确保企业整体目标的实现。

三、人力资源规划的内容

人力资源规划包括总体规划与业务计划。

总体规划是指在计划期内人力资源管理的总目标、总政策、实施步骤和总预算的安排。

业务计划则是总体规划的展开和具体化，包括人员补充计划、分配计划、提升计划、教育培训计划、工资计划、保险福利计划、劳动关系计划、退休计划等。这些业务计划围绕总体规划而展开，其最终结果是保证人力资源总体规划的实现，是总体规划的具体化。

四、人力资源的成本分析

进行人力资源规划的目的之一就是降低人力资源成本。人力资源成本是组织为了实现目标，创造最佳经济效益和社会效益，从而为开发、使用、保障必要的人力资源以及人力资源离职所支付的各项费用的总和。人力资源成本大致可以分为取得成本、维护成本、发展成本、激励成本和损耗成本五类。

1. 取得成本

取得成本主要是在组织招募和录用员工过程中所发生的费用，包括招募、选拔、录用和安置各人员的费用。

2. 维护成本

维护成本包括组织提供的员工工资之外的维护费用，如法定的劳动保障费、退休金、团体保险费等属于保健因素的激励成本。即如果没有这项维护费用将会导致员工不满和绩效衰退，但增加维护费用也不会因而创造更多的绩效，如员工福利就属于维护成本。

3. 发展成本

在组织实现目标的过程中，员工必须学习更多的知识与技能才能面对竞争激烈和多变的产业环境。人力发展成本就是组织为了更新、灌输与加强员工的知识与技能所支付的成本。如入职教育、在职培训的成本都属于这一类。

4. 激励成本

员工是有生命的组织资源，是有情绪、有需求的。当员工努力贡献自己的能力达成企业的经营目标时，公司应将达成目标的成果回馈给绩优的员工，才能激发员工更多的贡献，因此所花费的成本就是激励成本。故激励成本的特性不同于维护成本，增加激励成本可以增加预期的成本效益，但增加维护成本对经济效益的投资报酬不大。

5. 损耗成本

损耗成本通常与离职相关，是员工离开组织所产生的成本。如离职补偿成本、离职低效成本、空职成本等。损耗成本常被组织忽略。但是，它在某些组织却占到总人力资源成本的大部分，这是不经济的，降低这部分损耗成本应该是人力资源主管重点考虑的问题。

一个成功的人力资源规划应该将人力资源成本核算包括在内，这样才能及早发现问题、提出警告，从而进行事前控制，提高工作效率。提高人力资源活动的效率、降低人力资源成本能提高组织的质量和整体竞争力。

 相关链接

人力资本投资与高等教育

一、高等教育投资的决策

高等教育投资是人力资本投资的一个非常重要的类型，因此，对高等教育投资决策的分析与对一般人力资本投资决策的分析在方式上是一致的。从纯粹经济上的角度来考虑，一个理性的决策应是对上大学的成本和收益进行比较。

1. 上大学的成本

从理论上说，上大学的成本包括货币成本和非货币成本两种，而货币成本又可以划分为直接货币成本和间接货币成本两类。（1）直接成本，即上大学所必须支付的学费、一些特殊的杂费、书本费以及其他一些学习用品费等。住房、吃饭等费用则不包括在直接成本的范围之内，因为无论是上大学还是就业，这两项费用对于每个人来说都是必要的。（2）间接成本（或机会成本），它是指某人因上大学而不得不放弃的收入，它在数量上等于此人高中毕业后不上大学而去劳动力市场谋求就业后可能赚得的收入。（3）非货币成本（或心理成本）。它是指在上大学期间因为考试压力等各种原因所造成的精神成本或心理成本（该成本的衡量较困难，在核算中予以忽略）。

2. 上大学的收益

上大学的收益也表现在货币收益和非货币收益两个方面。其中货币收益是指完成大学教育者在未来的终身工作中所获得的总收入将会比未完成大学教育者要多，它在数量上等于大学毕业生与当初素质相当但是却没有上大学者之间在终身收入上的差别。上大学的非货币收益则包括社会地位或声誉的提高，对各种娱乐活动欣赏能力的提高等，同样，由于衡量的困难，对于上大学这种人力资本投资的心理收益或非货币收益暂时予以忽略。

这样，在可自由决策的情况下，从经济利益的角度来看，一个人上大学好还是不上大学好取决于此人上大学的成本和收益之间的对比。若上大学的总收益足以弥补上大学的总成本，则此人应当选择上大学，否则，选择不上大学才是理性的。

二、关于人力资本投资及高等教育的几个重要结论

在其他条件相同的情况下，投资后的收入增量流越长（即收益时间越长），则一项人力资本投资的净现值越可能为正。从人的一生来看，某项人力资本投资进行得越晚，则其净现值会越低，因为投资后受益的年限会比较短。这就可以解释为什么主要是年轻人在上大学、而且年轻人更有可能去进行流动和地理上的迁移。它还可以部分地解释当前许多的市场经济国家中所出现的男性和女性之间的工资差别。在许多情况下，妇女的劳动力参与是不连续的，在完成正规教育之后，大多数女性都是先工作一段时间，然后离开劳动力市场一段时间去结婚、生养孩子，当孩子可以上学之后，她们再重返劳动力市场。这种情况很自然地就弱化了女性的人力资本投资动机，因为其净现值显然比条件相同的男性要低。此外，女性的劳动者参与易中断的事实也使企业较不乐意对她们施行在职培训。

在其他条件相同的情况下，人力资本投资的成本越小，就会有越多的人愿意投资于人力资本。如果上大学的直接成本或间接成本降低的话，则会有更多的人愿意去接受大学教育。假如政府能保证给学生提供贷款的话，则会降低想借钱上大学的人必须支付的利息率，

从而降低上大学的私人直接成本，愿意上大学的人就会多起来。类似地，整个社会的经济状况也会影响人们是否上大学的决策，因为它影响上大学的机会成本。比如，社会上经济衰退来临，一个高中毕业生所能赚得的收入减少，或找到工作的可能性更小，那么上大学的机会成本就会降低，愿意上大学的人就会更多。成本的降低会增加上大学的净现值，从而使原来上大学无利可图的人可以获益。此外，本条结论还与上面提出的"年长者更不情愿进行人力资本投资"的结论有关。劳动者的收入是随年龄而不断增加的，这样，对于年龄大的劳动者来说，他们去上大学所需放弃的收入，即机会成本要更大一些，在其他条件相同的情况下，他们从人力资本投资中可得到的净现值便会比年轻人要低。换言之，有两个主要原因使得年纪大的人更不愿意投资于人力资本：一是投资后的未来收益流相对较短；二是投资的机会成本太大。

在其他条件相同的情况下，大学毕业生与高中毕业生之间的收入差距越大，愿意投资于大学教育的人就越多。这也就是说，不仅收入增量的长度会影响人力资本投资决策，收入增量的规模也会对其产生影响。这是因为大学毕业生与高中毕业生的收入差距所反映的正是上大学的收益部分，收入差距越大，则表明上大学的收益越大；在上大学的成本一定的情况下，上大学的收益越大，愿意上大学的人也就必然越多。

第三节　工作分析

一、工作分析的概述

在讨论工作分析之前需要明确工作分析活动中常用到的一系列术语。

1. 工作要素

工作要素是指工作中不能再分解的最小动作单位，如开动机器、取出工具、打电话、签字等都属于工作要素。

2. 工作任务

工作任务是对某人做某事的具体描述，也就是安排一个员工所完成的一项具体工作，如让工人加工工件。

3. 职位

职位也就是岗位，是指一个人要完成一组任务并承担相应的职责。职位是针对从事某项工作的人数说的，有多少职位，就需要有多少员工。如一车间需要 3 名机修工，就设有 3 个机修工的职位。

4. 职务

职务是职责相似或相同的一组职位的统称。一个职务可以有一个或多个职位。如一个学校有两个副校长，一个管教学，一个管学生。

工作分析是指对组织内某一特定的工作做出内容上的明确界定，并确定完成这一工作需要什么行为的过程。它为这一工作收集所有与其相关的信息并进行评价。可以用下面的"5W1H"来概括工作分析的内涵。

（1）此项工作做什么（What）。

这是指从事的工作活动和工作责任。工作活动包括：任职者所要完成的工作活动、任职者的工作活动产出（产品或者服务）、任职者的工作活动标准。工作责任包括管理责任和非管理责任。

（2）为何要完成此项工作（Why）。

这是指该项工作在整个组织中的作用，主要包括：工作目的和工作关系。工作目的是指该工作为何存在，有何意义。工作关系指出工作指导和被指导的关系，以及晋升通道、协作关系和工作中所接触的部门内外、组织内外的其他资源。工作关系可以分为横向工作关系和纵向工作关系。

（3）工作何时做（When）。

这是指该项工作活动进行的时间安排，主要包括：工作时间安排是否有固定时间表，工作时间制度是什么，工作活动的频繁程度区分，如每日进行的活动、每周每月进行的活动等。

（4）工作在哪里做（Where）。

这是指工作进行的环境，主要包括：工作的自然环境，如温度、湿度、照明度、有无异味、粉尘、辐射等；工作的危险性，心理压力，职业病等；工作的社会环境和心理环境，包括工作地点的生活便利程度、与他人的交往程度等。

（5）谁来完成工作（Who）。

这是指从事该工作的任职者需要具备的条件，主要包括：生理要求、知识、技能、能力、个性特征等。

（6）如何完成工作（How）。

这是指任职者如何进行工作活动以获得预期的工作结果，主要包括：工作活动程序与流程；工作活动涉及的工具与机器设备；工作活动涉及的文件记录；工作中的关键控制点。

二、工作分析的作用

1. 支持组织战略

组织战略目标的实现有赖于合理的组织结构和职位系统。通过工作分析，可以明确职位设置的目的，从而明确该职位如何为组织整体创造价值，如何支持组织的战略目标与部门目标，从而为组织战略目标的实现提供良好的平台和基本保证。

2. 优化组织结构

随着组织外部环境的不断变化，组织战略也随之不断变化，这就要求组织结构也随之改变。工作分析提供的工作相关信息有助于了解组织结构上的弊端，帮助管理者对这些不合理的地方进行改进，从而适应组织战略的变化。

3. 优化工作流程

通过工作分析可以理顺工作与其所在的工作流程中上下游环节之间的关系，明确工作在流程中的角色与权限，消除流程上的弊端，优化工作流程，提高工作流程的效率。

4. 优化工作设计

工作分析详细说明了各个工作的内容、程序、方法、对任职者的要求，以及该工作在组织中的地位和作用，还对工作职责和工作联系作了明确的规定，有利于避免或者消除由工作职责重叠、职责空缺等职责设计问题所引起的员工之间、部门之间的相互推诿、扯皮现象；也可以剔除不必要的工作环节和动作，优化工作程序和方法。这些都为工作设计的优化奠定了基础。

5. 完善工作相关制度和规定

通过工作分析可以明确工作流程、工作职责以及绩效标准等内容，有利于完善工作相关制度和规定，为任职者提供工作标准和行为规范，提高企业管理的正规化和规范化程度。

6. 树立职业化意识

通过工作分析能够建立工作标准和任职资格条件，有利于任职者明确胜任工作所应具备的知识、技能、能力，以及道德素质、行为规范等任职资格，为其在工作中不断提高和发展提供指导，也为其树立职业化意识奠定基础。工作分析与工作说明书在组织内的长期运用能够培养造就职业的工作人。

三、工作分析的程序

1. 准备阶段

明确工作分析的总目标、总任务和目的。根据总目标、总任务对企业现状进行初步了解，掌握各种数据和资料。确定分析的范围、对象和内容，规定分析的方式、方法，并弄清应当收集什么资料，到哪儿去收集，用什么方法去收集。

2. 调查阶段

（1）编制各种调查问卷和提纲，然后对具体的对象进行调查，如面谈、问卷、实验等。

（2）调查具体工作的特征，重点收集被调查员工对工作特征的看法，然后做出等级评定。如对宾馆服务员进行工作分析时，让员工按照个人理解提出胜任工作的要素，如年龄占第一位、相貌次之、态度再次之等。

3. 分析阶段

工作分析是收集、分析、综合组织某个工作相关的信息的过程。也就是说该阶段包括信息的收集、分析、综合三个相关活动，是整个工作分析过程的核心部分。分析内容包括：工作名称、雇用人员数目、职责、选任方法、工作人员应具备的实际工作知识、智力要求、熟练及精确度、经验、教育与训练要求、身体要求（如有些工作必须站立、弯腰、半蹲、跪下、旋转等消耗体力的要求）、工作环境、工作时间与轮班等。

4. 完成阶段

工作分析最终要编写出工作描述和职务说明书。

总之，工作分析的项目很多，凡是一切与工作有关的资料均在分析的范围之内，分析人员可视不同的目的全部予以分析，也可以选择其中必要的项目予以分析。

四、工作分析的结果

工作分析通过对工作信息的收集、整理、分析与综合，其最终成果主要有两类，一类是工作说明书，另一类是工作分析报告。工作说明书是目前工作分析最常见的结果，它主要包括工作描述和工作规范。

1. 工作描述

工作描述是对职位本身的内涵和外延加以规范的描述性文件，是对有关工作职责、工作活动、工作条件以及工作对人身安全危害程度等工作特性方面的信息所进行的书面描述。

工作描述主要包括工作标识、工作概要、工作职责、工作关系、工作权限、绩效标准和工作环境条件等内容。

2. 工作规范

工作规范又称任职资格，它界定了工作对任职者的教育程度、工作经验、培训、知识、技能、能力和心理特征等方面的要求。当工作规范作为招聘甄选的依据时，也可以被视为任职要求或者雇用标准。区别于工作描述是对职位本身的内涵和外延加以规范，工作规范是对人的要求。因此，工作描述主要涉及工作任职者实际在做什么、如何做以及在什么条件下做的一种书面文件；而工作规范则说明工作任职者胜任工作所必须具备的知识、能力、技术以及其他要求。

3. 工作分析报告

工作分析报告的内容较为自由宽泛，主要用来阐述在工作分析过程中所发现的组织与管理上的问题和矛盾，以及对这些问题和矛盾的解决方案，具体包括：组织结构与职位设置中的问题及解决方案，流程设计与流程运行中的问题及解决方案，组织权责体系中的问题及解决方案，工作方式和方法中的问题及解决方案等。目前很多的企业忽视了工作分析报告的重要性，只注意到工作说明书在人力资源管理中的作用。实际上，工作分析的过程是非常重要的，它可以发现很多企业管理中的问题，作为管理诊断的信息来源，通过工作分析报告的方式汇报给中高层领导。

 相关链接

工作说明书范本

职位名称		部门	
工作内容：			
1.			
2.			
3.			
任职资格： 1. 学历要求：			

2. 工作经验要求：
3. 必要的知识和能力：
4. 综合素质要求：
5. 其他要求：
工作环境：
1. 工作地点：
2. 工作条件：

五、工作分析的方法

1. 工作实践法

工作实践法是指工作分析员直接参与从事某项工作，从而获取有关工作信息的第一手资料。这种方法的优点是能够客观、真实地进行工作分析。但由于工作分析员本人不可能掌握各项工作，尤其技能要求高的工作，所以此方法一般只适用于一些简单且易于模仿的工作，并不常被使用。

2. 观察法

观察法是指工作分析员直接到工作现场，对工作者的工作进行仔细观察和详细记录，然后再作系统分析的方法。这种方法也比较客观，且通过观察可以获得员工在非正式组织中的行为和观念。但此方法不适用于工作周期长以及以脑力劳动为主（如设计师）的工作，同时当员工从事的工作有较多的偶然性且又比较重要时（如从事急救工作的医生），观察法失效。应用观察法尤其需要注意的是：由于工作的多样性，通常只作一次观察并不能完全了解被观察员工的所有工作或某工作的全貌，因此一般要通过多次观察；另外，观察法的使用需要耗费大量的人力财力和较长的时间，因此其使用范围并不广泛；同时，有关任职资格方面的信息也难以通过观察法取得。

3. 访谈法

访谈法是指就工作者的目前工作，以个别谈话或小组座谈的方式收集信息资料的方法。这种方法相对比较简单且快速，可以广泛运用于以确定工作任务和责任为目的而进行的工作分析。访谈法的最大优点是通过访谈可以发现一些在其他情况下不可能了解到的工作活动和心理活动。访谈法的缺点是由于工作分析员的提问诱导或工作者的主观回答，可能会有意识或无意识地造成所收集的资料信息的失真或扭曲。访谈法费时费力，花费时间长，涉及人员多，由于访谈工作受到很多人为因素的影响进而影响到其结果的准确性，因此，访谈法常与其他的方法结合使用。在具体实施访谈法时，需要注意以下几点。

（1）在选择访谈对象时，要与工作分析对象的主管人员密切合作，以取得他们的支持，找到那些对工作最了解以及最有可能对他们自己所承担的工作的任务和职责进行客观描述的员工。

（2）面谈时要尽量准备结构化的提纲，或采用问卷配合访谈。无论是访谈还是问卷，一是要明确获得何种信息并将要获得的信息转化为可操作的具体问题，二是问题的设计要与被访谈者的背景相匹配，以保证其能够真正明白每一个问题的意思。

（3）要明确告诉被访谈者此次访谈的目的，并确认其理解，以免被访谈者由于误解而造成其提供的资料消息扭曲。

（4）在访谈完成以后，要对所取得的资料信息进行检查和核对。

4．工作日志法

工作日志法就是要求从事工作的员工按时间顺序记录工作过程，然后由工作分析员进行归纳提炼，以取得所需工作信息的方法。通过工作日志可以了解员工平常工作的内容、职责、权利、人际关系以及工作负荷等。对于高水平和高复杂性的工作来说，这种方法较为经济有效。

六、工作设计与组织流程再造

（一）工作设计的含义

工作设计是将任务组合成一套完整的工作方案，重新确定工作的内容和流程安排。一方面为了使企业内部职位的职责、工作关系更科学、合理，更提高工作效率；另一方面也希望通过改进工作的方法、流程使工作更加人性化，进而达到激励的效果。

工作设计的内容包括工作活动、工作责任、工作中的协作、工作方法、工作权限和工作关系等。通过有效的工作设计，保证组织目标和组织功能的高效率实现，保证事得其人、人事相宜，为员工自身能力的发挥和自我价值的实现创造条件。

（二）工作设计的方法

1．工作扩大化

工作扩大化是在横向水平上增加工作任务的数目或变化性，将原来狭窄的工作范围、频繁重复的情况加以改善，使工作多样化。通常这种新工作同员工原先所做的工作非常相似。这种工作设计导致高效率，是因为不必要把产品从一个人的手中传给另一个人而节约时间。此外，由于完成的是整个一个产品，而不是在一个产品上只从事某一个环节，这样也增强了员工在心理上的成就感。该方法是通过增加某一工作的工作内容使员工的工作内容增加，要求员工掌握更多的知识和技能，从而提高员工的工作兴趣。

2. 工作轮换

工作轮换是将员工轮换到另一个同样水平、技术要求相接近的工作岗位上去工作的方法。这样做的好处是：

（1）能够使员工比日复一日地重复同样的工作更能对工作保持兴趣；

（2）为员工提供了一个个人行为适应总体工作流的前景；

（3）个人增加了对自己的最终成果的认识；

（4）使员工从原先只能做一项工作的专业人员转变为能做许多工作的多面手。

这种方法并不改变工作设计本身，而只是使员工定期从一个工作转到另一个工作。这样使得员工具有更强的适应能力，因而具有更大的挑战性。员工得到一个新的工作往往具有新鲜感，能激励员工做出更大的努力。日本的企业广泛实行工作轮换，这对于管理人员的培养发挥了很大的作用。

3. 工作丰富化

工作丰富化是以员工为中心的工作再设计，它是一个将企业的使命与员工对工作的满意程度联系起来的概念。工作丰富化的理论基础是双因素理论和工作特征模型理论。根据赫兹伯格的双因素理论，促使员工在工作中产生满意或良好感觉的因素与产生不满或厌恶感觉的因素是不同的。前者往往和工作内容本身联系在一起，后者则和工作环境或条件相联系。他把前者称为激励因素，后者称为保健因素。赫兹伯格指出，激励因素的改善，或者说这类需要的满足，往往能给员工以很大程度的激励，有助于充分的、有效的、持久的调动他们的积极性；而保健因素的满足不能直接起激励作用，只能防止员工产生不满情绪。因此，企业应努力在满足激励因素方面下工夫。

4. 工作团队化

当工作是围绕小组而不是个人来进行设计时就形成了工作团队。工作团队大体上有以下三种类型。

（1）问题解决型。

一般由同一部门的员工组成，围绕工作中的某一个问题，每周花一定的时间聚集在一起对问题进行调查、分析并提出意见和建议，一般没有权力付诸行动。

（2）多功能型。

一系列的任务被分派给一个小组，小组然后决定给每个成员分派什么具体的任务，并在任务需要时负责在成员之间轮换工作。

（3）自我管理型。

具有更强的纵向一体化特征，拥有更大的自主权。给自我管理工作团队确定了要完成的目标以后，它就有权自主地决定工作分派、工间休息和质量检验方法等。这些团队甚至可以挑选自己的成员，并让成员相互评价工作成绩，其结果是团队主管的职位变得很不重要，甚至有时被取消。

团队化的工作有多方面的优点。成员进行团队的自我管理和内部培训，在一定程度上降低了成本；同时适当的角色分工又使得任务可以高效率地完成；成员高度的参与和相互反馈极大提高了工作满意度，这些都使得团队式工作设计成为目前工作设计的重要手段。

（三）组织流程再造

1. 组织基本流程

每个组织都有其基本流程，它是指完成一项任务、一个事件或一项活动的全过程。这个全过程由一系列工作环节或步骤所组成，有先后顺序和最后的目标指向。组织日常运行都是基于这个基本流程的。组织基本流程由以下几个要素组成。

（1）工作。

流程本身就是完成工作任务的一系列过程。因此，一个流程一定是由一些具体工作或步骤组成。流程中包含的具体工作内容及要求是由流程所要完成的任务或事件的特性所决定。

（2）逻辑关系。

流程中的具体工作任务之间存在着一种先后顺序的关系，这种先后的逻辑关系构成了流程本身。不过，流程的逻辑关系并不唯一的，从流程的起点到终点的路径是可选的。

（3）转换时间。

转换时间是指流程每一基本工作环节完成后至下一个环节启动之间的时间间隔。转换时间短，说明流程各环节衔接流畅、效率较高。组织的基本流程可以从纵向、横向两个方向加以划分。纵向流程侧重组织的行政管理方面，横向流程则更关注组织的作业性。纵向流程有人事管理流程、计划决策流程等，横向流程有生产作业流程、营销流程等。

2. 组织流程再造的含义

组织流程再造是指改造现有的组织基本流程，使组织适应外界环境的变化，提高工作效率和经济效益。作为一种全新的管理思想，组织流程再造给工作、员工、组织结构都带来了不小的冲击。工作分析和职务设计也要因为组织流程再造而改变。

企业流程再造是对组织的作业流程进行根本的再思考和彻底的再设计，以求在成本、质量、服务和速度等各项当今至关重要的绩效标准上取得显著的改善，使得企业能最大限度地适应以"顾客、竞争和变化"为特征的现代企业经营环境。

在这个定义中，有几个需要关注的核心内容。

（1）根本性再思考。

它表明流程重组所关注的是企业核心问题，如"我们为什么要做现在的工作"、"我们为什么要用现在的方式来完成这项工作……"、"为什么必须由我们而不是别人来做这份工作"等。通过对这些企业运转最根本性的问题的仔细思考，企业可以正视自己的战略与经营方式。

（2）彻底性再设计。

彻底性再设计表明流程重组应对事物进行追根溯源，对既定存在的事物不是进行肤浅的改变或调整性修补完善，而是抛弃所有的陈规陋习，不考虑一切已规定好的结构与过程，创造发明全新的工作方法。这是对企业进行业务处理流程进行重新构建，而不是改良、增强或调整。

（3）流程。

流程重组着眼于业务需要的自然顺序，而不是现有部门、岗位的职能分工。按照劳动分工的观点，企业人员并不是"以流程为导向"，而是把工作重点放在工作流程中的各项任务上，如接受购货订单、从仓库提取货物等。把工作分解为若干最简单的任务并把每一项任务分给专门人员去做，这种以任务为基础的思路在过去的两百多年间对企业组织机构的设计有很大的影响。如今却大有不同，工作转向以流程为基础。流程既是再造的对象，也是再造的关键，同时是再造的难点所在。

第四节 人力资源招聘、开发与培训

一、员工招聘

员工招聘是组织获取人力资源的活动，它是按照组织的战略要求和人力资源规划将合适的人选招聘到组织，并安置在适当的位置。员工招聘需要让潜在的符合空缺岗位条件的人员对本组织的相关职位产生兴趣并且前来谋求这些职位。员工招聘是人力资源管理的重要内容，直接关系组织的生存与发展。

（一）招聘的原则

1. 全面原则

对报考人员从品德、知识、能力、智力、心理、过去工作的经验和业绩进行全面考试、考核和考察。因为一个人能否胜任某项工作或者发展前途如何是由多方面因素决定的，特别是非智力因素对报考人员将来的作为起着决定性作用。

2. 平等原则

平等原则是指对所有的报考者要一视同仁，不得人为地制造各种不平等的限制或条件（如性别歧视）和各种不平等的优先优惠政策，努力为社会上的有志之士提供平等的竞争机会，不拘一格地选拔、录用各方面的优秀人才。

3. 公开原则

公开原则是指把招考单位、种类、数量、报考的资格、条件、考试的方法、科目和时间一律面向社会公告周知，公开进行。一方面给予社会上的人才以公平竞争的机会，达到广招人才的目的；另一方面使招聘工作置于社会的公开监督之下，防止不正之风的蔓延。

4. 合适原则

合适原则是招聘的根本目的和要求。只有坚持这个原则才能广揽人才、选贤任能，为单位引进或为各个岗位选择最合适的人员。为此，应采取科学的考试考核方法精心比较、谨慎筛选。特别是要依法办事，杜绝不正之风。

5. 竞争原则

竞争原则是指通过考试竞争和考核鉴别确定人员的优劣和人选的取舍。为了达到竞争的目的：一要动员、吸引较多的人员报考；二要严格考核程序和手段，科学地录取人选，防止"拉关系"、"裙带风"、贪污受贿和徇私舞弊等现象的发生，通过激烈而公平的竞争选择优秀人才。

（二）招聘的渠道

1. 内部招聘

内部选拔可视作员工招聘的一种特殊形式。严格说来，内部选拔不属于人力资源吸收的范畴，而应该属于人力资源开发的范畴，但它又确实是企业与员工招聘关系最密切的一个部分。

2. 外部招聘

一个企业必须不断地从其外部寻找员工，特别是当需要大量地扩充劳动力时。出现以下情况便是企业需要以外部招聘来满足自身需求之时：补充初级岗位；获取现有员工不具备的技术；获得能够提供新思想的并具有不同背景的员工。

二、员工的甄选

（一）人员甄选的含义

人员甄选是指通过运用一定的工具和手段对招募到的求职者进行鉴别和考察，区分他们的人格特点与知识技能水平，预测他们未来的工作绩效，从而最终挑选出组织所需要的，填补恰当空缺职位的活动。

在确定了招聘的来源和渠道后，企业面临的问题是如何从为数众多的申请者中甄选出符合企业需要的申请者。甄选工作在整个招聘过程中处于核心地位。企业在其发展中所做出的人员甄选决策对于其生存能力、适应能力以及发展能力是至关重要的。甄选员工决定着企业管理者的工作绩效，因为管理者的工作能否有效进行在很大程度上取决于下属。通过甄选可以使不适用的申请者在进入企业之前就被排除在门外，而不是等他们进入企业之后再花费时间、精力、金钱去应付他们。

（二）人员甄选的方法

1. 面试法

在面试工作进行前需要选择合适的面试考官。通过应聘者递交的简历或报名表，确定符合应聘条件的面试人选。提前设计面试评价量表和面试问话提纲。面试评价量表由若干评价要素构成，是面试过程中考官现场评价和记录应聘者各项要素优劣程度的工具，它应能反映出工作岗位对人员素质的要求。面试问话提纲则要根据所选择的评价要素以及从不同的侧面了解应聘者的背景信息来设计。在面试过程中，考官应有效控制面试现场，使其按照既定的目的进行。面试结束后，企业应尽快对被录用者反馈信息。尤其不能忽视对未被录用者的反馈。如果反馈得当，这些人员即使不被企业录用，也可能成为企业的潜在用户。面试法使用得当将成为扩大企业影响力的有效途径。

2. 心理测试

心理测试是由测量专业人士开发的，通过提供一组标准化的刺激，以所引起的反应作为个体的行为代表，从而对被试者的人文特征进行评价的客观技术。近年来心理测试越来越受到招聘企业的重视，在人员选拔过程中得到日益广泛的应用。心理测试常用的类型主要有：职业能力倾向性测试，即针对某一职业类型的具体需求而设计，测量的不是一个人表现出的能力，而是指从事某种职业能够取得成功的潜在能力；人格和兴趣测试，由于人格对工作成就的影响极为重要，不同人格特点的人适合于不同种类的工作，个体在工作中的失败往往是基于人格不成熟所导致的，因此人格是个体工作成绩的更为有效的预测因素。此外，心理测试还包括智商与情商测试、价值观测试、职业兴趣测试等类型。

3．情景模拟测试

情景模拟测试是指根据被试者可能担任的职务编制一套与该职务实际情况相似的测试项目，将被试者安排在模拟的、逼真的工作环境中，要求被试者处理可能出现的各种问题，用多种方法来测评其心理素质、潜在能力的一系列方法。情景模拟测试常用的类型主要包括公文处理、与人谈话、无领导小组讨论、角色扮演和即席发言等。

 相关链接

招聘心理测试题范本
×× 公司招聘心理测试题

以下题目均为单选题，在 5 分钟内完成，请根据你的实际想法回答。

1．你喜欢看哪类电影、电视剧（　　　）？

    A．悬疑推理类 2 分　　　　　　B．童话神话类 3 分　　　　　　C．自然科学类 5 分

    D．伦理道德类 10 分　　　　　　E．战争枪战类 15 分

2．如果你可以成为一种动物，你希望自己是（　　　）？

    A．猫 2 分　　　　　　　　　　B．马 3 分　　　　　　　　　　C．大象 5 分

    D．猴子 10 分　　　　　　　　　E．狗 15 分　　　　　　　　　F．狮子 20 分

3．天气很热，你更愿意选择什么方式解暑（　　　）？

    A．游泳 5 分　　　　　　　　　B．喝冷饮 10 分　　　　　　　C．开空调 15 分

4．如果必须与一个你讨厌的动物或昆虫在一起生活，你能容忍哪一个（　　　）？

    A．蛇 2 分　　　　　　　　　　B．猪 5 分

    C．老鼠 10 分　　　　　　　　D．苍蝇 15 分

5．你更喜欢吃哪种水果（　　　）？

    A．草莓 2 分　　　　　　　　　B．苹果 3 分　　　　　　　　　C．西瓜 5 分

D. 菠萝 10 分　　　　　　　E. 橘子 15 分

6. 你平时休闲经常去的地方是（　　　）？

　　A. 郊外 2 分　　　　　　　B. 电影院 3 分　　　　　　C. 公园 5 分

　　D. 商场 10 分　　　　　　　E. 酒吧 15 分　　　　　　　F. 练歌房 20 分

7. 你认为容易吸引你的人是（　　　）？

　　A. 有才气的人 2 分　　　　B. 依赖你的人 3 分　　　　　C. 优雅的人 5 分

　　D. 善良的人 10 分　　　　　E. 性情豪放的人 15 分

8. 下列运动中挑选一个你最喜欢的（不一定擅长）（　　　）？

　　A. 瑜伽 2 分　　　　　　　B. 自行车 3 分　　　　　　　C. 乒乓球 5 分

　　D. 拳击 8 分　　　　　　　E. 足球 10　　　　　　　　　F. 蹦极 15 分

9. 如果你拥有一座别墅，你认为它应当建立在哪里（　　　）？

　　A. 湖边 2 分　　　　　　　B. 草原 3 分　　　　　　　　C. 海边 5 分

　　D. 森林 10 分　　　　　　　E. 城中区 15 分

10. 你更喜欢以下哪种天气现象（　　　）？

　　A. 雪 2 分　　　　　　　　B. 风 3 分　　　　　　　　　C. 雨 5 分

　　D. 雾 10 分　　　　　　　　E. 雷电 15 分

11. 你希望自己的窗口在一座 30 层大楼的第几层（　　　）？

　　A. 七层 2 分　　　　　　　B. 一层 3 分　　　　　　　　C. 二十三层 5 分

　　D. 十八层 10 分　　　　　　E. 三十层 15 分

12. 你认为自己更喜欢在以下哪一个城市中生活（　　　）？

　　A. 丽江 1 分　　　　　　　B. 拉萨 3 分　　　　　　　　C. 昆明 5 分

　　D. 西安 8 分　　　　　　　E. 杭州 10 分　　　　　　　F. 北京 15 分

13. 以下哪个是你身边必带的物品（　　　）？

　　A. 打火机 2 分　　　　　　B. 口红 2 分　　　　　　　　C. 记事本 3 分

　　D. 纸巾 5 分　　　　　　　E. 手机 10 分

14. 你出行时喜欢坐什么交通工具（　　　）？

　　A. 火车 2 分　　　　　　　B. 自行车 3 分　　　　　　　C. 汽车 5 分

　　D. 飞机 10 分　　　　　　　E. 步行 15 分

15. 以下颜色你更喜欢哪种（　　　）？

　　A. 紫色 2 分　　　　　　　B. 黑色 3 分　　　　　　　　C. 蓝色 5 分

　　D. 白色 8 分　　　　　　　E. 黄色 12 分　　　　　　　F. 红色 15 分

测评结果：

180分以上：意志力强，头脑冷静，有较强的领导欲，事业心强，不达目的不罢休；外表和善，内心自傲，对有利于自己的人际关系比较看重，有时显得性格急躁，咄咄逼人。

140分至179分：聪明，性格活泼，人缘好，善于交朋友，心机较深；事业心强，渴望成功。

100分至139分：爱幻想，思维较感性。性格显得较孤傲，有时较急躁，有时优柔寡断；事业心较强，喜欢有创造性的工作，不喜欢按常规办事；性格倔强，言语犀利，不善于妥协。

70分至99分：好奇心强，喜欢冒险，人缘较好；事业心一般，对待工作，随遇而安，善于妥协；善于发现有趣的事情，但耐心较差，敢于冒险，但有时较胆小。

40分至69分：性情温良，重友谊，性格踏实稳重，但有时也比较狡黠；事业心一般，对本职工作能认真对待，但对自己专业以外的事物没有太大的兴趣，喜欢有规律的工作和生活。

40分以下：散漫，爱玩，富于幻想；聪明机灵，待人热情，爱交朋友，但对朋友没有严格的选择标准；事业心较差，更善于享受生活，意志力和耐心都较差。

三、员工的培训与开发

（一）员工的培训概述

1. 员工培训的含义

员工培训是组织进行人力资源开发管理的一项职能，培训就是给新员工或现有员工传授其完成未来工作或目前工作所必需的知识、技能以及态度。组织通过培训来提高员工的工作技能与工作热情，以达成组织的经营目标。

总的来说，从组织方面看，员工培训就是要把员工知识、能力不足或员工态度不积极而产生的机会成本的浪费控制在最小限度；从员工个人方面看，通过培训可以提高自身的知识水平和工作能力，达到员工自我实现的目标。

2. 员工培训的特点

（1）培训的主要目的是提高员工的绩效和有利于实现组织的目标。当一个组织提出一项培训计划的时候必须准确地分析培训成本和收益，考察它对组织目标实现的价值。

（2）员工培训的直接任务是提高员工的知识、技能，改进员工的工作态度和行为。即体现在育道德、树观念、传知识和培能力四个主要方面，其中前两者是软性的、间接的，后两者是硬性的、直接的，是员工培训的重点。

（3）员工培训是员工职业发展和实现自我价值的需要。现代人力资源管理理论认为，一个组织成员在为组织做出贡献的同时也要尽力体现自身价值，不断自我完善和发展。有效的员工培训活动不仅能够促进组织目标的实现，而且能够提高员工的职业能力，拓展他们的发展空间。

（4）员工培训是组织开展的有目的、有计划的、有针对性的、有步骤的系统管理行为。必须确立特定的培训目标，提供特殊的资源条件，遵循科学的培训方法和步骤，进行专门的组织和管理。

3. 员工培训的意义

（1）提高员工的工作能力。

有效的培训不只限于基本工作知识与技能，而且包括对组织的目标、战略与制度的理解以及沟通技能、解决问题技能的提高。

（2）提高员工的满足感。

经过有效的培训，员工的能力得到提高，对工作及自身的信心加强，同时也感受到管理层对他们的关心与重视，从而激发他们对工作的态度与热情。良好的工作绩效又增强了他们在物质上和精神上的满足感，由此形成一个良性循环。

4. 员工培训的形式

员工培训的形式多种多样。企业应该根据自身的发展状况、所处阶段的实际情况选择合适的培训形式。按照不同的培训功能可以将企业培训工作划分为不同的类型。

（1）按受训者岗位的不同划分。

① 岗前培训。

岗前培训是指上岗前为了适应工作的需要而进行的各种训练活动，目的是提高从业人员的素质，使之走上工作岗位后能适应工作岗位的需要，从而促进企业的发展。

② 在岗培训。

在岗培训是对现职职工进行的以提高本岗位工作能力为主的不脱产的培训活动。企业中每个岗位都需要不断地更新知识、提高技能（能力），因此，对在职员工进行定期的或不定期的培训是非常有必要的。在内容上比岗前培训更深一层次，主要是更新知识、掌握新技能的培训和提高绩效的培训。在岗培训是岗前培训的继续和发展，应贯穿于员工管理的全过程。

（2）按受训者工作性质的不同划分。

① 管理人员培训。

管理人员管理水平的增长带来的劳动生产率的提高比普通劳动者和固定资产投资带来

的快得多。管理者在组织内基于经营战略、方针、计划，具有作为指挥者通过其作业现场的地位。管理者是以组织的经营战略方针、计划为基础实现其目的的。所以对组织来说，管理人员的培训更为重要。管理人员的培训主要有三个目标：第一个目标是掌握新的管理知识；第二个目标是训练担任领导职务所需要的一般技能，如做出决定、解决问题、分派任务等，以及其他一些管理能力；第三个目标是训练处理人与人之间关系的能力，使管理者与员工的关系融洽。培训方法有管理手段学习培训、研讨会培训、参加短期学习班等。

② 专业技术人员培训。

专业技术人员培训属于继续教育，一般是进行知识更新和补缺的教育。专业技术人员培训要有计划性，每隔几年都应该有进修机会，进入高等院校进修，参加各种对口的短期业务学习班，组织专题讲座或者报告，参加对外学术交流活动或者实地考察等都是提高技术人员业务水平的有效途径。

③ 基层员工培训。

基层员工培训主要有岗位培训和岗位外培训。

岗位培训是指上级组织在岗位上直接对下属员工进行的教育训练。这种方法的本来目的是使下属员工掌握工作上所必要的能力，具有以岗位为舞台而进行的特点。岗位培训的优点是可以在劳动时间内反复进行，可以在把握下属员工状况的情况下进行有针对性的指导，可以直接确认指导后的效果，员工能较好地理解。岗位培训的缺点在于如果上级指导技术不足，则效果欠佳。

岗位外培训是指离开岗位而进行的教育训练。现代组织岗位外培训变得越来越重要。岗位外培训的优点是员工可以专心致志地参加学习；由外部教师指导，效率高，可以和组织外的人交流。岗位外培训的缺点在于员工需停止日常业务工作。

（3）按培训内容的不同划分，可分为知识培训、技能培训和态度培训。

（4）按员工培训时间的不同划分，可分为全脱产培训、半脱产培训和业余培训。

（5）按培训实施机构划分，可分为企业内部培训和企业外部培训。

企业外部培训是指企业外包给社会培训或教育机构对企业员工进行的培训，包括由企业付费的学历教育。在实施外部培训的过程中，企业的培训管理部门要参与培训计划的设计，并与承办培训的社会机构保持密切的联系与配合。

5. 员工培训的方法

（1）讲授法。

讲授法是通过培训者的语言表达系统地向受训者传授知识的一种最普遍的员工培训方法，是成本最低的培训方法之一。讲授法是最基本的培训方法，适用于各类学员对学科知识、前沿理论的系统了解。

（2）专题讲座法。

专题讲座法在形式上和课堂教学法基本相同，但在内容上有所差异。课堂教学一般是系统知识的传授，每节课涉及一个专题，接连多次授课。专题讲座是针对某一个专题知识，一般只安排一次培训。这种培训方法适合于管理人员或技术人员了解专业技术发展方向或当前热点问题等。

（3）研讨法。

研讨法是指在教师引导下，学员围绕某一个或几个主题进行交流，相互启发的培训方法。

（4）直接传授法。

直接传授法即传统的"学徒"法，由培训师（主管上级或是资深员工）在现场给予受训人员示范及协助，也就是通过工作现场的实地演练帮助受训者迅速掌握相关的工作技能。师傅通常采用口授、示范、练习、反馈的方式教导徒弟。

（5）模拟训练法。

模拟训练法以工作中的实际情况为基础，将实际工作中可利用的资源、约束条件和工作过程模型化，学员在假定的工作情境中参与活动，学习从事特定工作的行为和技能，提高其处理问题的能力。模拟训练法的基本形式是：由人和机器共同参与模拟活动，人与计算机共同参与模拟活动。

（6）拓展训练。

拓展训练是指通过模拟探险活动进行的情景式心理训练、人格训练、管理训练。它以外化型体能训练为主，学员被置于各种艰难的情境中，在面对挑战、克服困难和解决问题的过程中使人的心理素质得到改善，包括场地拓展训练和野外拓展训练两种形式。

① 场地拓展训练。

场地拓展训练是指需要利用人工设施（固定基地）的训练活动，包括高空断桥、空中单杠、缅甸桥等高空项目和扎筏泅渡、合力过河等水上项目等。

场地拓展的特点一是有限的空间，无限的可能。如训练场地的几根绳索却是能否生存的关键，几块木板成了架设通往成功的桥梁。二是有形的游戏，锻炼的是无形的思维。在培训师的引导下，利用简单的道具，整个团队进入模拟真实的训练状态，团队和个人的优点得以凸显，问题也不同程度地暴露出来，在反复的交流回顾中也许找到了某些想要的答案，也许为今后问题的解决提供了思路。三是简便，容易实施。场地拓展训练可以在会议厅里进行，也可以在室外的操场上进行，因此它既可以作为一次单独的完整团队培训项目来开展，又能很好地和会议、酒会、其他的培训相结合，使团队从以下几个方面得到收益和改善：首先，变革与学习，项目中将会设置和日常环境中不同的困难，迫使团队以新的思维解决问题，建立新的学习和决策模式；其次，沟通与默契，有意识地设置沟通障碍，建立团队新的沟通渠道，培养团队默契感；再次，心态和士气，变换环境，调整团队状态，通过新的因素的刺激提升团队士气；最后，建立共同愿景，在微缩的企业团队实验室中检验和明确团队的努力方向，从而在大的环境中把握正确的方向。

场地拓展训练可以促进团队内部和谐，提高沟通的效率，提升员工的积极性，对形成从形式到内涵真正为大家认同的企业文化起着明显的作用，也能作为企业业务培训的补充。

② 野外拓展训练。

野外拓展训练是指在自然地域，通过模拟探险活动进行的情景体验式心理训练。野外拓展训练起源于第二次世界大战中的海员学校，英文是 OutwardBound，意思是一艘小船离开安全的港湾，勇敢驶向探险的旅程去接受一个个挑战、战胜一个个困难。它旨在训练海员的意志和生存能力，后被应用于管理训练和心理训练等领域，用于提高人的自信心，培养把握机遇、抵御风险、积极进取和团队精神等素质，以提高个体的环境适应能力与发展能力，提高组织的环境适应与发展能力。

野外拓展训练的基本原理是：通过野外探险活动中的情景设置，使参加者体验所经历的各种情绪，从而了解自身（或团队）面临某一外界刺激时的心理反应及其后果，以实现提升学员能力的培训目标。

野外拓展训练包括远足、登山、攀岩和漂流等项目。这些活动是参加者的一种媒介，使他们可以了解自身与同伴的力量、局限和潜力。

（二）员工的职业生涯管理

1. 职业生涯管理的内涵

人力资源管理活动需要保证组织能够维护员工的长期利益，特别是鼓励员工不断成长，最大限度地实现他们的潜能。从狭义的角度来看，职业生涯是个体在他的整个工作生涯中选择从事工作的一个总的行为过程。从广义的角度来看，职业生涯是贯穿个体一生的系列活动，包括有薪的或无薪的，其上限从零岁人生开始。

职业生涯规划是一个人制定职业目标，确定实现目标的手段的不断发展的过程。职业生涯管理是指组织和员工个人共同对员工职业生涯进行设计、规划、执行、评估和反馈的一个综合性过程。

2. 职业生涯管理的影响因素

（1）职业兴趣。

职业兴趣是指个体对某种活动或某种职业的喜好。职业兴趣在个体的职业生涯中起着重要的作用，它影响个体的职业选择、职业生涯目标，也是组织进行职业生涯管理的重要依据。职业兴趣有不同的分类，其中，影响最大的是美国职业心理学家霍兰德提出的职业兴趣类型理论。该理论认为：大多数人的职业兴趣可以被分为现实型、研究型、艺术型、社会型、企业型和常规型等6种；而职业环境也同样可以被分为现实的、研究的、艺术的、社会的、企业的和常规的等6种；个体的职业生涯选择是其职业兴趣与职业环境相互作用的结果（参见表9-1）。个体的职业生涯满意度、职业生涯稳定性与职业生涯成功都取决于个人的职业兴趣和环境特性间是否匹配以及匹配程度。

表 9-1　职业环境分类

现实型	研究型	艺术型	社会型	企业型	常规型
有运动或机械操作能力，喜欢机械、工具、植物或动物，偏好户外活动	喜欢观察、学习、研究、分析、评估和解决问题	有艺术、直觉、创造的能力，喜欢运用想象力和创造力，喜欢在自由的环境中工作	善于和人相处，喜欢教导，帮助、启发或训练别人	喜欢和人互动，自信，有支配能力，追求权力和地位	喜欢从事资料工作，有写作或数理分析能力，能够听从指示完成琐细的工作

尽管霍兰德的职业兴趣理论有助于职业生涯指导与咨询过程的分析、解释和诊断。但个人的个性特征并非是职业生涯选择的决定性因素，也并非职业成功的决定因素，还要考虑发展因素和社会因素。

（2）职业生涯发展阶段及主要任务。

一个人的职业生涯都需要经历许多的阶段，只有了解不同职业生涯阶段的特点、组织所进行的职业生涯管理活动才更具有针对性，也能更好地满足个体职业生涯发展的需要。尽管还没有统一的划分阶段，但表9-2中的划分阶段被多数人所接受。

表 9-2　职业生涯发展阶段及主要任务

	探索期	建立期	维持期	衰退期
发展任务	确定兴趣、能力，让自我与工作匹配	晋升、成长、安全感；生涯类型的发展	维持成就感；更新技能	退休计划；改变工作与非工作之间的平衡
活动	协助、学习、遵循方向	独自做出贡献	训练、帮助、政策制定	退出工作
身份	学徒	同事	导师	顾问
年龄	30岁以下	30～45岁	45～60岁	60岁以上
专业资历	2年以下	2～10年	多于10年	多于10年

第五节　绩效与薪酬管理

一、绩效管理概述

1. 绩效

对一个组织而言，绩效有两层含义：一是组织的绩效，即组织在被评估期间其数量、质量、效率、效益等方面各任务指标的完成情况；二是员工的绩效，即员工被评估期间，其行为、态度及工作结果等方面在一定环境中的表现程度和效果。

2. 绩效考核

绩效考核是一套正式的、结构化的制度，它用来衡量、评价、反馈并影响员工的工作特性、行为和结果。通过绩效考核，可以评价员工的实际工作效果并对其进行针对性的奖励和惩罚，了解员工的发展潜力，最终实现员工与组织的共同发展。

3. 绩效管理

绩效管理是管理者与员工通过持续开放的沟通，就组织目标和目标实现方式达成共识的过程，也是促进员工做出有利于组织的行为、达成组织目标、取得卓越绩效的管理实践。绩效管理的主要目的是建立客观、简洁的绩效优化体系，实现组织与个人绩效的紧密融合。绩效优化体系可以保留、激励员工，持续地培养和发展员工，依据组织需要调整人员配置，从而提升企业的核心竞争力。

4. 绩效考核与绩效管理的区别

绩效考核与绩效管理这两个概念既有联系又存在区别。绩效考核是绩效管理的重要组成部分，绩效考核的顺利实施不仅取决于评价过程本身，更取决于与评价相关的整个绩效管理过程。有效的绩效考核是对绩效管理的有力支撑，成功的绩效管理亦会推动绩效考核的顺利开展。

但是，绩效考核与绩效管理并不是等价的。它们的区别主要体现在以下两点：

（1）绩效管理是一个完整的管理过程，而绩效考核只是绩效管理中的一个环节；

（2）绩效管理侧重于信息的沟通和绩效的提高，绩效考核则侧重于绩效的识别、判断和评估。

二、绩效管理的作用

1. 绩效管理促进组织绩效和个人绩效的提升

绩效管理通过设定科学合理的组织目标、部门目标和个人目标，为企业员工指明了努力方向。管理者通过绩效辅导沟通及时发现下属工作中存在的问题，给下属提供必要的工作指导和资源支持，下属通过工作态度以及工作方法的改进保证绩效目标的实现。在企业正常运营的情况下，部门或个人新的目标应超出前一阶段目标，激励组织和个人进一步提升绩效，经过这样的绩效管理循环，组织和个人的绩效就会得到全面提升。另一方面，绩效管理通过对员工进行甄选与区分，保证优秀人才脱颖而出，同时淘汰不适合的人员。通过绩效管理能使内部人才得到成长，同时能吸引外部优秀人才，使人力资源能满足组织发展的需要，促进组织绩效和个人绩效的提升。

2. 绩效管理促进管理流程和业务流程优化

企业管理涉及对人和对事的管理，对人的管理主要是激励约束问题，对事的管理就是流程问题。在绩效管理过程中，各级管理者都应从企业整体利益以及工作效率出发，尽量提高业务处理的效率，使组织运行效率逐渐提高，在提升了组织运行效率的同时逐步优化了企业管理流程和业务流程。

3. 绩效管理保证组织战略目标的实现

企业一般有比较清晰的发展思路和战略，有远期发展目标及近期发展目标，在此基础上根据外部经营环境的预期变化以及企业内部条件制订出年度经营计划及投资计划，在此基础上制定企业年度经营目标。企业管理者将企业的年度经营目标向各个部门分解就成为部门的年度业绩目标，各个部门向每个岗位分解核心指标就成为每个岗位的关键业绩指标。

三、绩效考核的方法

绩效考核的方法包括排序法、配对比较法、强制分布法、关键事件法、不良事故评价法和行为锚定法。

1. 排序法

排序法是指将员工的业绩按照从高到低的顺序进行排列。运用排序法进行绩效考核的优点是简单、实用，缺点是容易给员工造成心理压力。

2. 配对比较法

配对比较法是将每一位员工按照所有的评价要素与其他的所有人进行若干次两两比较，然后根据比较结果排出绩效名次。配对比较法比排序法更加具体、科学，但其缺点是随着部门人数的增多，评价的工作量会呈几何级数递增。

3. 强制分布法

强制分布法要求评价者将被评价者的绩效结果放入一个类似于正态分布的标准中。它将员工的绩效表现划分为多个等级，并确定每个等级的人数比例。这种方法排除了评价者主观因素对考核结果的影响。但如果部门员工都同样优秀，其公平性可能就会大打折扣。

4. 关键事件法

关键事件法要求评价者在绩效周期内将发生在员工身上的关键事件都记录下来作为绩效考核的事实依据。关键事件法的不足之处在于每个评价者对于关键事件的理解程度可能不尽相同，评价者也许抽不出大量的时间来逐一记录每位员工的关键事件。

5. 不良事故评价法

不良事故评价法是指通过预先设计不良事故的清单对员工的绩效进行考核。这种方法能有效地规避工作差错造成的组织利益的巨大损失。

6. 行为锚定法

行为锚定法将每项工作的特定行为用一张等级表进行反映，该等级表将每项工作划分为各种行为级别（从最积极的行为到最消极的行为），评价时评价者只需将员工的行为对号入座即可。

四、薪酬管理概述

（一）薪酬的概念与构成

薪酬是员工向其所在单位提供劳动或劳务而获得的各种形式的酬劳和报答，一般包括工资、奖金、福利、津贴、补贴和股权等形式。一般认为薪酬是由经济性薪酬和非经济性薪酬构成。

1. 经济性薪酬

经济性薪酬是员工从企业获得的各种货币形式的收入和可以间接转化为货币或可以用

货币计量的其他形式收入的总和。它可以分为两部分，即直接薪酬和间接薪酬。

① 直接薪酬。

直接薪酬是以货币形式支付的报酬，它可以分为基本薪酬、补偿薪酬和激励薪酬。

基本薪酬是企业根据员工的职位、级别、能力和工作结果支付给员工的比较稳定的报酬。一般来说，企业是根据员工所承担的工作的重要性、难度和其对企业的价值来确定员工的基本薪酬。基本薪酬是员工工作收入的主要部分，也是其他薪酬设置或变动的主要依据。

补偿薪酬是企业对员工非正常工作时间、特殊或困难工作条件下额外的劳动付出和工作风险承担所给予的报酬，主要包括加班费、津贴、补贴等形式。如夜班工作津贴、出差补贴、特殊工作条件补贴等。对于具备上述条件的员工而言，补偿薪酬也是一种比较稳定的收入。

激励薪酬是企业为激励员工更有成效地劳动或愿意为企业提供更长时间的服务支付给员工的报酬，主要指奖金、员工持股、员工分红、经营者年薪制与股权激励等形式。相对于基本薪酬和补偿薪酬的稳定性特点而言，激励薪酬，特别是其中的奖金具有可变和浮动的特点。一些专家和管理者将其称为可变薪酬。

② 间接薪酬。

间接薪酬是企业对员工给予的一般不直接以货币形式发放，但可以转化为货币或可以用货币计量的各种福利、待遇、服务和消费活动，也称福利薪酬或员工福利。如企业为员工缴纳的各种社会保险、免费工作午餐、班车接送、免费体检、公费进修培训、带薪休假和集体组织旅游等。

2. 非经济性薪酬

非经济性薪酬是指无法用货币等手段衡量的由于企业的工作特征、工作环境和企业文化带给员工的愉悦的心理效用。如工作本身的趣味性和挑战性、个人才能的发挥和发展的可能、团体的表扬、舒适的工作条件以及团结和谐的同事关系等。非经济性薪酬之所以成为薪酬，是因为这些非经济性的心理效用也是影响人们职业选择和进行工作的重要因素，并和经济性薪酬结合在一起成为企业吸引人才、保留人才的重要手段。同时，非经济性薪酬各个组成部分也是源于企业有目的的投入或长期投入的积累。

（二）薪酬的功能

1. 薪酬对员工的功能

一个完整的薪酬结构对企业员工应该同时具有保障功能、激励功能。

（1）保障功能。

薪酬的保障功能是通过基本工资来体现的。员工的劳动收入首先要用于购买各种必要的生活资料以维持劳动力的正常再生产。其次，企业员工一定的生活享乐也应包括在其工资收入之内，它同样属于维持劳动力再生产的范围。总之，员工所获薪酬数额至少能够保证员工及其家庭生活与发展需要，否则会影响员工的基本生活，影响社会劳动力的生产和再生产。薪酬的保障功能有助于员工获得工作的安全感，发挥工作积极性。

（2）激励功能。

薪酬分为两类，一类是保健性薪酬，如工资、固定津贴、社会强制性福利和企业内部统一的福利项目等；另一类是激励性薪酬，如奖金、物质奖励、股份和培训等。如果保健性薪酬达不到员工的期望，会使员工感到不安全，因而发生人员流失或招聘不到员工的现象。相反，高工资和高福利能吸引并留住员工，但容易被员工认为是应得的待遇，因而起不到激励作用。因此，每个企业都应根据自身的特点采取不同的薪酬结构。激励性薪酬往往要很好的结合非经济性薪酬方式。非经济性薪酬包括为员工提供的所有保险福利项目、实物、企业举办的旅游、文体娱乐等。有些企业专门为家属提供特别的福利，如在节假日邀请家属参加联欢活动、赠送企业特制的礼品，让员工和家属一起旅游，给孩子们提供礼物等，常会对员工产生意想不到的激励效果。

2．薪酬对企业的功能

薪酬对企业具有保值增值的功能。薪酬是能够为企业和投资者带来预期收益的资本。企业或投资者从事生产经营活动必须雇佣员工，薪酬就是用来购买劳动力所支付的特定资本。薪酬的投入可以为投资者带来预期大于成本的收益，这是雇主雇佣员工，对劳动要素进行投资的动力所在。因此，从这个意义上说，薪酬具有保值增值的功能。

相关案例

小白为什么会辞职

小白大学毕业后便被一家外资公司招为推销员。他很满意这份工作，因为工资高，还是固定的，不用担心未受过专门训练的自己比不过别人。若拿佣金，比人少得太多就会丢面子。

刚上班的头两年，小白的工作虽然兢兢业业，但销售成绩只属一般。可是随着对业务和与客户们的关系越来越熟悉，他的销售额也渐渐上升了。到了第三年年底他已列入全公

司几十名销售员中头20名了。下一年他很有信心估计自己可以成为推销员中的冠军了。不过公司的政策是不公布每个人的销售额，也不鼓励互相比较，所以他还不能说很有把握说自己一定会坐上第一把交椅。去年，小白干得特别出色。尽管定额比前年提高了25%，到了九月初他就完成了这个销售额。根据他的观察，同事中间还没有人完成定额。

十月中旬，销售经理召他去汇报工作。听完他的汇报后，销售经理对他格外客气，祝贺他已取得的成绩。在他要走时，那经理对他说："咱公司要再有几个像你一样的推销明星就好了。"小白只微微一笑，没说什么，不过他心中思忖，这不就意味着承认他在销售员队伍中出类拔萃，独占鳌头么。今年，公司又把他的定额提高了25%，尽管一开始不如去年顺利，他仍是一马当先，比预计干得要好。他根据经验估计，十月中旬前他准能完成自己的定额。

可是他觉得自己的心情并不舒畅。最令他烦恼的事，也许莫过于公司不告诉大家干得好坏，没个反应。

他听说本市另两家也是中外合资的化妆品制造企业都搞销售竞赛和有奖活动。其中一家是总经理亲自请最佳推销员到大酒店吃一顿饭；而且人家还有内部发行的公司通讯之类小报，让人人知道每人销售情况，还表扬每季和年度最佳销售员。

想到自己公司这套做法，他就特别恼火。其实一开头他并不关心排名第几的问题，如今却重视起来了。不仅如此，他开始觉得公司对推销员实行固定工资制是不公平的，一家合资企业怎么也搞大锅饭？应该按劳付酬。

上星期，他主动去找了销售经理，谈了他的想法，建议改行佣金制，至少按成绩给奖金制。不料销售经理说这是既定政策，而拒绝了他的建议。

昨天，令公司领导吃惊的是，小白辞职而去，到另一家公司了。

第六节　员工的沟通与激励

一、员工的沟通

（一）员工沟通的类型

1. 语言沟通和非语言沟通

（1）语言沟通。

语言沟通又可分为口头信息沟通和书面信息沟通。

口头信息沟通直接借助于语言进行沟通，是沟通形式中最直接的方式。口头沟通的方式可以是会谈、讨论、会议、谣传、密谋、演说和电话联系等。口头沟通比较灵活、传递速度快、可以自由交换、信息有任何不清楚可以立刻更正等优点。但是，信息保留时间较短，有一定的局限性。而且信息从发送者到接收者之间可能存在失真，每个人可能会根据自己的理解在其中添加或删除某些信息，造成信息的不完整性。

书面沟通是借助文字方式所进行的沟通，有报告、工作手册、报表、书信、备忘录、布告、通知、刊物和书面报告等多种方式。书面沟通具有比较正式、可长期保存、反复研究、法律保护等优点。书面沟通中要表达的内容应该周密，逻辑性强，条理清楚。虽然书面沟通有上述优点，但是书面沟通不能及时地提供信息反馈，发送者往往要花费很长的时间了解信息反馈状态。

（2）非语言沟通。

非语言沟通主要是身体语言沟通。身体语言沟通可以有目光、面部表情、手部动作、身体各种姿态、手部语言、衣着打扮等表达方式。语言的表达方式千变万化，同一句简单的言语，用不同的态度会产生不同的效果。此外，非语言沟通还包括应用信息技术的沟通，如电子邮件、多媒体、电传、电话会议、电视商场和计算机网上工作等。

2. 正式沟通和非正式沟通

正式沟通包括企业定期汇报工作制度、每周例会制度等。非正式沟通包括员工私下议论小道消息、私下讨论问题等。

3. 上行沟通、下行沟通、平行沟通

上行沟通是指信息从低层流向高层，如下级向上级反映情况，如果没有上行沟通，管理者就不清楚自己的命令或工作是否正确，员工是否有意见等问题。

下行沟通是指信息从高层流向低层，如传达各种制度、工作程序等。

平行沟通是指企业各部门之间传递工作信息，以互相协作的方式沟通。

4. 单向沟通和双向沟通

单向沟通是指无信息反馈的交流，如作报告、讲演等。

双向沟通是指有信息反馈的沟通，如交谈、开讨论会、谈判等。双向沟通时，双方可以随时检查沟通的效果，变换不同的方式，寻找最佳方式，因此接受率和准确率较高。

（二）员工沟通障碍

1. 语言运用的障碍

语言运用的障碍是指语言表达不清，使用不当，造成理解上的障碍或产生歧义。年龄、教育状况、文化氛围等是比较重要的影响因素。同样的话对不同的人就会有多种不同的诠释。另外一种情况就是运用自己的行业术语与外行人沟通也会产生误解、曲解，造成沟通的障碍。

2. 过滤的障碍

由于在信息的传递过程中，人们会由于个人的喜好等原因故意操纵信息、修改信息，甚至篡改信息，使信息失真，这称之为信息的过滤。

3. 个性障碍

个性障碍是指由于人们不同的个性倾向和个性心理特征所造成的沟通障碍。气质、性格、能力、兴趣等不同会造成人们对同一信息的不同理解，为沟通带来困难。个性的缺陷也会对沟通产生不良影响。

4. 社会心理障碍

人们不同的社会心理也是沟通的障碍。如需要和动机不同会造成人们对同一信息的不同理解，又如怀有偏见和歧视的态度也会造成沟通的障碍。

5. 组织结构障碍

有些组织结构庞大，层次重叠，信息传递的中间环节太多，从而造成信息的损耗和失真。也有一些组织结构不健全，沟通渠道堵塞，也会导致信息无法传递。处于不同层次组织的成员对沟通的积极性也不相同，也会造成沟通的障碍。

6. 沟通技巧欠佳的障碍

如果发送信息者的表达技巧差，词不达意，接收信息者聆听、理解能力不强，沟通中就会出现理解问题，导致沟通障碍。

（三）沟通优化

企业的管理者应该了解发生沟通障碍的种种现象，在工作中避免这些现象，努力改善人际关系。因为沟通本身就是人类特有的精神需要，通过彼此之间的沟通，诉说友情、快乐、痛苦，可以增加人与人之间的亲密感。

（1）沟通双方应该慎用语言文字。不使用别字、错字、生僻难懂的语句。注意身体语言，如面部表情、声音频率、声调、神情、目光和姿势等，这些动作可以帮助接收信息者理解发送者的真正意图。

（2）培养员工沟通技巧。如培养员工讲话的能力、书写的能力、接受信息的能力、倾听的能力、记笔记的能力和理解的能力。

（3）对信息流程和信息的质与量进行有效控制。不要一次传达过多的信息，信息之间应该有一个主次、轻重、缓急的差别。努力做好信息的要点摘录，使信息一目了然，这样就不会造成因信息的纷繁而遗漏了重要的信息。

（4）主动倾听来自各方面不同的意见，尤其是反面意见。

（5）建立有效的沟通渠道，正确运用各种沟通的类型。如采用双向沟通不但可以创造良好的沟通气氛，还有利于上下级、内部成员之间建立相互合作、相互信任的友好关系，减少地位的差异带来的障碍。

如果员工的沟通能力提高了，沟通的质量增加了，信息交往畅通无阻了，将会使企业的管理更加完整、有效。这样才能充分发挥每个员工的聪明才智，调动员工的积极性，挖掘员工的潜力，共同为企业的同一目标而努力。

二、员工的激励

（一）激励的含义与作用

激励就是企业运用激励的理论与方法，对员工的各种需要予以不同程度的满足或限制，以此激发员工的工作热情和工作的积极性，以提高企业的经济效益的行为。

（二）激励的功能

1. 有利于调动员工的积极性

激励直接作用于个人，其功能是能够充分调动员工的积极性、主动性和创造性，使人的潜在能力得到最大限度的发挥。

2. 有利于形成良好的集体观念与社会影响

激励不仅直接作用于个人，还间接影响其他的人和周围的环境。良好的激励制度的运行能够创造出一种良性竞争环境，进而形成良性的竞争机制。

3. 有利于工作人员的素质的提高

通过运用不同的激励手段，在激励方向上对员工加强引导，有助于提高个人的道德素养、知识素养、业务素质。

（三）激励理论

1. 内容型激励理论

内容型激励理论主要包括马斯洛的需要层次理论和赫兹伦格双因素理论。

马斯洛需要层次理论提出人的需要是多层次的，不同的人、不同时期有不同的优势需要，也就是说个体有自己的需要模式。如图 9-1 所示，第一种是生理和安全需要为优势的；第二种是以交往需要为优势的；第三种是以高级需要为优势的。管理者要给人们提供满足各种需要的诱因，使其成为个体行为的目标。

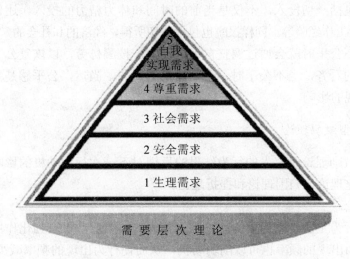

图 9-1 马斯洛需要层次理论

赫兹伯格的双因素理论提出有两类激励因素，引起满意的是激励因素，消除不满意的是保健因素。他提出工资、人际关系等属于保健因素，得不到满足会产生不满意，但满足了只能消除不满意，不会满意。创造性的工作机会、成就感等属于激励因素，满足了产生满意感，不满足产生没有满意，但不是不满意。

2. 过程型激励理论

研究如何使个人选择管理者设置的诱因，将其认同为自己的行为目标，并且使这个行为保持下去的理论是过程型激励理论。过程型激励理论主要包括期望理论和公平理论。

（1）期望理论。

期望理论是由弗鲁姆提出的。这一理论认为一项奖酬措施能否被一个特定的个人接受，对他能起多大的激励作用，受到两个因素的影响，并公式化为：

$$M = V \cdot E$$

M 是激励作用；V 是效价，即对本人的价值；E 是期望值，即个人认为经过努力达到目标的可能性。

两个因素中有一个特别低，这一措施的作用就受到限制。所以要使人们感到可望可即。

（2）公平理论。

公平理论是由亚当斯提出的，他认为人们追求公平，而公平感来自个人与他人的投入和所得比率之间的比较。

此处的贡献包括一切投入，不仅是当前的时间和体力精力的投入，还包括所受教育、其他的训练，甚至工作经验等。同样报酬也包括一切所得，经济的和社会的，如声誉地位等。

当人们感到不公平时就会通过调整自己的行为，按酬付劳，以恢复公平。因此，当公平时，人们向高的看齐，当不公平时，人们向低的看齐。当然，公平感是主观的，受到个人的认知或价值观的影响。

3. 行为改造型激励理论

行为改造型激励理论研究人的行为结果的反馈对下一次行为动机的影响。行为改造型激励主要包括强化理论、归因理论和挫折理论。

（1）强化理论。

强化理论是行为主义学派提出的。它强调行为的结果对动机有强化作用，可以使其增强，从而提高行为出现的频率也可以削弱动机，从而使行为出现的频率减少，甚至消失。

强化包括以下四种。

① 积极强化，在行为以后给予物质的或精神的奖励，如表扬，发给奖金等，增加反应的频率。

② 惩罚，行为发生以后给予强制性的或威胁的结果，如批评、扣发奖金等，使行为减少或消除。

③ 消极强化，当做出符合要求的行为后可以免除或减少本来存在的令人不愉快的处境，如撤销处罚，使其做出正确行为。

④ 自然消退，对原来给予积极强化的行为不再理睬，使其自然消退。

这四种强化可以归纳为两种，即正强化和负强化。积极强化和消极强化都属于正强化，即可以增加行为出现的频率；惩罚和自然消退是负强化，即可以使行为消失或降低行为出现的频率。

（2）归因理论。

归因理论是研究人们对自己行为的结果的归因及其对以后行为的影响。首先个人将一个行为结果认定为成功或失败，这没有客观标准，是个人自己主观定义的。然后将这一成功或失败归于某一种原因。包括四种原因：能力、努力、任务难度和运气；三个维度：即内部—外部；稳定—不稳定；可控—不可控。

能力是内部的、稳定的和不可控的。努力是内部的、不稳定的和可控的。任务难度是外部的、稳定的和不可控的。运气是外部的、不稳定的和不可控的。原因的三个维度上的特点影响个人对以后行为的期待。

因此，积极的归因模式对人的行为有很大的影响。

（3）挫折理论。

挫折是人在目标行为中遇到自感不能克服的阻碍时产生的心理反应和行为反应，最终会形成防卫机制，成为个体性格的一部分。

个体遭遇到挫折后会感到不愉快、痛苦、不安和焦虑。个体在经验中学会了某种适应挫折情境的方式。由于这些方式具有防卫的性质，因此精神分析学家称其为自我防卫机制，也就是个人在焦虑情况下保卫自己的技术，其作用是将焦虑从自我意识中转移出去，以减轻焦虑造成的影响。个体经常使用的防卫机制就成为个性的一部分。

 课后阅读

重赏之下必有勇夫

企业应该根据自身的实际情况设计不同的薪酬和奖金体系。

1998年，戴尔电脑进入中国市场，谋求高速扩张，公司制定了积极的激励体制。

首先，公司的销售部门采取与公司其他部门不同的薪酬体系，通过猎头公司重金从IBM和惠普这类业界领先的公司招聘进大量优秀的销售人才。其次，建立了非常积极的奖励体系，奖金以基本工资的30%计算，为了鼓励员工超额完成任务，超出100%部分的奖金以工资的两倍计算。

经过一年的高速增长，销售增长开始持平，公司挑选了新的总经理直接负责公司的销售业务。在他的第一个季度任期内没有完成任务，按照公司不成文的潜规则，如果第二个季度还不完成任务，他就只能去找工作了。这位总经理此时显示出了不同凡响的勇气。

他的前任也曾经面临同样的局面，当时采取的措施是控制费用、压缩开支，甚至将每个销售人员的通信费用的报销标准压缩一半，寄希望于达成费用指标和利润指标，但结果还是功亏一篑。

这位总经理顶住压力，不但不消减销售成本，反而力主加大公司的奖励力度，以刺激销售团队的积极性。他提出从未有过的奖励计划——大抽奖。

公司承诺，当季度完成销售任务的员工就有机会抽取宝马轿车。公司提供的奖品共有两辆宝马轿车，十几辆帕萨特和赛欧轿车，以及一些劳力士手表。每个销售人员每超出业绩目标的1%就可以换取一张奖券，季度结束时，每个员工都可以凭借手中累计的奖券进行抽奖。他还先买回一辆宝马车，将这辆车放在公司的大门口，每个人每天都可以看见，这个奖励计划让所有的销售人员深受鼓舞和刺激，开始了疯狂的销售。

结果证明了他的智慧和勇气，在第二个季度里，他大大超额完成了任务。这位总经理不仅得到了员工的信赖，亚太区和全球的管理层也为他的魄力所折服。在他的带领下，戴尔在中国已经取得了满意的成绩。

第十章　税务管理与筹划

 学习目标

1. 了解我国分税制财税管理体制，熟悉我国现行国税、地税税务管理机构的设置和税收征管范围的划分。

2. 掌握税务管理的基本规程，熟悉税务机关征收税款的基本方法，税务检查的基本形式，掌握纳税人、扣缴义务人税务违法行为的法律责任。

3. 熟悉在征纳关系中税务机关的权利、义务，纳税人、扣缴义务人的权利、义务。

4. 熟悉企业税收筹划实务。

第一节　税务管理概述

一、税收的概念与特征

税收是国家为实现其职能，凭借政治权力，按照法律规定，强制地、无偿地取得财政收入的一种形式。

（一）税收特征

1. 税收是国家实现其职能的物质基础，是财政收入的主要形式

历史上不同社会制度的国家取得财政收入采取了多种不同的形式。奴隶制国家有王室土地收入；封建制国家有官产收入、特权收入、专卖收入；资本主义国家有债务收入、发行纸币收入；社会主义国家有国有企业利润收入等。

政府提供公共物品的资金来源也只能主要依赖于税收。因此有些学者认为可以将市场经济中的税收看做是人们为享受公共物品所支付的价格。

2. 税收是国家调节经济的一个重要手段

税收作为调节经济的手段时即成为经济杠杆。在市场经济条件下，税收杠杆在实现国家宏观决策和调节经济运行方面有重要作用。它可以通过对纳税人经济利益的调整、诱导

以至实行某种程度的干预，平衡社会总需求与总供给，促进产业结构和产品结构的调整，达到实现国家宏观经济决策的目的。

税收杠杆调节经济的作用主要表现在：

（1）调节产业结构、产品结构和企业组织结构，促进产业结构合理化；

（2）调节社会总供给和总需求，有利于国民经济的稳定发展；

（3）调节国民收入的合理分配，协调积累和消费的比例关系；

（4）调节不同性质、不同来源的收入，使社会分配公平、合理；

（5）调节企业额外收益，促使商品生产者公平竞争。此外，税收的经济杠杆作用还表现在对外经济交往的调节等方面。

3. 税收具有区别于其他财政收入的形式特征

（1）强制性。

税收的强制性是指国家征税是凭借政府权力，通过颁布法律或法令实施的，任何单位和个人都不得违抗，否则就要受到法律的制裁。

（2）无偿性。

税收的无偿性是指国家征税以后，税款即为国家所有，不再归还给纳税人，也不向纳税人直接支付任何代价或报酬。

税收的无偿性也是相对的，因为从个别的纳税人来说，纳税后并未直接获得任何报偿，即税收不具有偿还性。但是若从财政活动的整体来考察，税收的无偿性与财政支出的无偿性是并存的，这又反映出有偿性的一面。

（3）固定性。

税收的固定性是指国家在征税前就以法律或法规的形式预先规定了征税的标准，包括征税对象、征收的数额或比例，并只能按预定的标准征收。纳税人只要取得了应当纳税的收入，或发生了应当纳税的行为，或拥有了应当纳税的财产，就必须按规定标准纳税。同样，征税机关也只能按规定标准征税，不得随意更改这个标准。

法定的标准必须有一定的稳定性，但也应随着社会经济条件的变化在必要时进行更新，使其更为科学、合理。

4. 税收是一个分配范畴，体现着以国家为主体的分配关系

税收作为一种分配形式，本质上是一种国家与纳税人之间的分配关系。由于在这种分配关系中国家居于主导地位，通过国家制定的税法来实施分配，因此具体体现为一种以国家为主体的分配关系。

（二）税收基本术语

1. 纳税人

纳税人也称纳税主体，是指税法规定的负有纳税义务的单位和个人。纳税人既有自然人，也有法人。

负税人与纳税人是两个既相互联系又相互区别的概念。纳税人是直接向税务机关缴纳税款的单位和个人，负税人是实际负担税款的单位和个人。在税负不能转嫁的条件下，负税人也就是纳税人；在税负能够转嫁的条件下，纳税人如果能够通过一定途径把税款转嫁出去，负税人并不是纳税人，这时的负税人就是最终承担税款的单位和个人。

2. 课税对象

课税对象也称税收客体，是指税法规定的征税标的物，是征税的根据。课税对象的确定解决对纳税人的什么征税的问题，它是一种税区别于另一种税的主要标志。在现代社会，税收的课税对象主要包括商品、所得和财产三大类。

由于课税对象是比较笼统的，为了满足税制的需要，还必须把课税对象具体化，将课税标的物划分成具体项目，这种在税制中对课税对象规定的具体项目称为税目。

3. 课税标准

课税标准是指税法规定的对课税对象的计量标准。课税对象的存在形态各异，有的以货币形态存在，如所得；有的以实物形态存在，如商品、房地产等，而实物形态的课税对象也是可以用货币加以计量的。

4. 税基

一般而言，税基是指课税对象的数量。按课税标准的不同，税基可分为实物税基和货币税基。同时，由于国家为了实现一定的政治目标和经济目标，往往并不是对课税对象的全部数量都予以课税，而是规定某些税前减免项目或扣除项目，这样一来就存在所谓的经济税基与法定税基的差别。经济税基是按课税标准计算的课税对象的全部数量。法定税基是经济税基减去税法规定的税前减免或扣除项目后的剩余数量，是据以直接计算应纳税额的基数。可见，如果没有法定税前减免或扣除项目，经济税基与法定税基在数量上是相同的。

5. 税率

税率是相对于税基的比率或数额。税基与税率的乘积就是税额。反过来说，税额与税基之比即为税率。

（1）比例税率。

比例税率是按税基规定但不随税基数额大小而改变的征税比率。比例税率具有计算简便、利于征管、促进效率的优点。比例税率的缺点是在一定条件下，不利于税收负担公平，即在税收负担上具有累退性，表现为收入越高，负担越轻，不尽合理。比例税率一般适用于对商品或劳务的征税。

（2）定额税率。

定额税率也称固定税额，它是按单位实物税基直接规定一定量税额的税率。定额税率具有计算简便、税额不受价格和收入变动影响的特点。

定额税率适用于从量计征的税种。在现代商品货币经济条件下，价格和收入经常变动，为稳定税收负担和保证财政收入，从价计征的税种在多数国家的税制中居于主要地位，从量计征的税种居于次要地位，由此也决定了定额税率在使用上的局限性。在我国，目前定额税率主要在财产课税、资源课税中使用。

（3）累进税率。

累进税率是随税基增加而逐级提高的税率。累进税率的具体形式表现为根据税基的大小规定若干个等级，每个等级对应一个税率，其税率水平随着税基等级增加而递增。累进税率因计算方法的不同又分为全额累进税率和超额累进税率两种。

全额累进税率在计算方法上是将税基的全部按照与之相对应的最高级次的税率计算税额，全部税基只适用一个税率。超额累进税率在计算方法上是将税基的各部分按照相应级次的税率分别计算税额，然后合并相加为应纳税额，全部税基可能适用几个不同级次的税率。

超额累进税率计税复杂的问题可采取"速算扣除法"予以解决，即先计算出速算扣除数，然后运用下列公式计算出应纳税额：

应纳税额＝法定税基×适用税率－速算扣除数

所谓速算扣除数，是指同一税基按全额累进税率计算的税额与按超额累进税率计算的税额之间的差额。

6. 起征点与免征额

起征点是指税法规定的开始征税时税基所达到的最低界限。税基未达到起征点的不征税；达到或超过起征点的，按其全部税基计征税款。

免征额是指税法规定的税基中免于计税的数额。免征额部分不征税，只对超过免征额的税基计征税款。

免征额一般是正常的费用扣除。在税法中规定起征点免征额是对纳税人的一种优惠，但两者优惠的侧重点不同，前者优惠的是个别纳税人，后者则是对所有纳税人的优惠。

（三）税收分类

1. 商品课税、所得课税和财产课税

按照课税对象的性质可将税收分为商品课税、所得课税和财产课税三大类。这种分类最能反映现代税制结构，因而也是各国常用的主要税收分类方法。

商品课税是以商品为课税对象，以商品流转额为税基的各种税收。商品课税具体包括对货物和劳务征收的各种税，如增值税、营业税、消费税和关税等。

所得课税是以所得为课税对象，以要素所有者（或使用者）取得的要素收入为税基的各种税收。所得课税主要指企业所得税和个人所得税。

财产课税是以动产或不动产形式存在的财产为课税对象，以财产的数量或价值为税基的各种税收，如一般财产税、遗产税、赠与税等。

2. 直接税和间接税

按照税收负担能否转嫁分类，可将税收分为直接税和间接税。

直接税是指纳税义务人同时是税收的实际负担人，纳税人不能或不便于把税收负担转嫁给别人的税种。属于直接税的这类纳税人不仅在表面上有纳税义务，而且实际上也是税收承担者，即纳税人与负税人一致。

间接税是指纳税义务人不是税收的实际负担人，纳税义务人能够用提高价格或提高收费标准等方法把税收负担转嫁给别人的税种。属于间接税税收的纳税人虽然表面上负有纳税义务，但是实际上已将自己的税款加于所销售商品的价格上由消费者负担或用其他方式转嫁给别人，即纳税人与负税人不一致。

3. 从量税和从价税

按照课税标准分类，可将税收划分为从量税和从价税。资源税、城镇土地使用税、耕地占用税、车船使用税等属于从量税。

从量税是以课税对象的重量、件数、容积、面积等为标准，按预先确定的税额计征的税，亦称"从量计征"，如新税制中的资源税、土地使用税以及屠宰税等。

从价税是以征税对象的价格为标准，按一定比例计征的税，亦称"从价计征"。中国的新税制主要以从价税为主，如增值税、营业税、房产税、消费税、土地增值税、遗产与赠与税、企业所得税等都属于从价税。

4. 价内税和价外税

在从价税中，按照税收与计税价格的关系可将税收划分为价内税和价外税。凡税金是计税价格组成部分的，称为价内税；凡税金独立于计税价格之外的，称为价外税。

5. 中央税、地方税、中央地方共享税

以税收管理权限为标准，全部税种可划分为中央税、地方税、中央地方共享税。

中央税即属于中央固定财政收入，由中央集中管理和使用的税种。具体来说，中央税包括下列税种：关税，海关代征消费税和增值税，消费税，中央企业所得税，地方银行和外资银行及非银行金融企业所得税，铁道部门、各银行总行、各保险总公司等集中交纳的收入、车辆购置税。

地方税即属于地方固定财政收入，由地方管理和使用的税种。具体说来，地方税包括下列税种：营业税（不含铁道部门、各银行总行、各保险总公司集中交纳的营业税），地方企业所得税（不含上述地方银行和外资银行及非银行金融企业所得税），个人所得税，城镇土地使用税，固定资产投资方向调节税，城市维护建设税（不含铁道部门、各银行总行、各保险总公司集中交纳的部分），房产税，车船使用税，印花税，屠宰费，农牧业税，对农业特产收入征收的农业税（简称农业特产税），耕地占用税，契税，遗产或赠予税，土地增值税。

中央地方共享税即由中央和地方共同管理和使用的税种。具体说来，中央地方共享税包括增值税、资源税、证券交易税等税种。增值税中央分享 75%，地方分享 25%。

（四）税负的转嫁与归宿

1. 税负转嫁与归宿的含义

税负转嫁是指纳税人通过经济交易中的价格变动将所纳税收转移给他人负担的行为及过程。

税负归宿是指处于转嫁中的税负的最终归着点，它表明转嫁的税负最后是由谁来承担的。税负转嫁导致税负运动。

税负归宿的状况是由税负转嫁的状况决定的，税负归宿是税负转嫁的结果。转嫁的税负的实际承担者就是负税人，因此，如果分析具体的企业、个人之间的税负转嫁过程，税负归宿就等同于负税人。

2. 税负转嫁方式

（1）前转。

前转又称顺转，是指纳税人通过提高商品或要素的价格将税负转嫁给购买者。

（2）后转。

后转又称逆转，是指纳税人通过压低购进商品或要素的价格将税负转嫁给商品或要素的供给者。后转一般发生在生产要素的课税上。

（3）混转。

在现实生活中，前转和后转这两种基本方式常并行使用，即一种商品或要素的税负通过提高卖价转移一部分，又通过压低其他商品或要素的买价转移一部分，这种转嫁方式称为混转或散转。

（4）税收资本化。

税收资本化即生产要素购买者以压低生产要素购买价格的方式将所购生产要素未来应纳税款从所购要素的资本价值中预先扣除，向后转嫁给生产要素的提供者。

二、税务管理体制概述

（一）税务管理体制的概念

税务管理体制是指在中央与地方，以及地方各级政府之间划分税收管理权限的一种制度，是税收管理制度的重要组成部分。税收管理权限包括税收立法权和税收管理权两个方面。

1. 税收立法权

税收立法权是指国家最高权力机关依据法定程序赋予税收法律效力时所具有的权力。税收立法权包括税法制定权、审议权、表决权和公布权。

2. 税收管理权

税收管理权是指贯彻执行税法所拥有的权限，它实质上是一种行政权力，属于政府及其职能部门的职权范围。税收管理权包括税种的开征与停征权、税法的解释权、税目的增减与税率的调整权、减免税的审批权。

（二）分税制下的税务管理体制

1. 分税制的概念

分税制是指在国家各级政府之间在明确划分事权及支出范围的基础上，按照事权和财权相统一的原则，结合税种的特性，划分中央与地方的税收管理权限和税收收入，并辅之以补助制的预算管理体制模式，是符合市场经济原则和公共财政理论要求的，这是市场经济国家运用财政手段对经济实行宏观调控较为成功的做法。

2. 分税制的内容

（1）合理划分中央和地方政府的事权及支出范围。

（2）合理划分税种，按税种划分中央与地方收入。将国家开征的全部税种划分为中央税、中央与地方共享税和地方税。属于维护国家权益、实施宏观调控所必需的税种划为中央税；属于与经济发展密切相关的主要税种划为中央与地方共享税；属于适合地方征管，有利于调动地方积极性的税种划为地方税。

（3）分设国家税务局和地方税务局两套税务机构。国家税务局直属中央政府，负责中央税、中央与地方共享税的征收和管理。地方税务局隶属于地方各级政府，负责地方官税的征收和管理。

第二节　征收基础管理

一、税务登记管理

（一）税务登记的概念

税务登记是指纳税人为依法履行纳税义务就有关纳税事宜依法向税务机关办理登记的一种法定手续，它是整个税收征收管理的首要环节。纳税人必须按照税法规定的期限办理开业税务登记、变更税务登记或注销税务登记。

（二）税务登记的内容

1. 开业税务登记

（1）开业税务登记范围。

企业、企业在外地设立的分支机构和从事生产经营的场所，个体工商户和从事生产、经营的事业单位（统称从事生产、经营如纳税人）以及非从事生产经营但依照法律、行政法规的规定负有纳税义务的单位和个人，均需办理税务登记或注册税务登记。

（2）开业税务登记的时限要求。

从事生产经营的纳税人自领取营业执照之日起30日内，持有关证件，向税务机关申报办理税务登记，由税务机关审核后发给税务登记证件。非从事生产、经营的纳税人，除临时取得应税收入或发生应税行为以及只缴纳个人所得税、车船使用税的外，都应当自有关部门批准之日起 30 日内或自依照法律、行政法规的规定成为法定纳税义务人之日起 30 日内，向税务机关申报办理税务登记，税务机关审核后发给税务登记证件。

2. 变更税务登记

（1）变更税务登记的适用范围。

变更税务登记的适用范围包括企业名称、经营地点、企业性质类型、经营范围方式、产权关系、注册资金的改变。

（2）变更税务登记的时限要求。

税务登记内容发生变化，按规定纳税人须在工商行政管理机关办理注册登记的，应自工商行政管理部门办理变更登记之日起 30 日内，向原税务登记机关申报办理变更税务登记。

税务登记内容发生变化，按规定纳税人不需在工商行政管理机关注册登记的，应当自有关机关批准或者宣布变更之日起 30 日内，持有关证件向原税务登记机关申报办理变更税务登记。

3. 注销税务登记

（1）注销税务登记的适用范围。

①纳税人发生解散、破产、撤销的。②纳税人被工商行政管理机关吊销营业执照的。③纳税人因住所、经营地点或产权关系变更而涉及改变主管税务机关的。④纳税人发生的其他应办理注销税务登记情况的。

（2）注销税务登记的时限要求。

纳税人应在向工商行政管理机关办理注销登记前，持有关证件向主管税务机关申报办理注销税务登记。纳税人按规定不需要在工商行政管理机关办理注销登记的，应当自有关机关批准或者宣告终止之日起 15 日内，持有关证件向主管税务机关申报办理注销税务登记。纳税人被工商行政管理机关吊销营业执照的，应自营业执照被吊销之日起 15 日内，向主管税务机关申报办理注销税务登记。

 相关链接

税务登记小资料

纳税人按规定不需要在工商行政管理机关办理注销登记的，应当自有关机关批准或者宣告终止之日起15日内，持有关证件向主管税务机关申报办理注销税务登记。

纳税人被工商行政管理机关吊销营业执照的，应自营业执照被吊销之日起15日内，向主管税务机关申报办理注销税务登记。

纳税人在办理注销登记前，应当向税务机关结清：（1）应纳税款；（2）滞纳金；（3）罚款；（4）缴销发票；（5）税务登记证件；（6）其他税务证件。

（三）税务登记的管理

1. 税务登记证使用范围

新税务登记证分为税务登记证（正本、副本）、临时税务登记证（正本、副本）和扣缴税款登记证（正本）三类。

从事生产经营并领取工商营业执照的纳税人和从事生产经营虽未办理工商营业执照但经有关部门批准有固定经营场所且正常从事生产经营的个体工商户核发税务登记证正本、副本。

从事生产经营领取临时工商营业执照的纳税人和有独立的生产经营权、在财务上独立核算并定期向发包人或者出租人上交承包费或租金的承包承租人，以及境外企业在中国境内承包建筑、安装、装配、勘探工程和提供劳务的纳税人，核发临时税务登记证正本、副本。

未办理税务登记证的法定扣缴义务人（临时发生扣缴义务的除外）核发扣缴税款登记证。

2. 税务登记的审验

（1）税务机关对税务登记证件实行定期验证和换证制度。

（2）纳税人应当将税务登记证件正本在其生产、经营场所或者办公场所公开悬挂，接受税务机关检查。

（3）纳税人遗失税务登记证件的，应当在15日内书面报告主管税务机关，并登报声明作废。

（4）从事生产、经营的纳税人到外县（市）临时从事生产、经营活动的，应当持税务登记证副本和所在地税务机关填开的外出经营活动税收管理证明，向营业地税务机关报验登记，接受税务管理。

（5）从事生产经营的纳税人外出经营，在同一地累计超过180天的，应当在营业地办理税务登记手续。

二、账簿、凭证管理

纳税人、扣缴义务人应按照有关法律、行政法规和国务院财政、税务主管部门的规定设置账簿，根据合法、有效凭证记账，进行核算。

（一）设置账簿的范围

（1）从事生产、经营的纳税人应自其领取工商执照之日起15日内按照国务院财政、税务部门的规定设置账簿。所称账簿是指总账、明细账、日记账以及其他辅助性账簿。总账、日记账应当采用订本式。

（2）扣缴义务人应当自税收法律、行政法规规定的扣缴义务发生之日起10日内，按照所代扣、代收的税种，分别设置代收代缴税款账簿。

纳税人、扣缴义务人会计制度健全，能够通过计算机正确、完整计算其收入和所得或者代扣代缴、代收代缴税款情况的，其计算机输出的完整的书面会计记录可视同会计账簿。

纳税人、扣缴义务人会计制度不健全，不能通过计算机正确、完整计算其收入和所得或者代扣代缴、代收代缴税款情况的，应当建立总账及与纳税或者代扣、代收代缴税款有关的其他账簿。

（3）生产经营规模小又确无建账能力的纳税人，可以聘请经批准从事会计代理记账业务的专业机构或者经税务机关认可的财会人员代为建账和办理账务，聘请上述机构或者人员有实际困难的，经县以上税务机关批准，可以按照税务机关的规定，建立收支凭证粘贴簿、进货销货登记簿或税控装置。

（二）对纳税人财务会计制度及财务会计软件的管理

从事生产、经营的纳税人应当自领取税务登记证件之日起15日内，将其财务、会计制度或者财务、会计处理办法和会计核算软件报送税务机关备案。纳税人使用计算机记账的，应当在使用前将会计电算化系统的会计核算软件、使用说明书及有关资料报送主管税务机关备案（领照之日起15内建账，领证之日起15日报送会计制度）。

（三）纳税人账簿、凭证的保存和管理

从事生产、经营的纳税人、扣缴义务人必须按照国务院财政、税务主管部门规定的保管期限保管账簿、记账凭证、完税凭证及其他有关资料。除法律、行政法规另有规定外，账簿、会计凭证、报表、完税凭证及其他有关资料应当保存10年。

第三节　税款申报与征收

一、纳税申报

（一）纳税申报的概念

纳税申报是指纳税人按照税法规定定期就计算缴纳税款的有关事项向税务机关提出的书面报告，是税收管理的一项重要制度。纳税人必须依照法律、行政法规规定或者税务机关依照法律、行政法规的规定确定的申报期限、申报内容如实办理纳税申报，报送纳税申报表、财务会计报表以及税务机关根据实际需要要求纳税人报送的其他纳税资料。具体包括：

（1）财务会计报表及其他说明材料；

（2）与纳税有关的合同、协议书及凭证；

（3）税控装置的电子报税资料；

（4）外出经营活动税收管理证明和异地完税凭证；

（5）境内或者境外公证机构出具的有纸证明文件；

（6）税务机关规定应报送的其他有关证件、资料。

扣缴义务人必须依照法律、行政法规的规定或者税务机关依照法律、行政法规的规定确定的申报期限、申报内容如实报送代扣代缴、代收代征税款报告表以及税务机关根据实际需要要求扣缴义务人报送的其他有关资料。

（二）纳税申报的方式

经税务机关批准，纳税人扣缴义务人可以直接到税务机关办理纳税申报或者报送代扣代缴、代收代缴报告表，也可以按照规定采取邮寄、数据电文方式输上述申报、报送事项。

1. 自行申报

自行申报是指纳税人、扣缴义务人按照规定的期限自行到主管税务机关办理纳税申报手续。

2. 邮寄申报

邮寄申报是指经税务机关批准的纳税人、扣缴义务人使用统一规定的纳税申报特快专递专用信封，通过邮政部门办理交寄手续，并向邮政部门索取收据作为申报凭据的方式。

（1）邮寄申报的适用范围。

凡实行查账征收方式的纳税人，经主管税务机关批准，可以采用邮寄申报办法。

（2）邮寄申报的邮件内容。

邮寄申报的邮件内容包括纳税申报表、财务会计报表以及税务机关要求纳税人报送的其他纳税资料。

（3）邮寄申报的程序。

纳税人在法定的纳税申报期内，按税务机关规定的要求填写各类申报表和纳税资料后，使用统一规定的纳税申报特快专递专用信封，可以约定时间由邮政人员上门收寄，也可以到指定的邮政部门办理交寄手续。无论是邮政人员上门收寄，还是由纳税人到邮政部门办理交寄，邮政部门均应向纳税人开具收据。该收据作为邮寄申报的凭据，备以查核。

（4）期限的确认。

邮寄纳税申报的具体日期以邮政部门收寄日戳日期为准。

（5）专用信封。

邮寄纳税申报专用信封由各省、自治区、直辖市邮电管理局与同级税务机关共同指定印刷厂承印，并负责监制；由各地（市、州、盟）国家税务局、地方税务局按照国家邮政总局、国家税务总局确定的式样印制；由纳税人向主管税务机关领购。

（6）邮资。

纳税申报特快专递邮件实行按件收费，每件中准价为8元，各省、自治区、直辖市邮电管理局可根据各地的实际情况，以中准价为基础上下浮动30%。价格确定后，须报经省物价主管部门备案。

在推行邮寄申报的同时，税务文书发送量大的单位还可以采用邮政商业信函服务方式，将所需发送的税务文书录入软盘，充分利用现有的邮政商函打印、封装设备和投递服务网络发送给纳税人。

3. 数据电文方式

数据电文方式是指税务机关确定的电话语音、电子数据交换和网络传输等电子方式。纳税人采取电子方式办理纳税申报的，应当按照税务机关规定的期限和要求保管有关资料，并定期书面报送主管税务机关。

4. 代理申报

代理申报是指纳税人、扣缴义务人可以委托注册税务师办理纳税申报。

（三）纳税申报的具体要求

（1）纳税人、扣缴义务人，不论当期是否发生纳税义务，除经税务机关批准外，均应按规定办理纳税申报或者报送代扣代缴、代收代缴税款报告表。

（2）实行定期定额方式缴纳税款的纳税人，可以实行简易申报、简并征期等申报纳税方式。

（3）纳税人享受减税、免税待遇的，在减税、免税期间应当按照规定办理纳税申报。

（4）纳税人、扣缴义务人按照规定的期限办理纳税申报或者报送代扣代缴、代收代缴税款报告表确有困难，需要延期的，应当在规定的期限内向税务机关提出书面延期申请，经税务机关核准，在核准的期限内办理。

纳税人、扣缴义务人因不可抗力，不能按期办理纳税申报或者报送代扣代缴、代收代缴税款报告表的，可以延期办理；但是，应当在不可抗力情形消除后立即向税务机关报告。税务机关应当查明事实，予以批准。

经核准延期办理前款规定的申报、报送事项的，应当在纳税期内按照上期实际缴纳的税额或者税务机关核定的税额预缴税款，并在核准的延期内办理税款结算。延期申报不等于延期纳税。

扣缴义务人办理代扣代缴、代收代缴税款报告时，应当如实填写代扣代缴、代收代缴税款报告表，并报送代扣代缴、代收代缴税款的合法凭证以及税务机关规定的其他有关证件、资料。

二、延期纳税申报

（一）延期纳税申报的条件

（1）按期申报确有困难，需要延期的。
（2）因不可抗力，不能按期办理纳税申报或者报送代扣代缴、代收代缴税款报告表的。

（二）延期申报注意事项

1. 报送资料

（1）申请延期缴纳税款报告。
（2）当期货币资金余额情况及所有银行存款账户的对账单。
（3）资产负债表。
（4）应付职工工资和社会保险费等税务机关要求提供的支出预算。

2．申请时间

（1）应当在规定的纳税期限内提出延期申请。

（2）不可抗力情形消除后立即报告。

3．审批权限和期限

纳税人因有特殊困难，不能按期缴纳税款的，经省、自治区、直辖市国家税务局、地方税务局批准，可以延期缴纳税款，但是最长不得超过3个月。

纳税人需要延期缴纳税款的，应当在缴纳税款期限届满前提出申请，并报送下列材料：申请延期缴纳税款报告，当期货币资金余额情况及所有银行存款账户的对账单，资产负债表，应付职工工资和社会保险费等税务机关要求提供的支出预算。税务机关应当自收到申请延期缴纳税款报告之日起20日内做出批准或者不予批准的决定；不予批准的，从缴纳税款期限届满之日起加收滞纳金。

4．相关要求

纳税人或扣缴义务人经主管地方税务机关核准延期办理申报、报送事项的，应当在纳税期内按照上期实际缴纳的税额或者税务机关核定的税额预缴税款，并在核准的延期内办理税款结算。

三、发票的领购、开具和保管

（一）发票的领购

依法办理税务登记的单位和个人，在领取税务登记证件后，根据自身的需要，向相应主管税务机关申请领购相应发票，包括国税票、地税票（定额或机打票）。

申请领购发票的单位和个人应当提出购票申请，填报《纳税人发票使用认定表》，确定发票使用的类型和方式，并提供经办人身份证明、《税务登记证》或《注册税务登记证》（副本）及其他有关证明，以及财务印章或者发票专用章的印模，经主管税务机关审核后，发给发票领购簿。

领购发票的单位和个人凭发票领购簿核准的种类、数量以及购票方式，向主管税务机关领购发票。

增值税专用发票领购须知如下。

（1）一般纳税人（含临时一般纳税人）申请使用专用发票的，税务机关核准后可以发售其十万元版以下（不含十万元）专用发票，且每次发售其 100 份以内专用发票。

（2）税务机关可根据具体情况核定一般纳税人（含临时一般纳税人）每月领购专用发票的次数。

（3）一般纳税人（不含临时一般纳税人）申请开具十万元以上千万元以下（不含千万元）专用发票，须经主管税务机关核实后方可批准购买。

（4）一般纳税人（不含临时一般纳税人）申请开具千万元版以上专用发票，须经所在地国税局核实审批后方可批准购买。

（5）对异地经营的商贸企业每月只发售其一本（或 25 份）专用发票。

（6）被列入重点监控的商贸企业的一般纳税人在购票时还应携带上次领购已开具的专用发票以备查验。

（二）发票的开具及保管

（1）销售商品、提供服务以及从事其他经营活动的单位和个人，对外发生经营业务收取款项，收款方应当向付款方开具发票。特殊情况下，由付款方向收款方开具发票。

（2）所有单位和从事生产、经营活动的个人在购买商品、接受服务以及从事其他经营活动支付款项，应当向收款方取得发票。取得发票时，不得变更品名和金额。

（3）不符合规定的发票，不得作为财务报销凭证，任何单位和个人有权拒收。

（4）开具发票应当按照规定的时限、顺序，逐栏、全部联次一次性如实开具，并加盖单位财务印章或者发票专用章。

（5）使用电子计算机开具发票，须经主管税务机关批准，并使用税务机关统一监制的机外发票，开具后的存根联应当按照顺序号装订成册。

（6）任何单位和个人不得转借、转让、代开发票，未经税务机关批准，不得拆本使用发票；不得自行扩大专业发票使用范围。禁止倒买倒卖发票、发票监制章和发票防伪专用品。

（7）任何单位和个人未经批准，不得跨规定的使用区域携带、邮寄、运输空白发票。禁止携带、邮寄或者运输空白发票出入境。

（三）填开增值税专用发票注意事项

（1）纳税人开具手写版专用发票必须预先加盖专用发票销货单位栏戳记。戳记或印迹不清晰不得使用。手工填写"销货单位"栏的，属于未按规定开具专用发票，购货方不得作为扣税凭证。专用发票销货单位栏戳记使用蓝色印泥。

（2）销货方如发生退货、销售折让收到购货方抵扣联、存根联的，应视不同情况按以下规定办理：销货方如果未将记账联作账务处理，应在收到的发票联和抵扣联及相应的存根联、记账联上注明"作废"字样，并依次粘贴在存根联后面，下月领购专用发票时随同其他专用发票存根联一起提交税务机关核查。对因发生退货或销售的折让，销售方收到购货方退回的抵扣联，如销货方已将记账联作了账务处理，销货方按有关规定开具红字专用发票后，必须将由收回的蓝字专用发票抵扣联、发票联粘贴在红字专用发票发票联后面，并在红字专用发票发票联上方分别注明蓝字和红字专用发票记账联的会计记账凭证（收款凭证或转账凭证）的填制日期（年、月、日）和凭证编号，否则不得用红字专用发票扣减当期销项税额。

（3）必须在"金额"、"税额"栏合计（小写）数前用"￥"符号封顶，在"价税合计（大写）"栏大写合计数前用"×"符号封顶。购销双方单位名称必须详细填写，不得简写。如果单位名称较长，可在"名称"栏分上下两行填写，必要时可出该栏的上下横线。

（4）应严格按照《增值税专用发票使用规定》的规定统一加盖单位财务专用章或发票专用章，不得加盖其他财务印章。财务专用章或发票专用章使用红色印泥。

四、税款征收

（一）税款征收的特征

1. 税务机关是税款征收征税的主要主体

除税务机关、税务人员以及经税务机关依照法律、行政法规委托的单位和个人外，任何单位和个人不得进行税款征收活动。

2. 税务机关必须依法征收税款

未经法定机关和法定程序调整，征纳双方均不得随意变动。税务机关代表国家向纳税人征收税款，不能任意征收，只能依法征收。

3. 税款征收是税务机关将纳税人的应纳税款全部解缴入库、组织国家财政收入的行为

国家税务局和地方税务局应当按照国家规定的税收征管范围和税款入库预算级次将征收的税款缴入国库。

（二）税款征收方式

1. 查账征收

查账征收是指税务机关根据纳税人提供的会计资料所反映的情况，依照税法相关规定

计算征收税款的一种方式。查账征收适用于经营规模较大、财务会计制度健全、能够如实核算和提供生产经营情况，并能正确计算税款，如实履行纳税义务的单位和个人。

2. 查定征收

查定征收是指税务机关根据纳税人的从业人员、生产设备、原材料耗用情况等因素，查实核定其在正常生产经营条件下应税产品的数量、销售额，并据以征收税款的一种方式。

如果纳税人的实际应税产品数量超过查定数量时，由纳税人报请补征；如果纳税人的实际应税产品数量未够查定产量时，可由纳税人报请重新核定。在这种方式下，纳税人能很好地控制购进材料及相应产量，但这种方式适用于会计账册不健全、生产不稳定的从事产品生产的纳税人，如小型厂矿和作坊等。

3. 查验征收

查验征收是指税务机关对纳税人的应税产品，通过查验数量，按市场一般销售价格计算其销售收入并据以征税的方式。这种方式一般适用于经营品种比较单一，经营地点、时间和商品来源不固定的纳税单位。如城乡集贸市场的临时经营和机场、码头等场外经销商品的税款征收。

4. 定期定额征收

定期定额征收简称"双定"征收，是指对一些营业额和所得额难以计算准确的小型工商户，经其自报评议，由税务机关调查核实其一定期限内的营业额、利润额，按照核定的营业额、利润额确定应纳税款的方式。这种方式适用于规模较小、账证不健全，难以提供完整的纳税资料的小型工商业户的税款征收。一般来讲它是由个体工商户自行申报经营额，然后由税务机关核定其营业额或所得额，再按照适用税率计算应纳税额。如果纳税人在定期内生产经营情况发生较大变化，应税收入超过或低于其原定数额20%时，应及时向税务机关申报调整；税务机关应在规定时间内予以重新核定。

 相关链接

查账征收和核定征收

企业所得税目前有查账征收与核定应税所得率征收两种征收方式。

查账征收适用于财务会计核算规范的企业，按收入减成本费用后的利润找适用税率，计算缴纳企业所得税。

核定应税所得率征收是对能够正确核算收入而不能正确核算成本费用的企业适用。

查账征收与核定应税所得率征收关键是看企业的利润率与核定应税所得率谁高，如果是利润率高，实行核定应税所得率征收就会少缴税，否则就会多缴税。如企业经营收入100万元，成本费用50万元，流转环节税金10万元，利润率为40%，假如核定应税所得率为25%：

查账征收的企业所得税 =（收入 - 成本费用 - 流转环节税金）×税率
$$=（100 - 50 - 10）×25\% = 10万元$$

核定应税所得率征收的企业所得税 = 收入×核定应税所得率×税率
$$= 100×25\%×25\% = 6.25万元$$

两者相差3.75万元，主要就是取决于企业的利润率40%高于核定应税所得率25%的原因。

如果企业财务核算制度不健全，不能正确核算成本费用的，税务部门肯定是要实行核定应税所得率方式征收。如果企业的利润率低于核定应税所得率的话，建议按规定做好财务会计核算工作，争取查账征收（可以少缴税），否则实行核定应税所得率方式征收对企业不利。

5. 代扣代缴

代扣代缴是指按照税法规定，负有扣缴税款义务的法定义务人，在向纳税人支付款项时，从所支付的款项中直接扣收税款的方式。代扣代缴的目的是对零星分期、不易控制的税源实行源泉控制。如个人所得税，以所得人为纳税义务人，其扣缴义务人为支付个人所得的单位。

6. 代收代缴

代收代缴是指负有收缴税款的法定义务人负责对纳税人应纳的税款进行代收代缴的方式。即由与纳税人有经济业务往来的单位和个人在向纳税人收取款项时，依照税收法规的规定收取税款，并向税务机关解缴。这种方式一般适用于税收网络覆盖不到或很难控制的领域，如受托加工应缴消费税的消费品，由受托方代收代缴的消费税。根据《增值税暂行条例》的规定，工业企业委托加工工业产品，一律于委托方提货时由受托方代收代缴税款。

代扣代缴与代收代缴之间的区别是：代扣是向纳税人支付款项时同时扣收税款，而代收是向纳税人收取款项时同时收取税款。

7. 委托代征

委托代征是指受托单位按照税务机关核发的代征证书的要求，以税务机关的名义向纳税人征收一些零散税款的一种税款征收方式。根据国家法律、行政法规授权，将国家赋予其的部分征税权委托其他的部门和单位代为行使，并通过部门和单位的代征行为将税款缴入国库。目前，各地对零散、不易控管的税源大多是委托街道办事处、居委会、乡政府、村委会及交通管理部门等代征税款。

委托代征与代扣、代缴三者虽然都是依法代税务机关收税，但它们之间是有明显区别的。委托代征，特别是国家法律、行政法规明文规定委托其他的行政机关代行税务机关部分行政职权的行政行为，如海关代征进口环节的流转税，除了行使税收征收权外，还可行使部分检查权和处罚权；代扣、代收只能行使税收征收权。对扣缴义务人来说，代扣、代收税款是对国家应尽的法定义务，不是委托与受托关系，而是义务关系，不存在接受不接受的问题。

8. 其他的征收方式

其他的征收方式如邮寄申报纳税、自计自填自缴、自报核缴方式等。

邮寄申报纳税是指纳税人在邮寄纳税申报表的同时，经税务机关审核，汇寄并解缴税款的方式。

自计自填自缴（也称"三自纳税"）是指由纳税人自行计算应纳税款、自行填开交款书、自行送交其开户银行（即国库经收处）划解税款，纳税人持纳税申报表和税收缴款书的收据联、存根联向主管税务机关办理申报手续的方式。

自报核缴是指纳税人按期向主管税务机关办理纳税申报，税务机关根据纳税申报表及有关资料填开税收缴款书，纳税人在税收缴款书各联加盖财务章后，自行到开户银行划解税款的方式。

（三）核定应纳税额

（1）核定应纳税额的对象。

纳税人（包括单位纳税人和个人纳税人）有下列情形之一的，税务机关有权核定其应纳税额。

① 依照法律、行政法规的规定可以不设置账簿的。不设置账簿是指那些经营规模小，没有建账能力，而聘请财务会计人员代为建账和办理账务又有实际困难的，可报请县以上税务机关批准，不设立账簿，但要按照税务机关的规定建立收支凭证粘贴簿、进销货登记簿等。针对这种情况，税务机关可采用核定征收方式。

② 依照法律、行政法规的规定应当设置但未设置账簿的。纳税人有能力设置账簿但未设置账簿的，当税务机关难以根据掌握的材料计算其确切应税数额的，税务机关可采用核定税额方式。

③ 擅自销毁账簿或者拒不提供纳税资料的。

④ 虽设置账簿，但账目混乱或者成本资料、收入凭证、费用凭证残缺不全，难以查账的。

⑤ 发生纳税义务，未按照规定的期限办理纳税申报，经税务机关责令限期申报，逾期仍不申报的。

⑥ 纳税人申报的计税依据明显偏低，又无正当理由的。

⑦ 未按照规定办理税务登记的从事生产、经营的纳税人以及临时经营的纳税人。

对于未按照规定办理税务登记的从事生产、经营的纳税人以及临时从事经营的纳税人，由税务机关核定其应纳税额，责令缴纳，不缴纳的，税务机关可以扣押其价值相当于应纳税款的商品、货物。扣押后缴纳应纳税款的，税务机关必须立即解除扣押，并归还所扣押的商品、货物；扣押后仍不缴纳应纳税款的，经县以上税务局（分局）局长批准，依法拍卖或者变卖所扣押的商品、货物，以拍卖或者变卖所得抵缴税款。

（2）核定应纳税额的方式。

① 参照当地同类行业或者类似行业中，经营规模和收入水平相近的纳税人的收入额和利润率核定。

② 按照成本加合理费用和利润的方法核定。

③ 按照耗用的原材料、燃料、动力等推算或者测算核定。

④ 按照其他合理的方法核定。

采用以上一种方法不足以正确核定应纳税额时，可以同时采用两种以上的方法核定。

（3）企业或者外国企业在中国境内设立的从事生产、经营的机构、场所于其关联企业之间的业务往来，应当按照独立企业之间的业务往来收取或者支付价款、费用。否则，因此而减少其应纳税的收入或者所得额的，税务机关有权进行合理调整。

（4）对未取得营业执照从事经营的单位或者个人，除由工商行政管理机关依法处理外，由税务机关核定其应纳税额，责令缴纳。

第四节　企业薪酬规划

一、基本工资、薪金所得的税收筹划

基本工资是员工薪酬的主体部分，基本工资在整个薪酬体系中的比重高低取决于员工在企业中的职位高低，一般来讲，员工在企业中的地位越高，基本工资所占的比重就越低。企业为了加强对普通员工的薪酬激励，还采取了向员工发放劳动分红的方式。所谓劳动分红，是指企业员工参加企业劳动后，对企业劳动成果的一种利益分享，分红与企业在市场中的效益相联系，企业在市场中的效益越佳，员工所获得的分红越多，是绩效工资的一种形式。分红的实质是企业所有者将自己所得的利益出让一部分给员工，使员工的个人利益更好的与企业的利益相联系，在一定程度上可以激励员工为使企业获得更好的效益而努力工作。

（一）工资、薪金所得纳税的税法规定

根据《个人所得税法》的规定，工资、薪金所得应缴纳个人所得税，并且税法中明确规定，工资、薪金所得是指个人因任职或者受雇而取得的工资、薪金、奖金、年终加薪、劳动分红、津贴、补贴以及任职或者受雇有关的其他所得。因此对于员工的上述两类收益都应按"工资、薪金所得"征收个人所得税。

按照税法的规定，工资、薪金所得，适用九级超额累进税率，税率为5%～45%。具体适用税率规定参见表10-1。

表10-1　工资、薪金所得适用的速算扣除数表

级数	全月应纳税所得额	税率（%）	速算扣除数表
1	不超过 500 元的	5	0
2	超过 500～2000 元的部分	10	25
3	超过 2000～5000 元的部分	15	125
4	超过 5000～20000 元的部分	20	375
5	超过 20000～40000 元的部分	25	1375
6	超过 40000～60000 元的部分	30	3375
7	超过 60000～80000 元的部分	35	6375
8	超过 80000～100000 元的部分	40	10375
9	超过 100000 元的部分	45	15375

注：本表所称全月应纳税所得额是指依照税法的规定，以每月收入额减除费用2000元后的余额或者减除附加减除费用后的余额。

按照国税发［2006］162 号文的规定，工资、薪金所得，按照未减除费用（每月 2000元）及附加减除费用（每月 3200 元）的收入额计算，其应纳税额的计算方法是：应纳税额＝应纳税所得额×适用税率－速算扣除数＝（每月收入额－2000 元或 4800 元）×适用税率－速算扣除数。由于工资、薪金所得适用九级超额累进税率计算缴纳，因此，企业在为员工作发放工资时应注意进行适当的设计筹划。

（二）工资、薪金所得筹划

尽可能均衡发放全年工资收入，避免工资、薪金收入呈现大幅度波动。这主要是针对一些季节性影响较大的行业以及现今企业激励机制中采用绩效工资制的企业的工资、薪金所得的税收筹划。这类企业可以在年初预计各员工全年的工资，在每月按预计数平均分配，到年终再并入奖金进行多退少补。

【例10-1】中国境内一个化工企业2006年向员工李某按照基本工资＋绩效工资的方式发放，其中每月发放的基本工资为1200元，绩效工资按照员工的工作量给予发放。假设其财务人员设计了有以下三种工资发放的方案供选择。

方案一：职工基本工资为1200元，该员工上半年绩效工资为：1月300元，2月300元，3月900元，4月1000元，5月1200元，6月1100元。

方案二：若企业在年初以该员工上年表现将该员工的当年有绩效工资做出预算，每月平均分配750元，到第六个月实行多退少补，补发李某300元。企业发放总额不变。

方案三：按照方案二的工资发放方式，将每月预算发放的绩效工资改为平均分配850元，到第六个月实行多退少补，李某退回300元。企业发放总额不变。

方案一：税法规定的工资、薪金所得的免征额为2000元，则工资、薪金所得的扣除额为2000元。由此可知，李某应纳个人所得税的月份为：3月、4月、5月、6月。

3月应纳个人所得税 ＝（1200＋900－2000）×5% ＝ 5（元）

4月应纳个人所得税 ＝（1200＋1000－2000）×10%－25 ＝ 15（元）

5月应纳个人所得税 ＝（1200＋1200－2000）×10%－25 ＝ 20（元）

6月应纳个人所得税 ＝（1200＋1100－2000）×10%－25 ＝ 5（元）

李某上半年工资应缴纳个人所得税 ＝ 5＋15＋20＋5 ＝ 45（元）

方案二：税法规定的工资、薪金所得的免征额为2000元，则工资、薪金所得的扣除额为2000元。由此可知，李某应纳个人所得税的月份只有6月。

6月个人所得税 ＝（1200＋750＋300－2000）×5% ＝ 12.5（元）

李某上半年工资所得共纳个人所得税12.5元

方案三：税法规定的工资、薪金所得的免征额为2000元，则工资、薪金所得的扣除额为2000元。由此可知，李某应纳个人所得税的月份为1月、2月、3月、4月和5月。

1—5月个人所得税 ＝（1200＋850－2000）×5%×5 ＝ 12.5（元）

王先生上半年工资所得共纳个人所得税12.5元

比较上述方案，每月平均分配绩效工资，半年一次多退少补的方案比据实发放绩效工资更为节税。如方案一与方案二相比，在半年总共节省了32.5元的个人所得税。由此可看出，企业给员工发放工资时应尽量避免大幅度的波动，避免高收入的月份适用高税率计算纳税，加重纳税人的税收负担。而比较每月不同的绩效工资发放，可以看出在预算平均分配时，财务人员也应该考虑采用能够较为节税的金额，当然，这需要结合对员工的工作量评估进行。

二、奖金、年终加薪的税收筹划

（一）一次性奖金的税法规定

奖金是企业对员工超额劳动部分或劳动绩效突出部分所支付的奖励性报酬，是企业为了鼓励员工提高劳动效率和工作质量而付给员工的货币奖励。作为一种正向激励手段，奖金可以继续强化企业所肯定的对企业有益的员工行为，如为了鼓励员工出满勤可以设置"全勤奖"，为了鼓励员工多提优秀建议可以设置"优秀建议奖等"。奖金发放的额度可以根据企业实际情况来设置。

国家税务总局［2005］9 号文出台了《国家税务总局关于调整个人取得全年一次性奖金等计算征收个人所得税方法问题的通知》，明确规定从 2005 年 1 月 1 日起，纳税人取得全年一次性奖金，单独作为一个月工资、薪金所得计算纳税，但在计征时，应先将雇员当月内取得的全年一次性奖金除以 12 个月，按其商数确定适用税率和速算扣除数；如果在发放一次性奖金的当月，雇员工资薪金所得低于税法规定的费用扣除额，还应将全年一次性奖金减除"雇员当月工资薪金所得与费用扣除额的差额"后的余额，按上述办法确定全年奖金的适用税率和速算扣除数。按确定的适用税率和速算扣除数进行计算，具体计算公式如下。

（1）如果雇员当月工资薪金所得高于（或等于）税法规定的费用扣除额的，适用公式为：

$$应纳税额＝雇员当月取得全年一次性奖金×适用税率－速算扣除数$$

（2）如果雇员当月工资薪金所得低于税法规定的费用扣除额的，适用公式为：

$$应纳税额＝（雇员当月取得全年一次性奖金－雇员当月工资薪金所得与费用扣除额的$$
$$差额）×适用税率－速算扣除数$$

（二）奖金发放的税收筹划

针对税法对一次性奖金的规定，企业可以通过均衡发放工资和基本奖金合理确定年终奖金的发放次数和数额，设计合理的薪酬发放方案，以降低员工全年的个人所得税负担。现在很多的企业都采取向员工发放年终奖金的方式进行员工激励，也认为在税法的该种规定下，一次性奖金的发放可以一定程度的节税。但是，并不是发放一次性奖金一定比采取每月均摊的方式节税，在新的年终奖计税制度下，税收筹划既要考虑每月的工资水平，也要考虑年终奖水平，对工资水平不同的人避税方式有所差别。一般而言，对于低收入者，采取每月均摊的方式比较好，高收入者采取年终一次发放的方式能够节税。

相关链接

奖金纳税筹划

2006年某纺织企业为其一优秀员工刘某发放基本工资为2000元，另外拟对刘某发放工作业绩奖金，企业财务人员为发放该笔奖金设计了以下两个方案。

方案一：企业为该员工发放的奖金按每月分摊发放，即每月发放500元。全年总共发放奖金6000元。

方案二：企业每月为该员工发放的奖金累计到年末一次性发放6000元。

计算、比较上述两种方案中员工刘某的个人所得税税负如下。

方案一：按税法规定，工资、薪金所得的扣除额为2000元。

该员工每月的应纳税所得额为（2000 + 500 - 2000）= 500元。

则适用税率和速算扣除数分别为5%、0。

该员工每月应纳个人所得税 = 500 × 5% = 25（元）

全年应纳个人所得税为25 × 12 = 300（元）

方案二：按照税法的规定，工资、薪金所得的扣除额为2000元，1—11月都因扣除工资、薪金所得计税的免征额后应税所得为0，不纳税，12月发放的一次性奖金应纳个人所得税。

计算该笔奖金适用的税率与速算扣除数：按12个月分摊后，每月的奖金 = 6000/12 = 500元，则适用的税率和速算扣除数为5%、0。

该笔一次性奖金应纳个人所得税 = 6000 × 5% = 300（元）。

结论：比较两种方案，发现此种情况下，即基本工资为2000元时，两个方案效果一样。刘某全年应纳个人所得税均为300元。但是从时间价值上来考虑，方案二相对更优。

采用奖金、年终加薪的方法还需要注意，根据国家税务总局［2005］9号文《国家税务总局关于调整个人取得全年一次性奖金等计算征收个人所得税方法问题的通知》，对纳税人取得的一次性奖金，单独作为一个月工资、薪金所得计算纳税时适用先将雇员当月内取得的全年一次性奖金除以12个月，按其商数确定适用税率和速算扣除数，这种计税办法一年中只能采用一次，而对于雇员取得除全年一次性奖金以外的其他各种名目的奖金，如半年奖、季度奖、加班奖、先进奖和考勤奖等，一律与当月工资、薪金收入合并，按税法规定计征个人所得税。因此，奖金发放时应尽量避免一年中奖金的多次发放，特别是半年奖、季度奖的发放，而应采取累计年终一次性发放的办法以避税，更好的达到奖金激励的效果。

三、员工福利

针对国家所得税法的规定，企业可以通过对员工福利、津贴等进行税收筹划，常用的方法如下。

1. 提供交通便利

一些职工人数较多的企业，职工居住可能比较分散，而且路途遥远，如果企业购车专门接送职工上下班就可以节省职工的交通费用。

2. 提供免费的午餐

按照《个人所得税法》的规定，误餐补助不征税。这里的误餐不同于午餐。不征税的误餐补助是指按财政部门规定，个人因公在城区、郊区工作，不能在工作单位或返回就餐，确实需要在外就餐的，根据实际误餐顿数，按规定的标准领取误餐费。一些单位以误餐补助名义发给职工的补贴、津贴应当并入当月工资、薪金所得计征个人所得税。税法对为职工提供免费午餐尚无征税的规定，这部分支出可在不超过工资总额14%的比例计提的职工福利费中列支。

3. 为单身职工提供宿舍

由于个人所得税中的工资薪金所得是就个人的收入总额分档次累进课税，对个人支出只确定一个固定的扣除额，因此，个人收入越多，支付的税金越高。企业将住房费支付给个人将会造成个人较高的税收负担，故企业可购建或租用福利性住房免费由单身职工居住。

四、年薪制

企业经营者年薪制推行以后打破了原有的行政等级和工资待遇，克服了以往月薪制的种种弊端，使经营者年薪与企业职工收入脱钩而与企业经济效益直接挂钩，体现了按劳分配和责任风险、利益相一致的原则，有利于克服经营者的短期行为。同时，年薪制约束了企业经营者的行为。实行年薪制后，经营者不再从企业领取工资、奖金、津贴和补贴等，不仅挥霍、挪用、贪污公款等不正当行为将大大减少，而且能突出体现企业家的能力，特别是年薪制中的风险收入更能激发企业经营者的经营管理能力。

企业在设计经营者年薪制时也应该注意税收临界点的问题，与一次性奖金发放一样，因为对于"工资、薪金所得"征税的税率是九级超额累进税率，所以年薪制定在税收临界点上下的,其经营者个人所得税税负有很大差异。

【例10-2】境内一证券有限责任公司2006年为其公司内部高管人员蒋女士设计的薪酬方案是每月发放绩效工资1000元,年终再按各项公司规定指标发放年薪。公司财务人员对蒋女士的年薪发放额有以下两种选择。

方案一:证券公司为蒋女士发放年薪为每年61000元。

[61000-(2000-1000)]/12=5000元,年薪的适用税率和速算扣除数分别为15%、125元。

蒋女士应缴纳个人所得税=[61000-(2000-1 000)]×15%-125=8875(元)。

蒋女士实际税后收入为61000-8875=52125(元)。

方案二:假如公司财务人员通过财务核算为蒋女士多发放12元的年薪,即公司为蒋女士发放年薪为61012元。

[61012-(2000-1000)]/12=5001元,年薪的适用税率和速算扣除数分别为20%、375元。

蒋女士应纳个人所得税=[61012-(2000-1000)]×20%-375=11627.40(元)。

蒋女士实际税后收入为61012-11627.4=49384.60(元)

比较上述两个方案,方案二增加发放了12元的年薪,却加重了经营者的个人所得税税收负担2752.4元,最终蒋女士的实际收入反而减少了2740.40元。

结论:在设计经营者年薪时要避开这种税收临界点,避免加重纳税人的税收负担。即年薪的临界点为6000元、24000元、60000元、240000元、480000元、720000元、960000元、1200000元,超出临界点的部分可否考虑作为当月工资发放。

参 考 文 献

1. 王晓辉. 现代企业管理应用与案例［M］. 北京：北京工业大学出版社，2006.

2. 刘晓峰. 现代工业企业管理［M］. 北京：机械工业出版社，2009.

3. 夏昌祥. 现代企业管理［M］. 重庆：重庆大学出版社，2002.

4. 张堃. 工商管理专业知识与实务［M］. 沈阳：辽宁人民出版社，2008.

5. 周健临. 管理学教程［M］. 上海：上海财经大学出版社，2002.

6. 周三多等. 管理学——原理与方法（第四版）［M］. 上海：复旦大学出版社，2003.

7. 单凤儒. 管理学基础［M］. 北京：高等教育出版社，2003.

8. 刘金胜. 薪酬管理实务手册［M］. 北京：机械工业出版社，2002.

9. 郑晓明. 现代人力资源管理导论［M］. 北京：机械工业出版社，2002.

10. 郭克沙. MBA 课程全新读——本人力资源［M］. 北京：商务印书馆，2003.

11. ［美］彼得·S·潘德，罗伯特·P·纽曼，罗兰·R·卡瓦纳. 6δ管理法——追求卓越的阶梯［M］. 北京：机械工业出版社，2001.

12. ［美］斯蒂芬·P·罗宾斯. 管理学（第四版）［M］. 北京：中国人民大学出版社，1997.

13. ［美］彼得·圣吉. 第五项修炼——学习型组织的艺术与实务［M］. 上海：上海三联出版社，2000.

14. 张唐槟. 现代人力资源管理［M］. 咸阳：西北农林科技大学出版社，2007.

15. 董克用. 人力资源管理专业知识与实务［M］. 北京：中国人事出版社，2008.

16. 曾剑秋. 物流企业管理［M］. 长春：吉林大学出版社，2009.

17. 陈捷. 现代企业管理教程［M］. 北京：清华大学出版社，2009.

18. 马小明. 企业安全管理［M］. 北京：国防工业出版社，2007.

19. 黎群. 企业战略管理教程［M］. 北京：中国铁道出版社，2008.

20. 雷银生，沈翠珍，贾书章. 企业战略管理教程［M］. 北京：清华大学出版社，2006.

21. ［美］阿瑟·汤姆森，斯迪克兰德. 战略管理：概念与案例［M］. 北京：北京大学出版社，2003.

22. ［美］迈克尔·波特. 竞争战略［M］. 北京：华夏出版社，2003.

23. 吴健安. 市场营销学［M］. 北京：高等教育出版社，2006.

24. 陈拂闻，丁晓燕. 税务管理［M］. 北京：清华大学出版社，2005.

25. 王家贵. 企业税务管理［M］. 北京：北京师范大学出版社，2007.

26. 国家税务总局教材编写组. 税务稽查管理［M］. 北京：中国税务出版社，2008.

27. 王兆高. 税收筹划［M］. 上海：复旦大学出版社，2003.

28. 张雅丽. 税收筹划［M］. 北京：北京交通大学出版社，2008.

29. 杨志清，庄粉荣. 税收筹划案例分析［M］. 北京：中国人民大学出版社，2005.

30. 蔡昌. 税收筹划［M］. 上海：立信会计出版社，2009.